WEIHNACHTLICHE PAPIERDEKO

Jacqueline Schulze
@herzgasse_nr.25

Weihnachtliche PAPIER DEKO

Sterne, Baumschmuck, Kränze

CV

INHALT

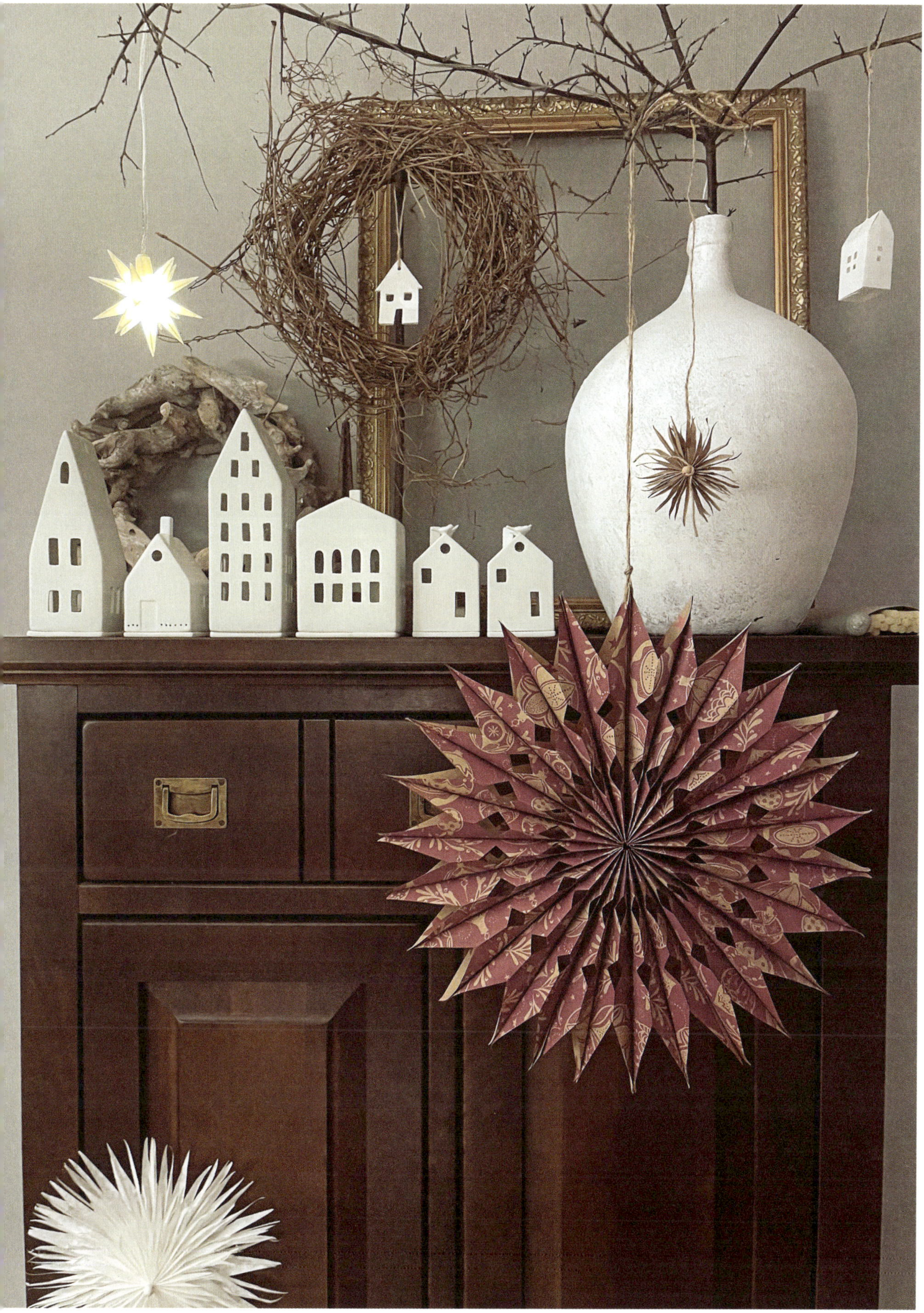

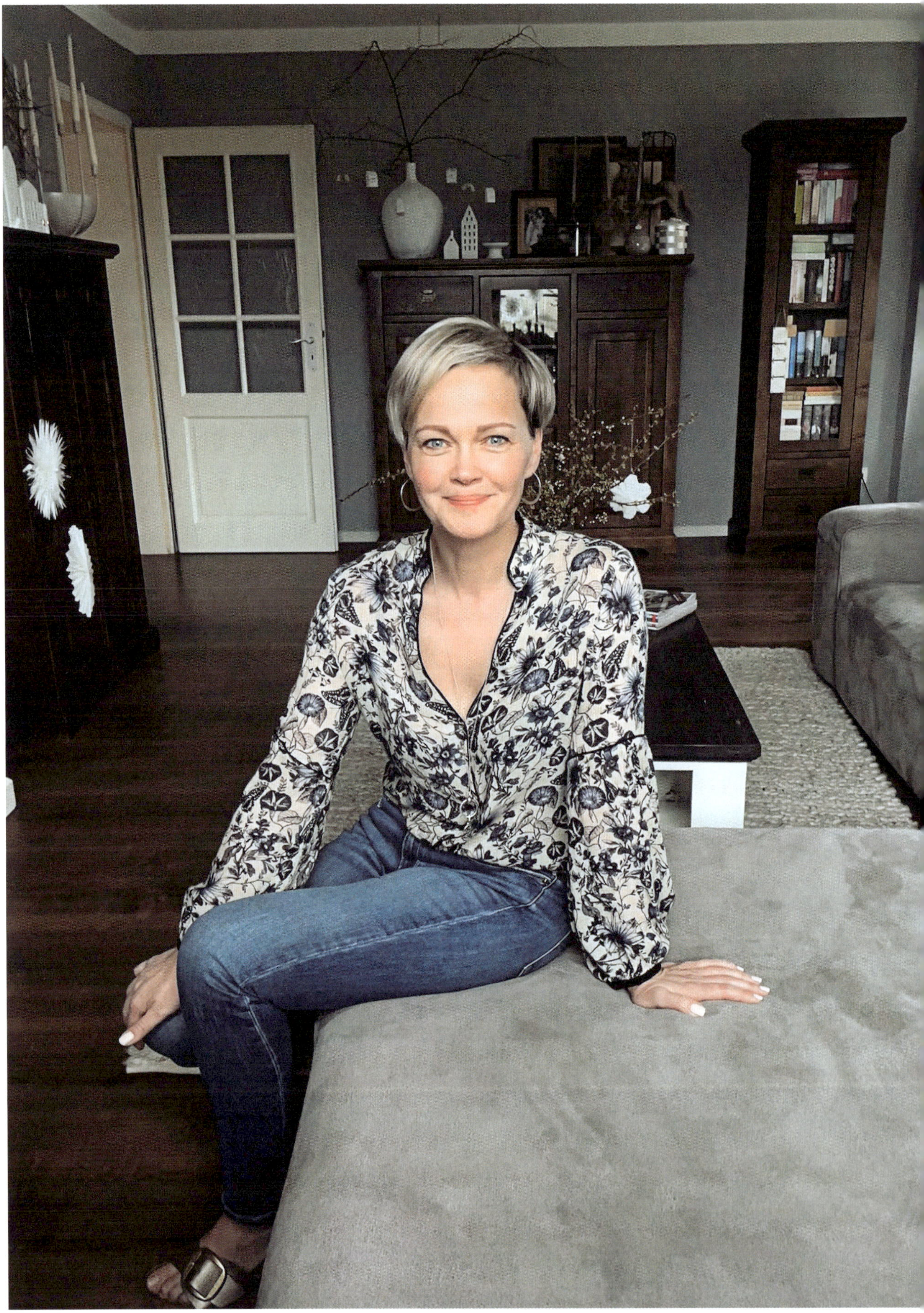

VORWORT

Mein Name ist Jacqueline, und vielleicht kennst du mich schon von meinem Account *herzgasse_nr.25* auf Instagram. Dort nehme ich dich mit auf eine kreative Reise. Basteln mit Papier steht hier im Vordergrund, aber auch viele andere schöne Ideen kannst du dir anschauen und vor allem nachmachen.

Als ich im Februar 2024 die Anfrage vom Christophorus Verlag erhielt, ein Bastelbuch herauszubringen, konnte ich es gar nicht recht glauben. Ich dachte tatsächlich, man will mich veralbern, aber nach dem ersten Kontakt war mir klar ... hier muss mich mal jemand kneifen. Mit diesem fantastischen Angebot kamen aber auch Zweifel. Kann ich das? Möchte man überhaupt ein Buch von mir kaufen? Aber es gab so viele liebe Menschen, die mir Mut und Zuversicht gegeben haben. Jetzt halte ich dieses wunderschöne Buch in den Händen, und es erfüllt mich mit großer Freude, Dankbarkeit und Stolz.

EINLEITUNG

Zu Beginn möchte ich mich kurz vorstellen. Verheiratet bin ich seit 2004 mit meinem Lieblingsmenschen. Kennen und lieben gelernt haben wir uns schon 1992, kurz nach der Schule. Mittlerweile haben wir zwei wunderbare Söhne. Unsere Jungs heißen Leonard (25) und Adrian (16). Unser Großer wohnt schon nicht mehr zu Hause. Er studiert in Jena und hat dort mit seiner Freundin eine eigene Wohnung. Unser „Kleiner" geht zurzeit noch in die Schule. Unterstützung bekomme ich in diesem Männerhaushalt von unserem Cocker-Spaniel-Mädchen Maja. Ich nenne sie liebevoll mein Töchterchen, obwohl sie mit ihren 14 Jahren schon eine Hunde-Omi ist. Es gibt nichts Schöneres, wenn ich nach Hause komme, und sie rennt schwanzwedelnd mit ihrer feuchten Hundenase auf mich zu. Wenn ich nicht gerade Sterne bastle, draußen in der Natur unterwegs bin oder im Garten werkle, arbeite ich bei einem Hörakustiker und helfe schwerhörigen Menschen, dass sie wieder hören können.
Im Januar 2021 begann ich aus einer spontanen Idee heraus, den Instagram-Account @herzgasse_nr.25 ins Leben zu rufen. Hier teile ich meine kreativen Projekte in Form von Reels und Schritt-für-Schritt-Anleitungen. Mit Leidenschaft und Hingabe möchte ich jeden, der Lust hat, dazu inspirieren, meine Bastelideen mal auszuprobieren und die Welt ein Stückchen schöner zu machen.
Angefangen hat es bereits in meiner Kindheit. Ich habe schon immer gerne gemalt und gebastelt, und in der Schule haben mir die Fächer, in denen man kreativ sein durfte, besonders Spaß gemacht. Der Grundstein dafür wurde bei uns zu Hause gelegt. Ich habe es geliebt, mit meiner Mama Fensterbilder und Basteleien aus Papier herzustellen.
Vor allem die Weihnachtszeit nimmt einen ganz besonderen Platz in meinem Herzen ein, vielleicht auch deshalb, weil ich am Heiligen Abend geboren wurde? Wer weiß?
Am 24. Dezember war es zu Hause Tradition, dass ich mit meinem Papa den Weihnachtsbaum schmücken durfte. Es wurde der Plattenspieler mit Weihnachtsmusik angestellt, und wir beide schmückten den Baum ... daran erinnere ich mich immer wieder gerne zurück.
Weihnachten ist für mich die Zeit voller funkelnder Lichter, festlicher Dekorationen, der süßen Melodien von Weihnachtsliedern, und das Basteln gehört für mich ohne Zweifel dazu.
Gerade in der Vorweihnachtszeit geht es bei vielen Familien sehr turbulent zu, deshalb ist es wichtig, sich kleine Auszeiten zu schaffen. Gemütlich bei Kerzenschein Sterne, Baumschmuck oder Girlanden zu basteln, macht so viel Freude und lässt zur Ruhe kommen.
Ich träume schon lange von einem eigenen Buch, gefüllt mit Bastelideen. Bastelideen, die jeder ganz einfach und mit wenig Materialien nachmachen kann.
Mit meinen Step-by-Step-Anleitungen ist es für dich ganz einfach, Einzelstücke zu kreieren, die dein Heim zu etwas ganz Besonderem machen. Viele der Ideen in diesem Buch kannst du mit Dingen fertigen, die du zu Hause hast, für manche brauchst du Zusatzmaterialien, die gar nicht teuer sind und die du ganz einfach beschaffen kannst.
Was du jetzt nur noch investieren musst, ist etwas Zeit. Mach dir eine Kerze an, spiel deine liebsten Weihnachtslieder und koch dir einen schönen Tee. Manche Vorschläge sind einfach und schnell gezaubert, bei anderen brauchst du etwas mehr Geduld und Geschick.
Ich wünsche dir viel Freude dabei!

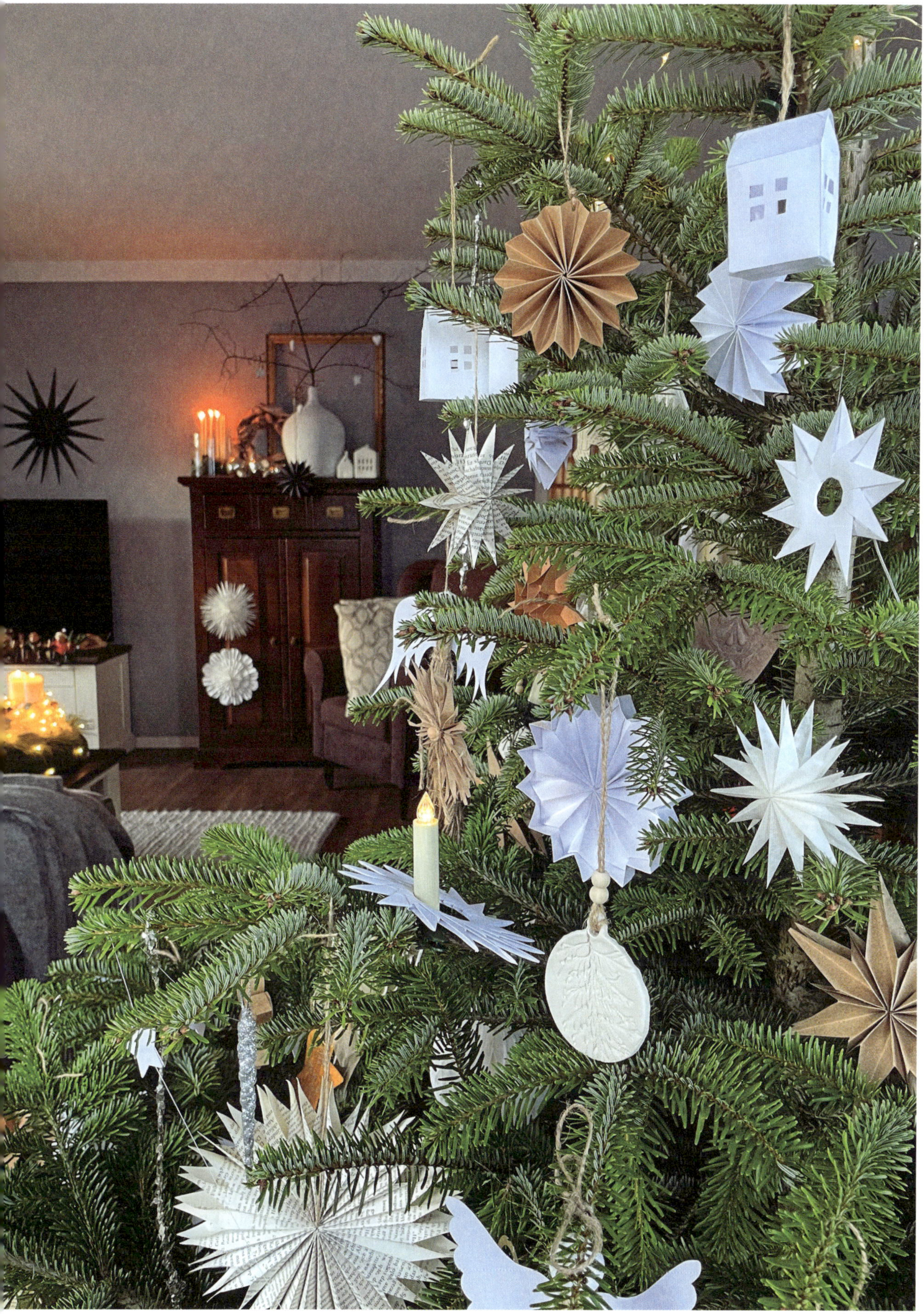

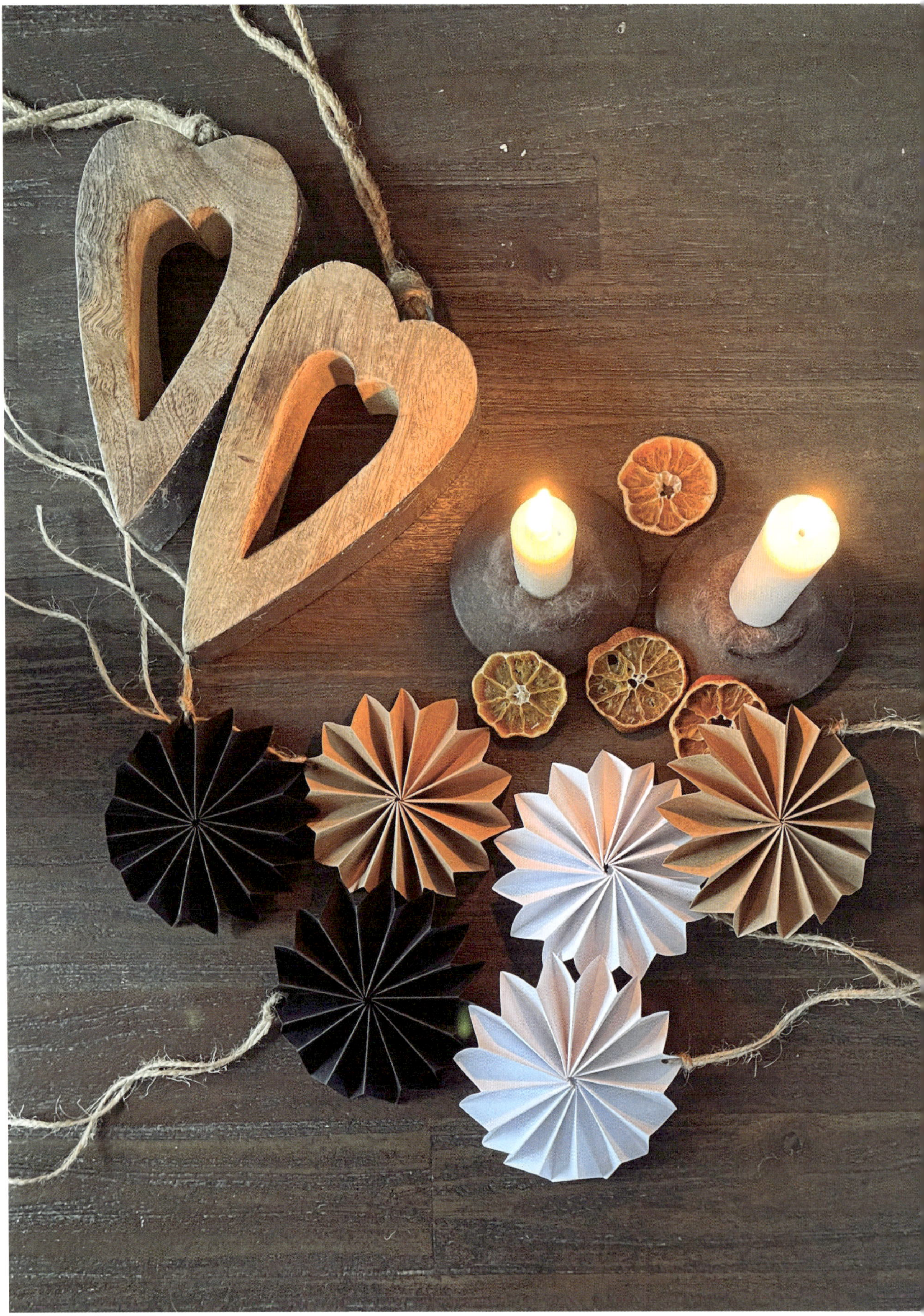

WERKZEUGE UND ZUBEHÖR

Für die in diesem Buch präsentierten Objekte benötigst du nur sehr wenige spezielle Werkzeuge, aber falls du dir das eine oder andere noch anschaffen möchtest, dann lege Wert auf Qualität. Meist begleiten dich diese Stücke ein Leben lang.

Zum Schneiden

Bei den meisten Arbeiten in diesem Buch wird geschnitten – eine Papierschere, welche gut in der Hand liegt, solltest du also besitzen.
Für gröbere Schneidarbeiten nimmst du besser eine Haushaltsschere. Manchmal empfiehlt es sich auch, mit der abgerundeten Nagelschere zu schneiden. Für ganz feine Schneidarbeiten empfiehlt sich ein Cutter oder Skalpell. Dazu solltest du unbedingt eine Schneidmatte verwenden, um deinen Tisch zu schonen.
Drähte schneidest du am besten mit einem kleinen Seitenschneider. Eine Zange mit Rundungen vorn ist nützlich, um Draht zu biegen.

Handlocher

Für perfekt gestanzte Löcher benutze ich einen Handlocher. Mit dem sogenannten Lochstanzer kannst du drei verschiedene Größen von Löchern stanzen, beispielsweise zwei, drei oder vier Millimeter.

Kleber und Farben

Je nach Anwendung und Material benötigst du verschiedene Klebeutensilien. Ich benutze gerne einen handelsüblichen, trockenen Klebestift. Leider kann man mit diesen Stiften den Kleber nicht punktgenau dosieren. Bei flüssigen Klebern benutze ich gerne transparenten, lösungsmittelfreien Alleskleber. Für manche Arbeiten ist Heißkleber unverzichtbar, er klebt schnell die unterschiedlichsten Materialien zusammen. Beim Verwenden solltest du aber vorsichtig sein, ich hatte schon so manche Brandblase.

Papiere

Für meine Bastelarbeiten benutze ich verschiedenste Papiere. Ganz normales Kopierpapier, Butterbrotpapier von der Rolle, Geschenkpapier und Packpapier von der Rolle, Origamipapier, Designpapier, Kraftpapier mit 120 Gramm, Tonkarton mit 250 Gramm und Tonpapier mit 180 Gramm. Die Stärke und Verarbeitungseigenschaften von den unterschiedlichen Papieren ist oft sehr wichtig für das jeweilige Objekt. Außerdem kann ich dir ans Herz legen, sämtliche Verpackungsmaterialien, die dir so in die Hände kommen, zu sammeln, so entsteht eine beachtliche Auswahl an Papieren, mit denen man super toll basteln kann.

Schnur, Bänder und Fäden

Ich habe gerne eine Sammlung von Bändern und farblich abgestimmteb Fäden oder Häkelgarnen. Eine dickere Juteschnur und Nylonfaden zum unsichtbaren Aufhängen sind ebenso sehr praktisch.

Was sonst noch nützlich ist

Harte und weiche Bleistifte zum Aufzeichnen verschiedener Vorlagen und ein Lineal solltest du zu Hause haben. Eine kleine Auswahl an Acrylfarben und Pinsel ebenso. Ein paar Glas und Holzperlen und eine Nadel sind auch hilfreiches Zubehör.

TIPPS UND TRICKS

Vorlagen übertragen

Schablonenmethode: Pause die Vorlage aus dem Buch auf ein Transparentpapier ab oder kopiere sie dir. Schneide die Pause oder Kopie dann grob aus, klebe sie auf ein Stück dünnen Karton und schneide diesen ebenfalls sorgfältig aus. Platziere danach die Schablone auf dem zu verarbeitenden Material und umfahre die Kontur.

Druckmethode: Mithilfe eines Transparentpapiers kannst du die verschiedenen Vorlagen übertragen. Lege das Transparentpapier auf die Vorlage und zeichne mit einem weichen Bleistift (HB) die Vorlage nach. Lege nun die gezeichnete Vorlage auf dem Transparentpapier mit der Seite, auf der sich die mit Bleistift aufgetragenen Motive befinden, auf das gewählte Papier und fahre mit dem Druck des Daumennagels an den Bleistiftlinien entlang. So kannst du ein Motiv nach dem anderen übertragen. Wenn der Bleistift auf dem Transparentpapier durch die vielen Übertragungen nachlässt, die Form erneut mit Bleistift nachzeichnen.

Falten

Um gleichmäßige Abstände beim Falten einer „Ziehharmonika" zu bekommen, falte dein Blatt erst zur Mitte, dann die äußeren Ränder von rechts und links zur entstandenen Mitte. Das machst du so lange, bis du deine gewünschten Abstände erhalten hast. So bekommst du kinderleicht gleiche Abstände. Falte nun wieder alles auseinander. Mit den so entstandenen Falzlinien ist es einfacher, eine Ziehharmonika zu falten.

Arten von Falten

Talfalten sind wie ein Tal nach unten gewölbt. Bergfalten sind wie ein Berg nach oben gewölbt.

Aufhängung

Verwende für unsichtbares Aufhängen am besten Nylonfaden. Manchmal sieht es aber auch schön aus, farbiges Häkelgarn oder Zwirn zu benutzen. Auch Juteschnur benutze ich sehr gern.

Leere

Eine Leere ist eine Art Schablone, die du als Falzhilfe benutzt, damit jedes Objekt später gleich groß ist.

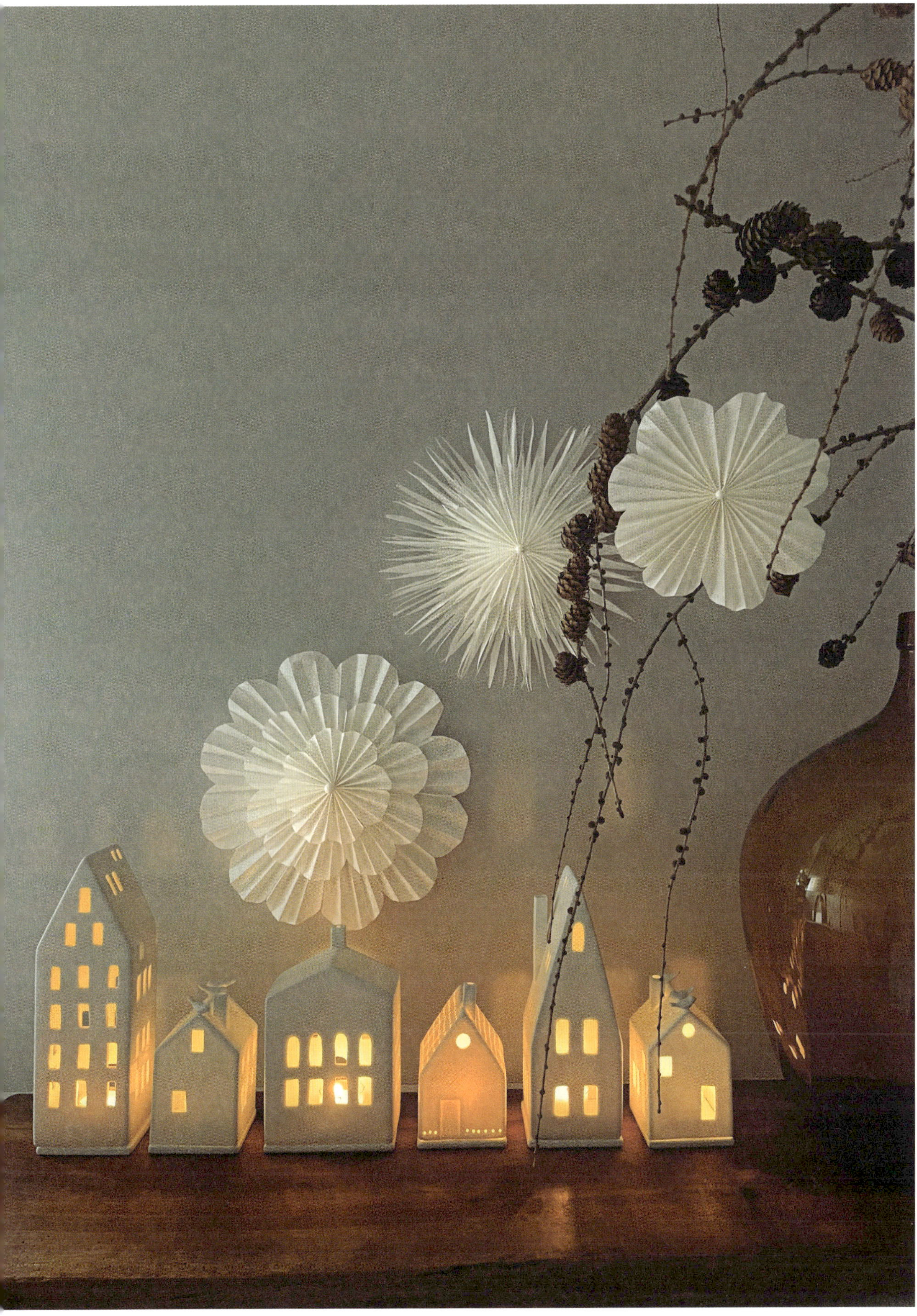

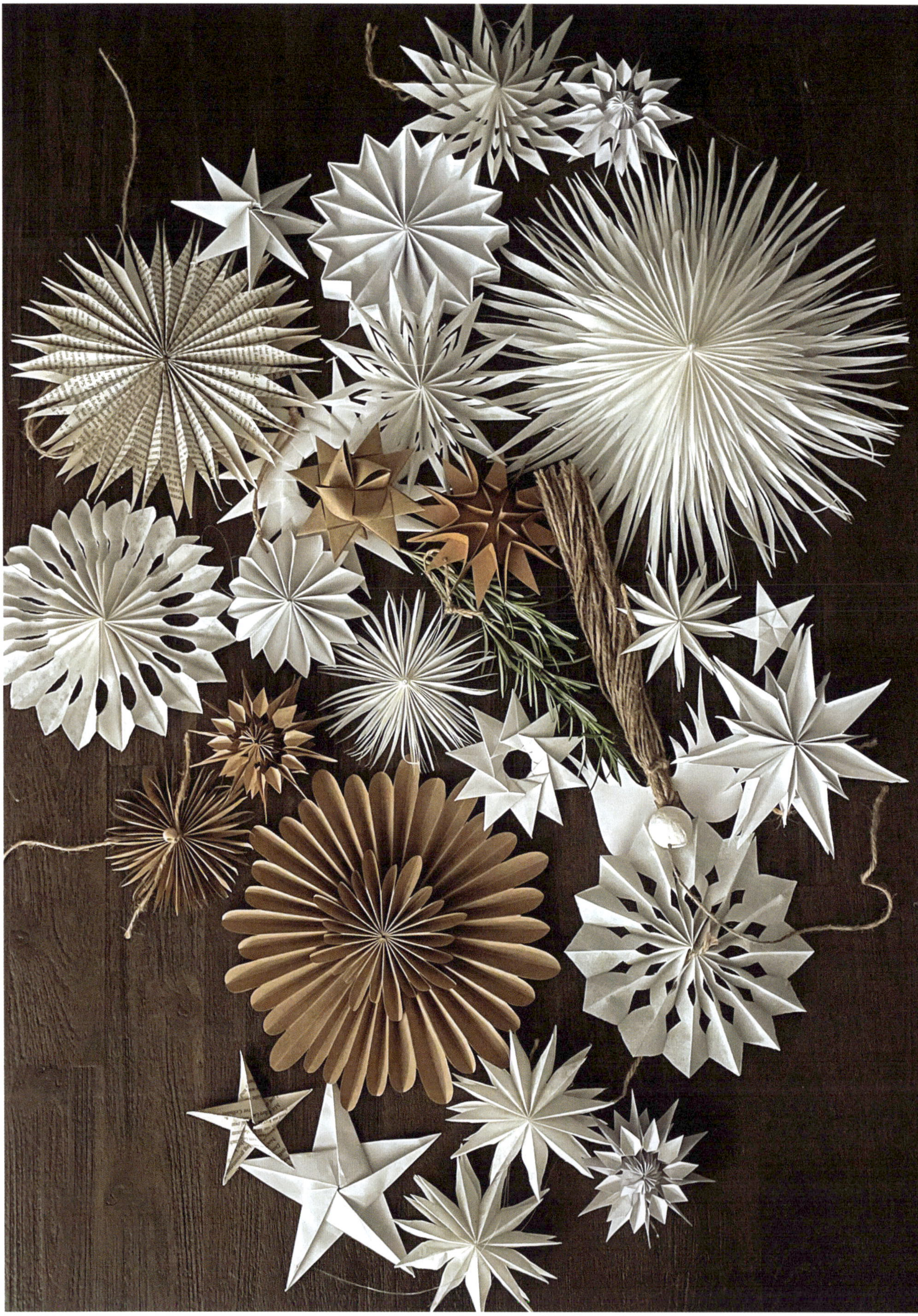

DANKESCHÖN

Gerne möchte ich mich noch bedanken ...
Ein Buch schreibt man nicht alleine, und schon gar nicht über Nacht. Es ist Teamarbeit, und zu einem Team gehören viele Menschen, damit es am Ende auch funktioniert.
Zuallererst möchte ich mich beim Christophorus Verlag bedanken. Erst ihr habt es überhaupt möglich gemacht, dass ich ein eigenes Buch veröffentlichen durfte. Danke dafür!
Ein großer Traum ist in Erfüllung gegangen.
Besonderen Dank möchte ich der lieben Raphaela Lechner aussprechen, denn sie war meine Ansprechpartnerin beim Verlag, hatte immer ein offenes Ohr für mich und konnte jedes Problem lösen.
Dank gilt auch der Lektorin Lena Denu. Ich weiß, wie wichtig diese Arbeit ist und auch wie schwierig. Dank euch trifft man immer den richtigen Ton.
Ein Buch zu schreiben, braucht auch sehr viel Zeit, und so ein Projekt in den Alltag mit Familie, Job und Haushalt zu integrieren, ist gar nicht so leicht. Ohne Verstärkung ist das nicht machbar.
Ganz besonderer Dank gilt daher meinem Mann. Danke, dass du immer für mich da bist, mir den Rücken freihältst, mich unterstützt und mir so manche Träne weggewischt hast.
Auch meinen Kindern und meinen Eltern möchte ich Danke sagen, die mir Kraft und Zeit gegeben haben.
Ich hatte anfänglich wirklich Bedenken und viele Zweifel, ob ich das schaffen kann. Jetzt liegt dieses wunderbare Buch in meinen Händen, und das ist vor allem auch euer aller Verdienst.

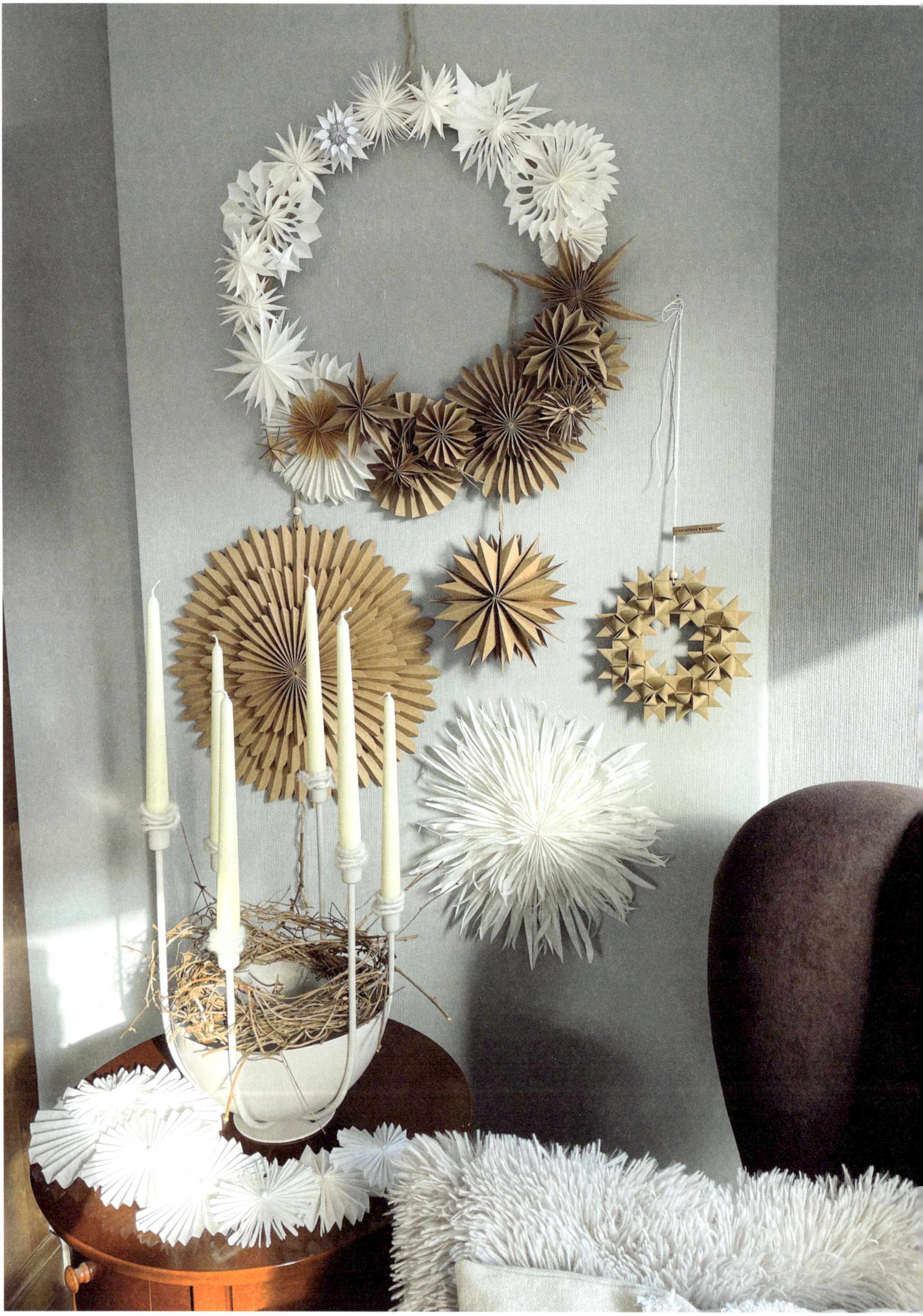
CHRISTMAS WISHES

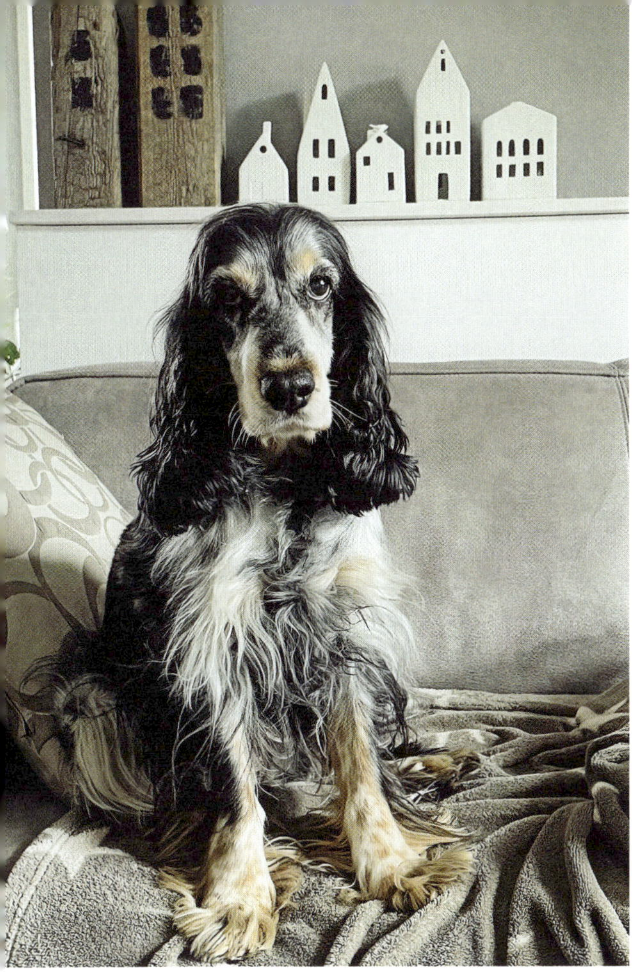
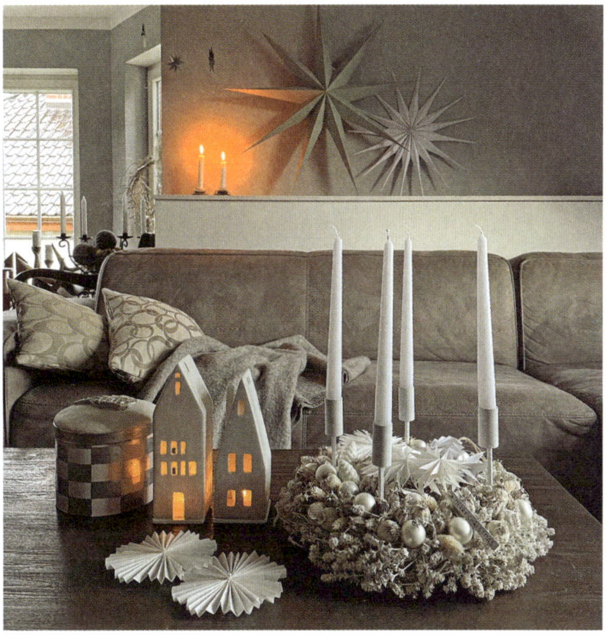
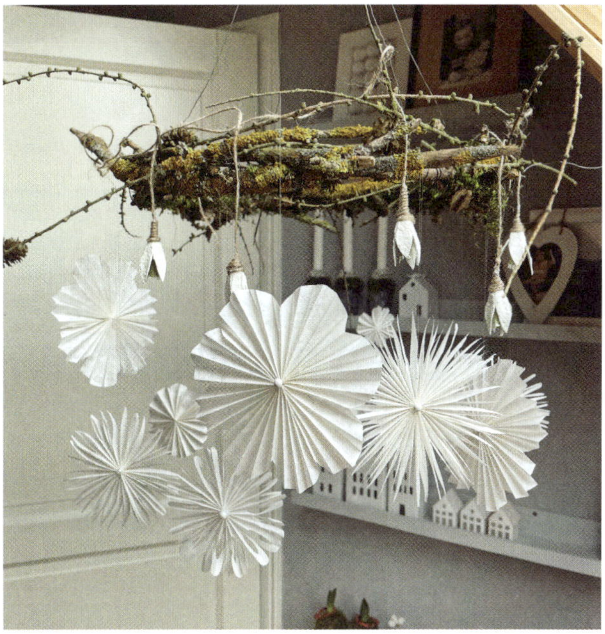
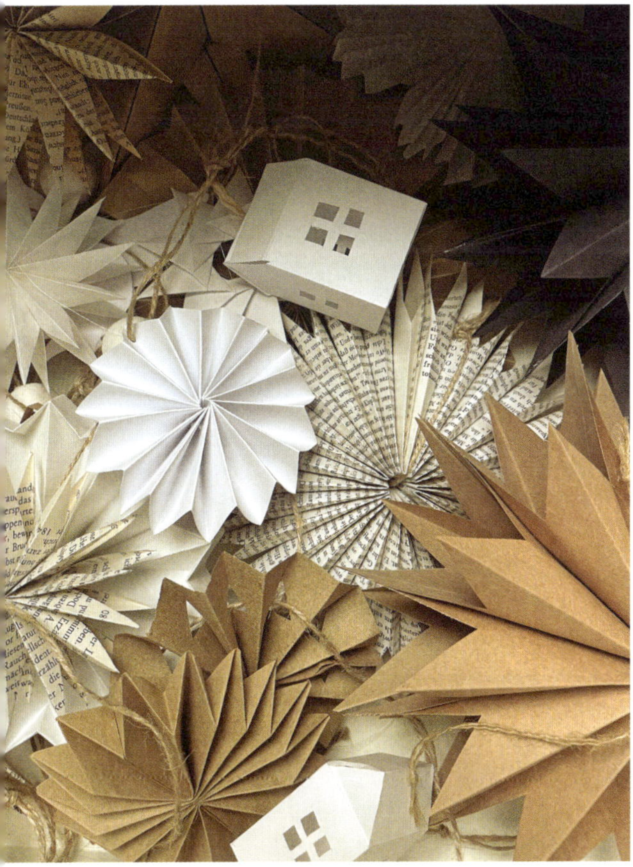

WIE STERNE AM HIMMEL

Sterne am Himmel kann man nicht verschenken – diese kleinen Kostbarkeiten schon. Manchmal braucht es gar keine besonderen Papiere für schöne Bastelarbeiten. Hier habe ich einfach nur Notitzblockzettel verwendet. Wer mag, kann die kleinen Sterne natürlich auch aus Origami- oder Designpapier basteln.

DAS BRAUCHST DU

- 5 Notitzblockzettel, 9 cm x 9 cm
- Kleber
- Schere
- Falzbein
- Glitzerfaden (Stickgarn Rico Design, metallicfarben)

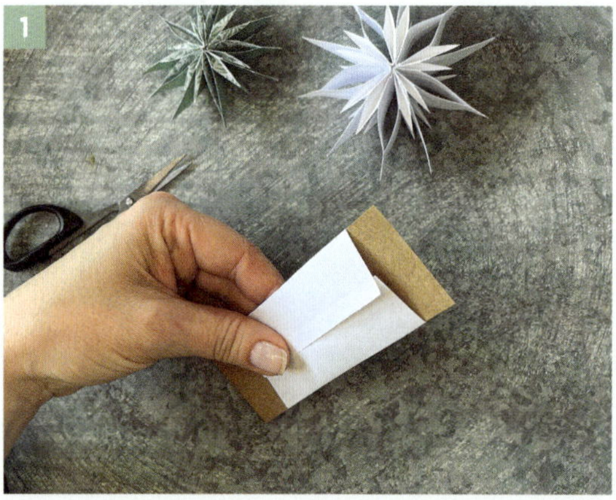

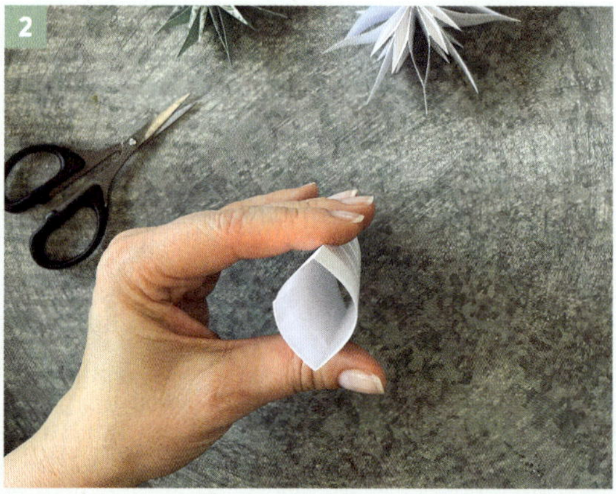

1 Falte das erste Blatt Papier so, dass sich die Ränder auf der gegenüberliegenden Seite leicht überlappen.
TIPP: Benutze eine Leere. Bereite ein Stück festes Papier (Breite 4 cm und Länge 10 cm) vor, dieses kannst du als Leere benutzen. Damit hast du später immer die gleichen Maße und musst nicht ständig neu abmessen.

2 Bestreiche die sich überlappenden Seitenränder dünn mit Kleber und drücke sie aneinander fest. Es entsteht eine Art Schlauch.

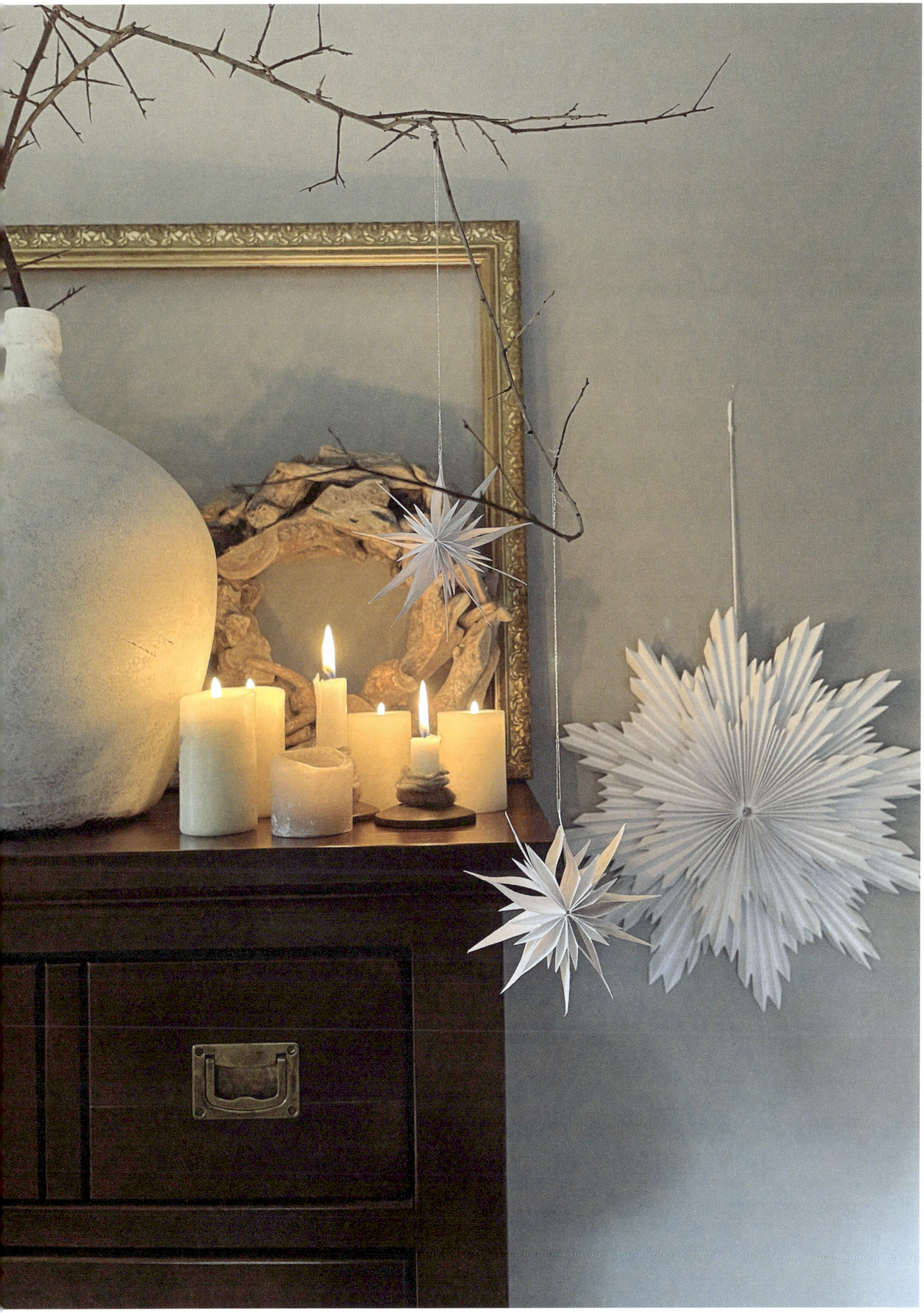

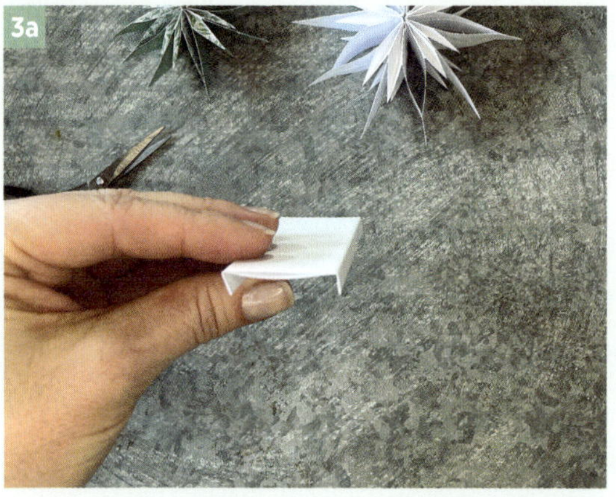

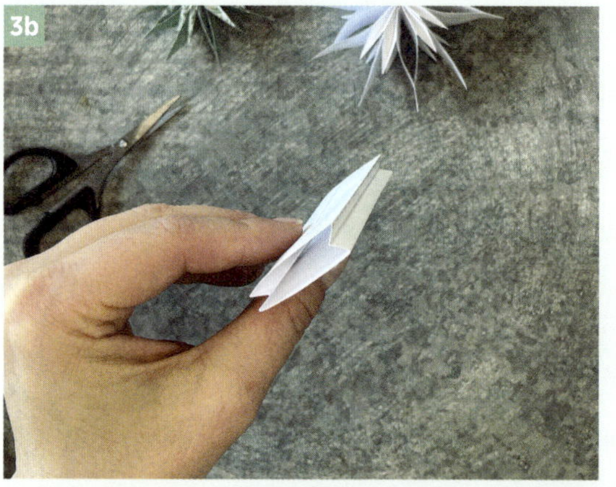

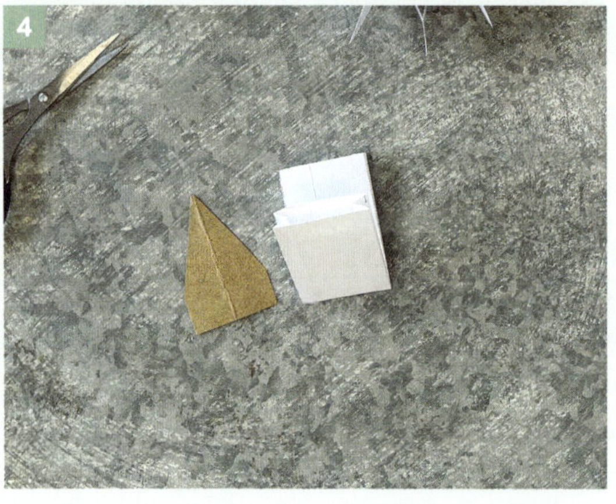

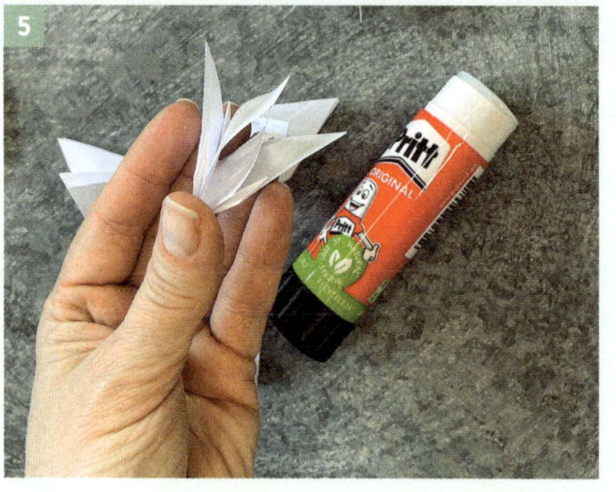

3 Nun falte die beiden Außenkanten ca. 5 bis 6 mm zur Mitte, streiche mit dem Falzbein nach. Eine Hilfslinie ist entstanden. Falte das ganze wieder auf und lege die äußere Kante nach innen.

4 Falte das Ganze nun einmal in der Mitte und schneide die Form mithilfe der Vorlage (Seite 132) aus.

5 Jedes entstandene Teil hat vier längere Spitzen. Klebe die beiden mittig liegenden an ihrer Spitze zusammen.

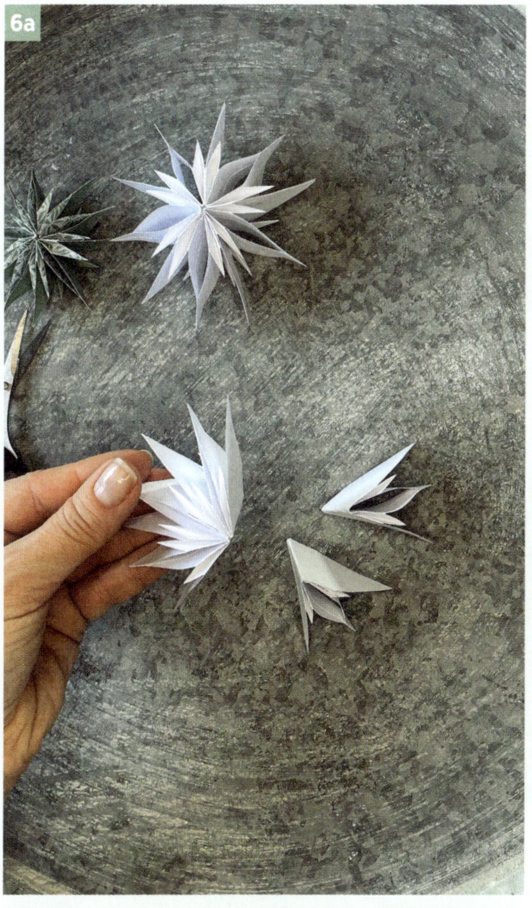

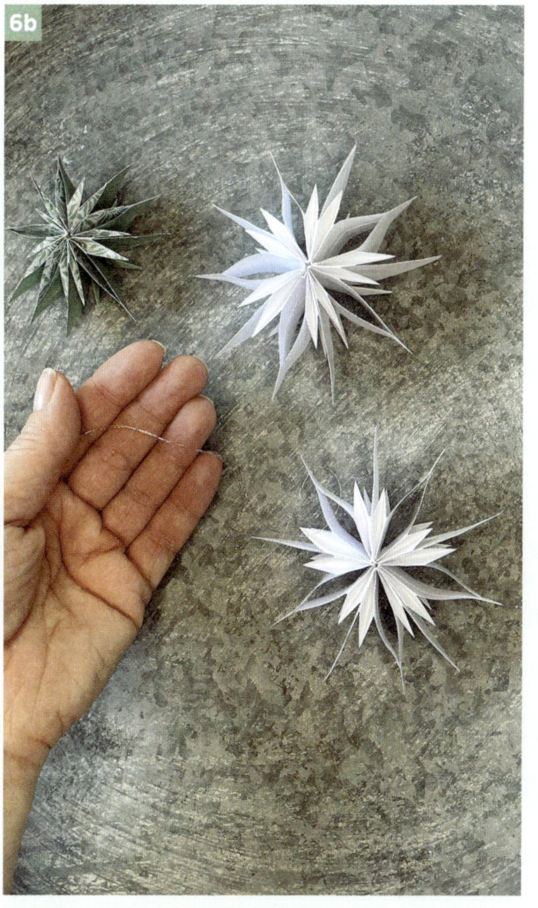

6 Klebe jetzt die entstandenen fünf Teile aufeinander. Bringe zum Schluss mit einer Nadel den Glitzerfaden an.

KLEINER ORIGAMI-FALTSTERN

Ganz ohne Kleben kommt dieser schöne Origamistern aus. Er wird aus sieben oder acht Teilen gefaltet und dann einfach zusammengesteckt. Diese zarten Papierschönheiten mag ich ganz besonders. Vorsicht Suchtgefahr!

DAS BRAUCHST DU

- 7–8x Origamipapier, 7 cm x 7 cm
- Faden als Aufhängung
- Nadel (zum Durchfädeln)

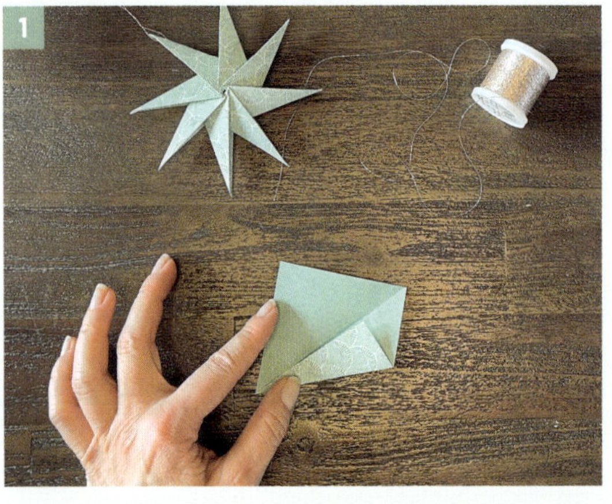

1 Falte das Papierquadrat von Spitze zu Spitze und öffne den Bogen wieder. Nun falte die beiden Seiten zur Mitte.

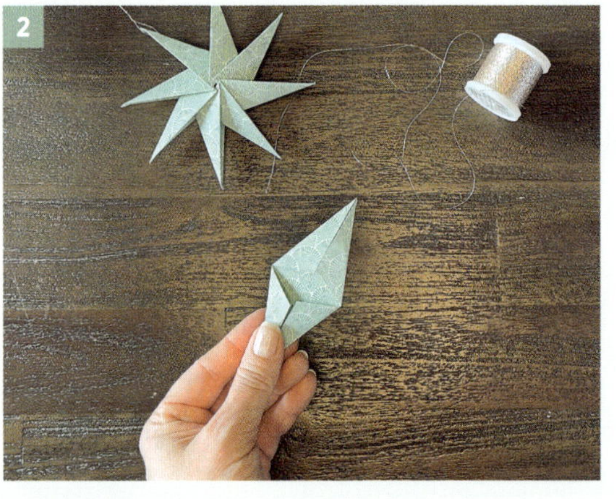

2 Falte die unteren Seiten ebenfalls zur Mitte.

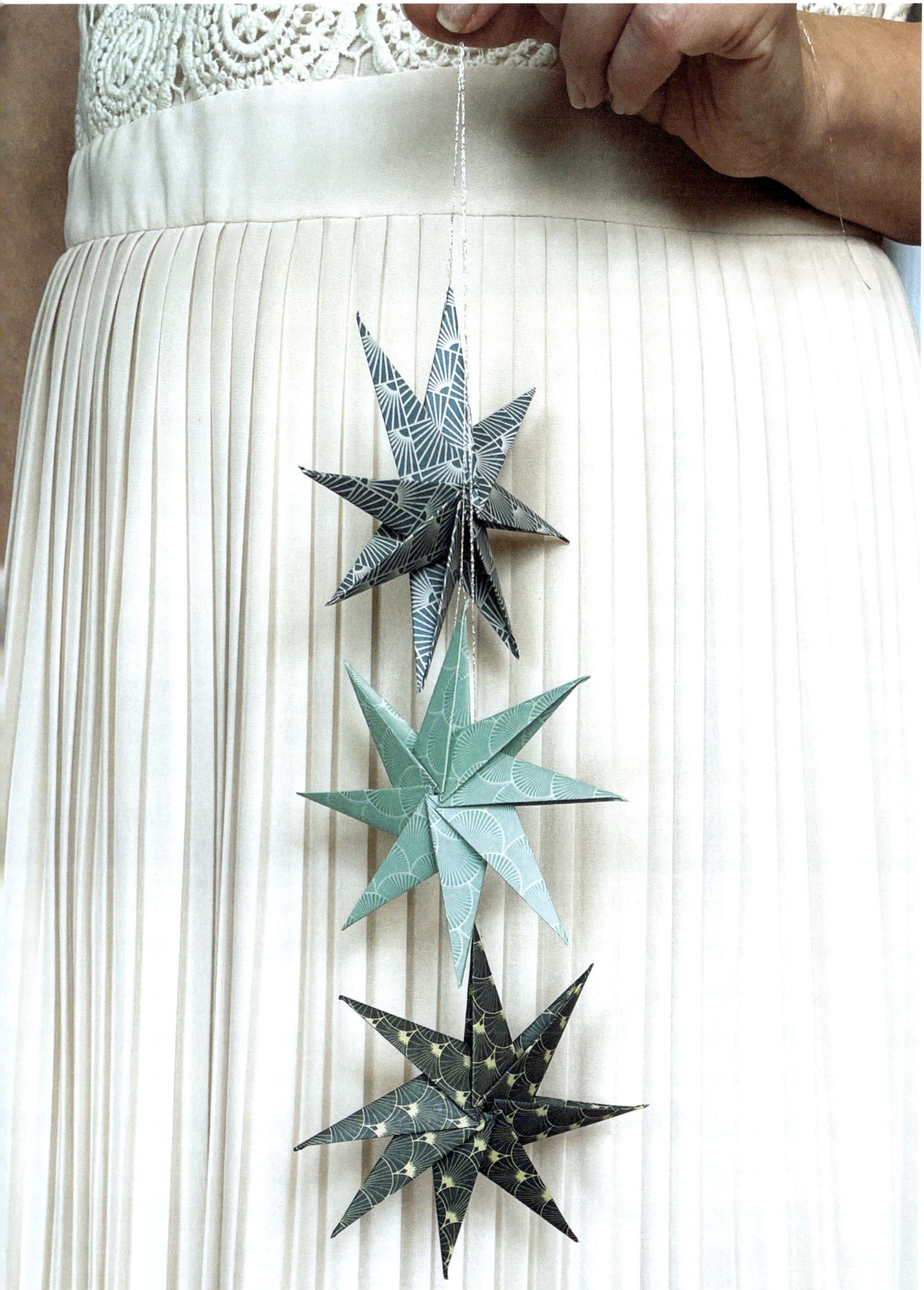

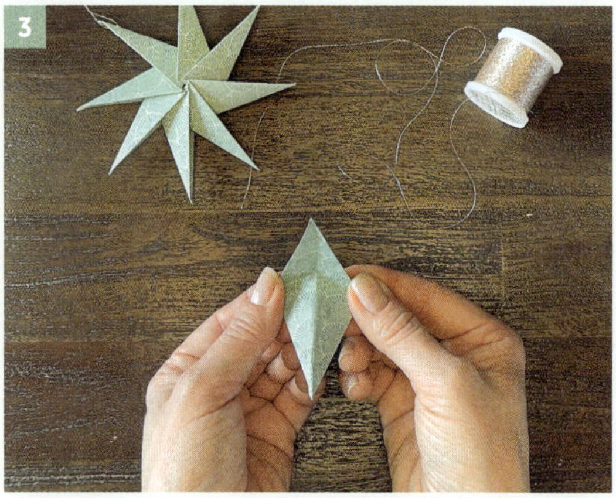

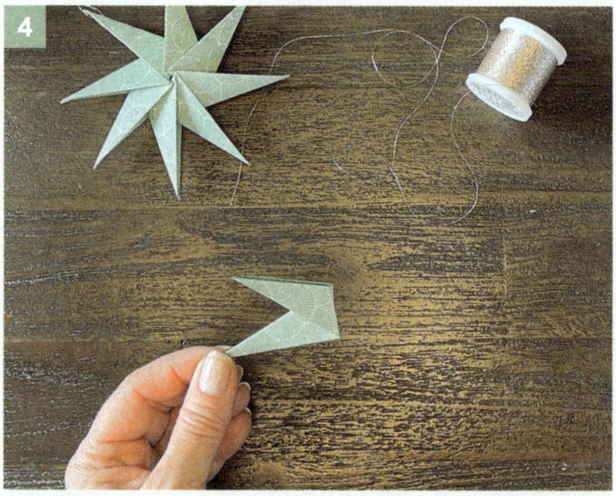

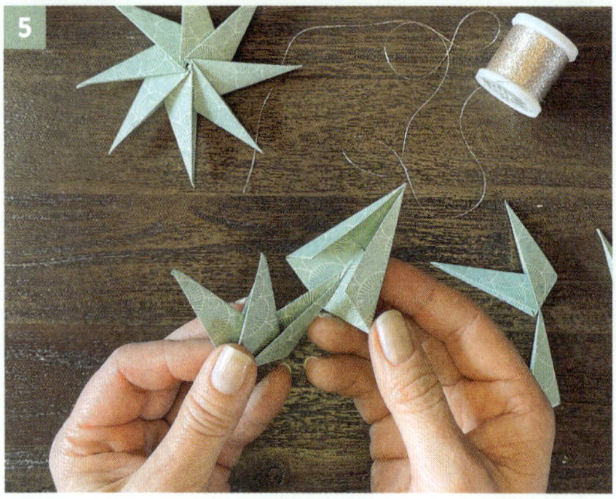

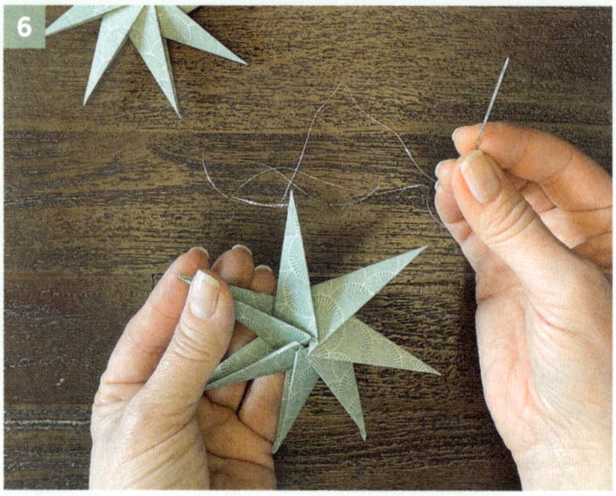

3 Auf der entstandenen Raute ist eine gefaltete Diagonale entstanden. Drehe die Raute und drücke die obere kleine Spitze an der Falz nach hinten.

4 Es ist eine kleine und eine große Sternenzacke entstanden.

5 Falte die Innenseite der großen Zacke auf und schiebe die kleine Zacke einer zweiten Form hinein. Falte anschließend die große Zacke wieder zusammen, sodass die kleine Zacke eingeschlossen und festgehalten wird.

6 Verfahre mit allen weiteren Teilen genauso und schließe die Reihe zum Kreis. Bringe zum Schluss noch einen Faden zum Aufhängen an. Fertig!

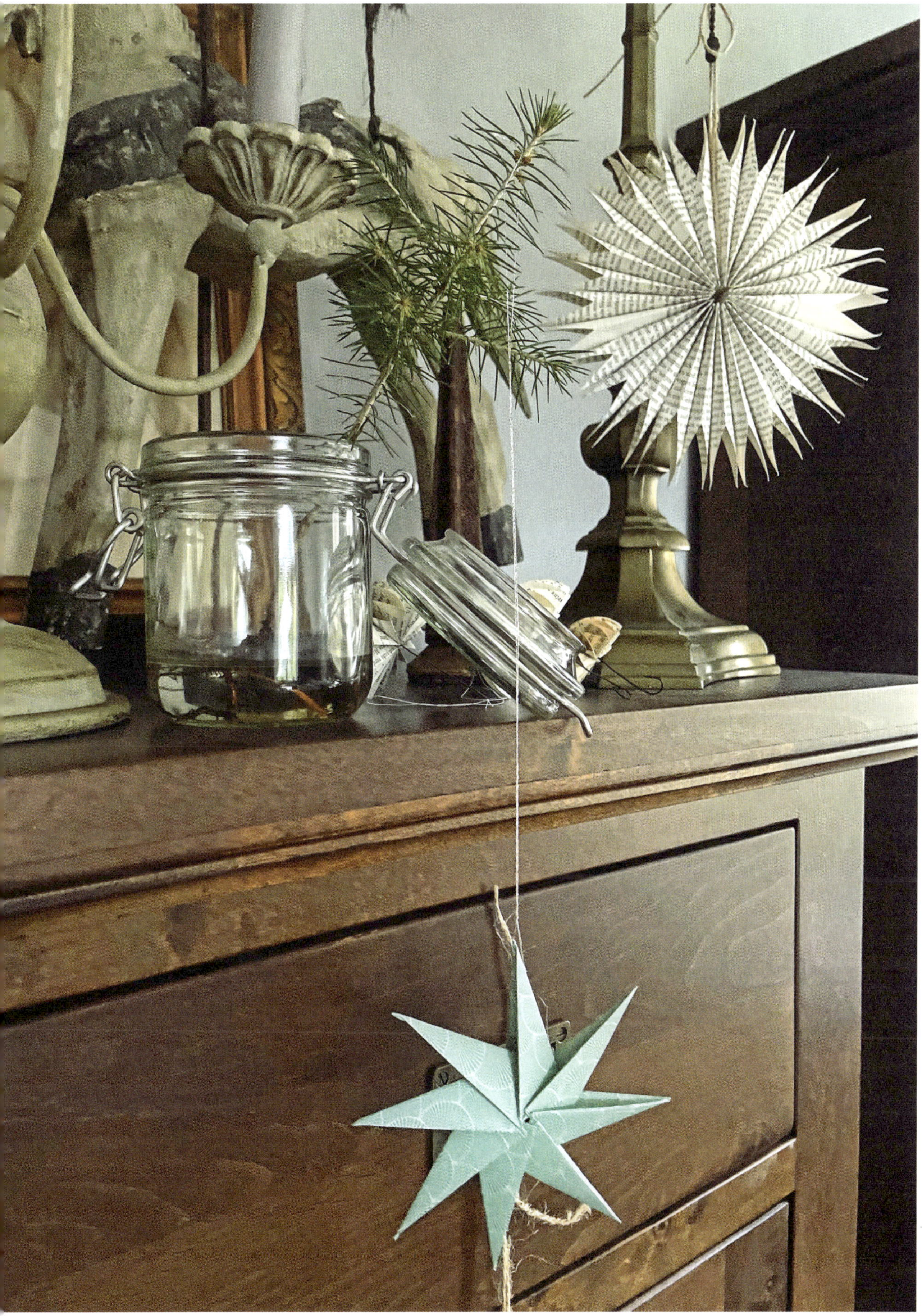

WEIHNACHTSGIRLANDE

Zutaten für die perfekte Weihnachtsstimmung: Herzen als Symbol für die Liebe, ein gemütliches Zuhause und ein Tannenbäumchen. Diese weiße Girlande versinnbildlicht das schönste Fest im Jahr ... Weihnachten.

1

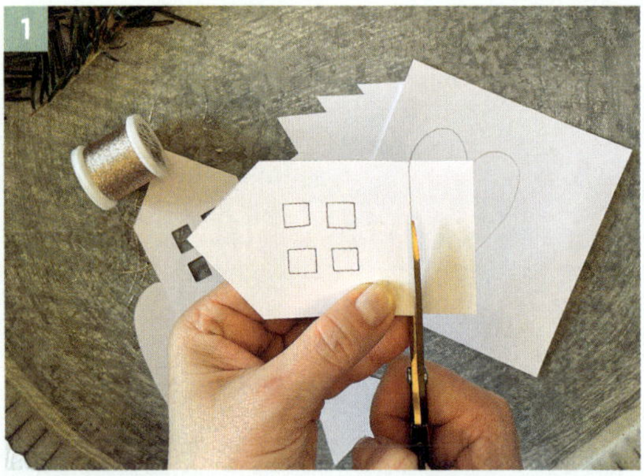

DAS BRAUCHST DU

* Weißes Kartonpapier, 170 g
* Schere
* Bleistift
* Skalpell und Schneidmatte
* Lochstanzer
* Faden

2

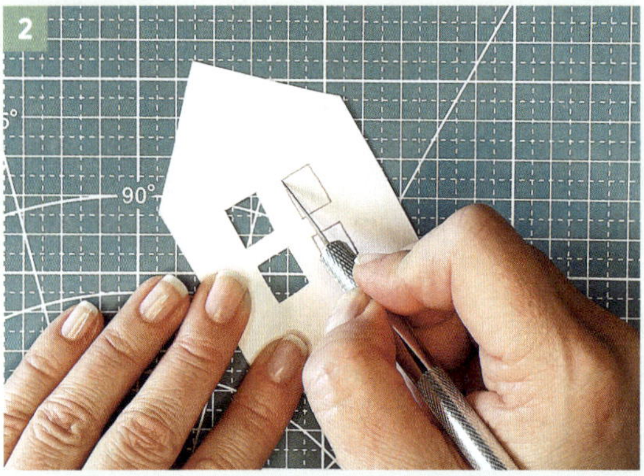

3

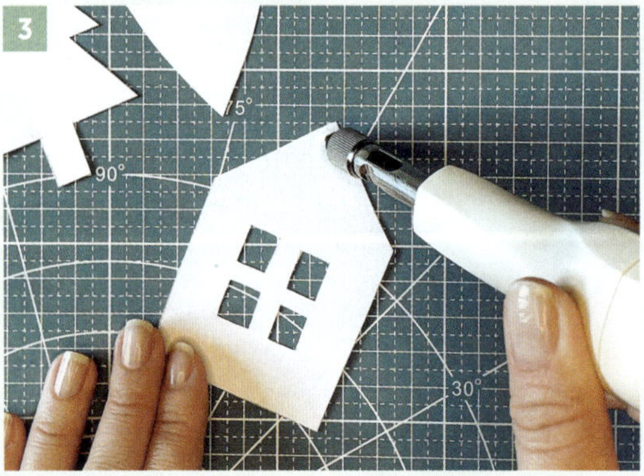

1 Übertrage die Vorlage (Seite 132) und schneide so viele Teile aus, wie die Girlande lang werden soll.

2 Schneide die Fenster des Häuschens mit dem Skalpell aus. Benutze am besten eine Bastelmatte.

3 Bringe mit dem Lochstanzer die Löcher für die Fäden an.
TIPP: Falls du keinen Lochstanzer zur Hand hast, kannst du den Faden auch einfach mit einer Nadel durchfädeln. Zusätzlich kannst du noch kleine Sterne doppelt ausschneiden und von vorn und hinten auf den Faden kleben.

TIPP

Du kannst die Häuschen, Herzen und Tannenbäume entweder nebeneinander oder untereinander auffädeln. Beides ein Hingucker!

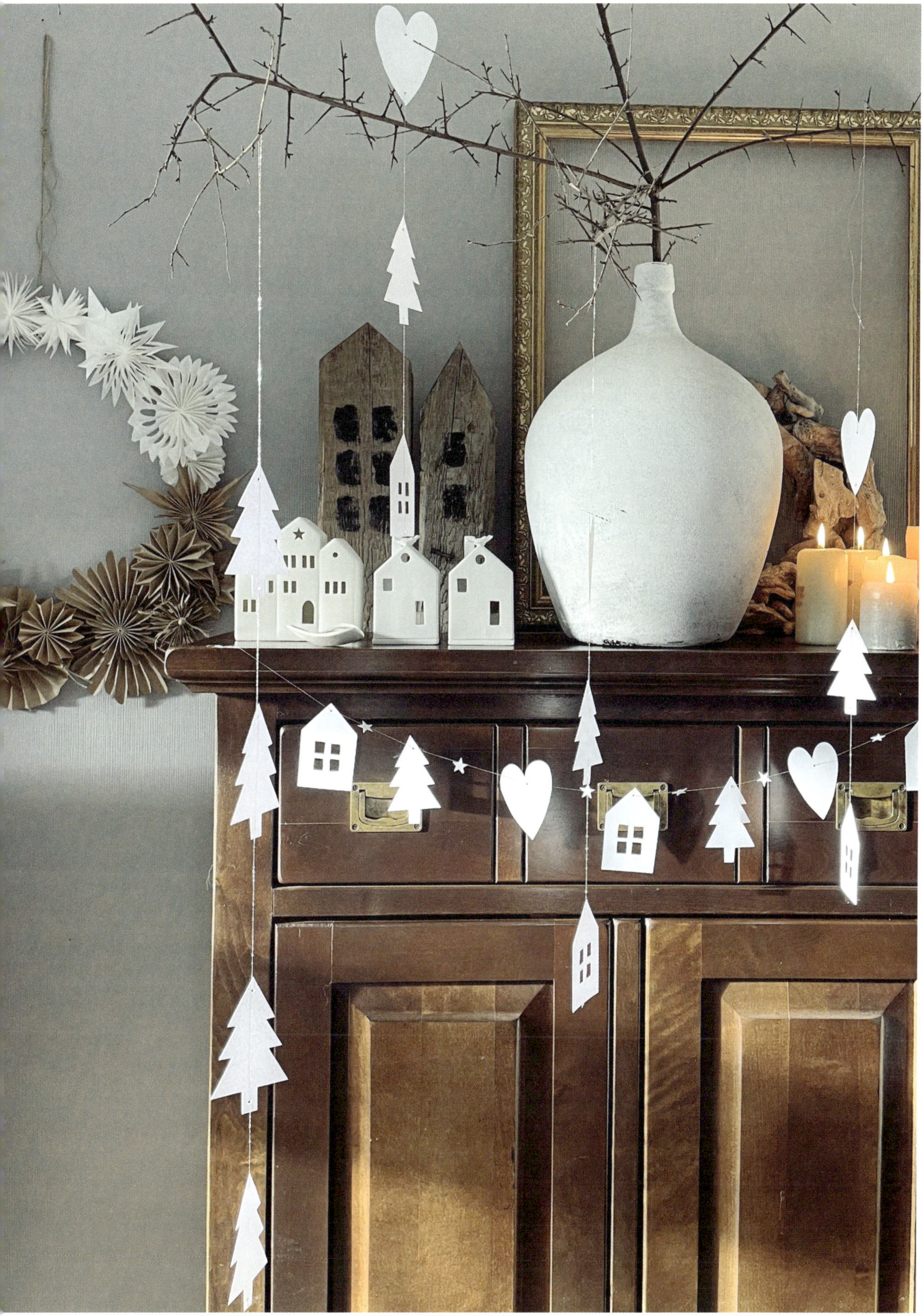

SCHNEEFLÖCKCHEN

Frau Holle wäre neidisch! So zart sind die kleinen Schneeflöckchen, als kämen sie direkt vom Himmel.

DAS BRAUCHST DU

* 3x Butterbrotpapier, 12,5 cm x 12,5 cm
* Schere
* Kleber
* Perlen, ø 6 mm
* Angelsehne oder Glitzerfaden zum Aufhängen

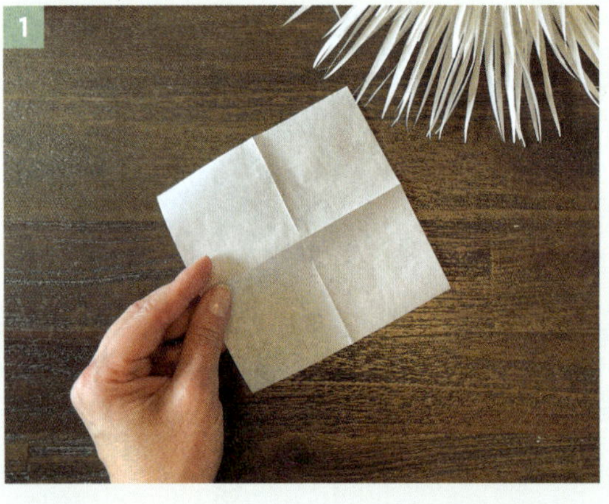

1 Falte den Papierbogen jeweils zur Seitenkante und öffne ihn wieder.

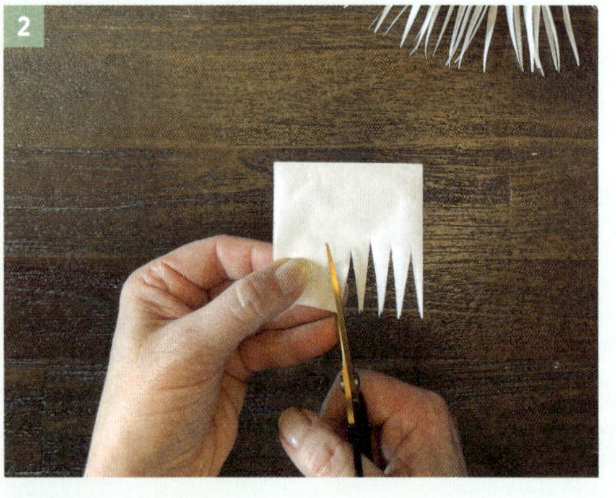

2 Schneide an der offenen Seite schmale Zacken ein …

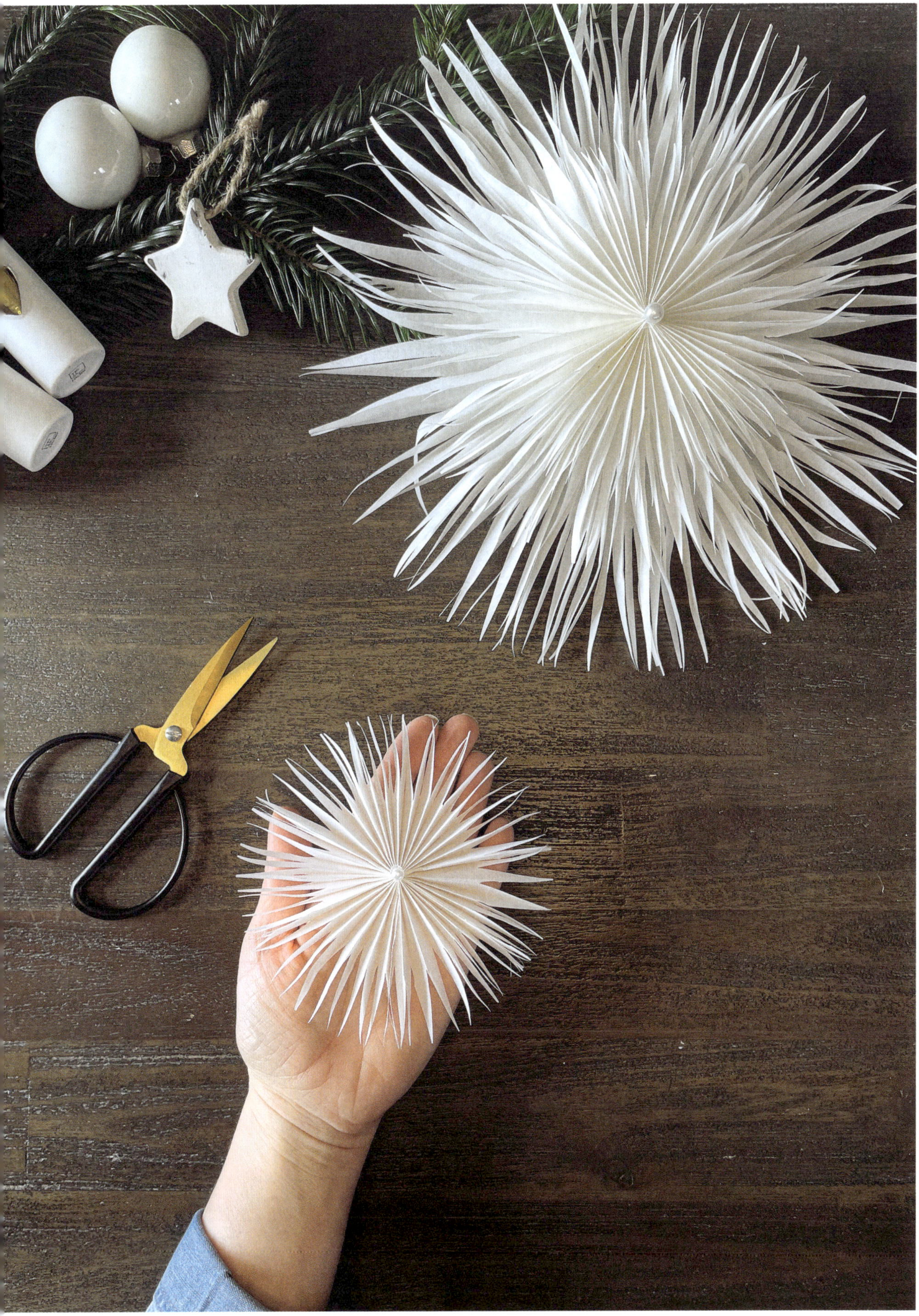

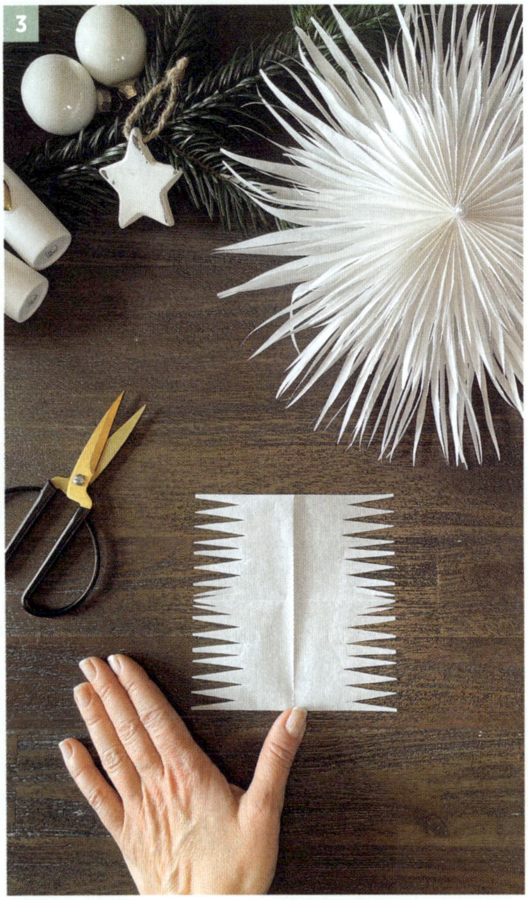

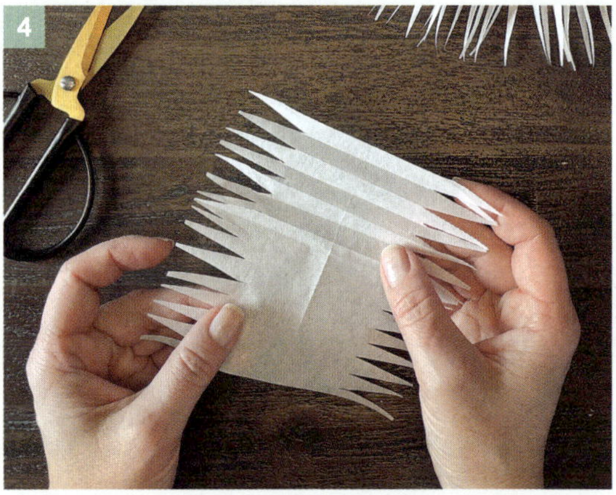

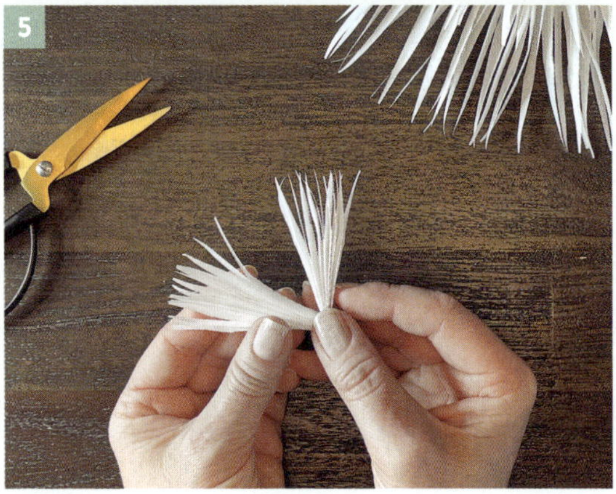

3 ... und falte das Ganze wieder auf.

4 Falte das Papier von der kurzen Seite her zur Ziehharmonika. Die einzelnen Falten sollten eine Breite von ca. 0,5 cm haben.

5 Knicke es nun einmal in der Mitte zusammen.

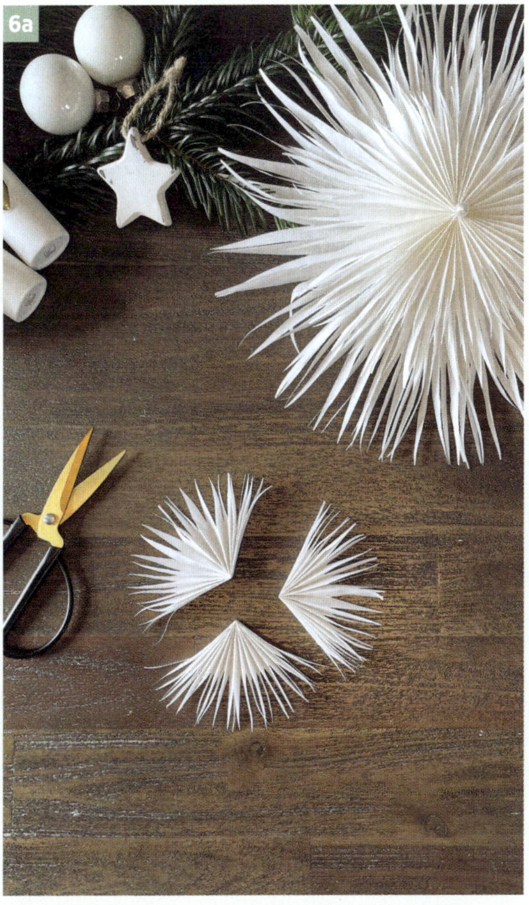

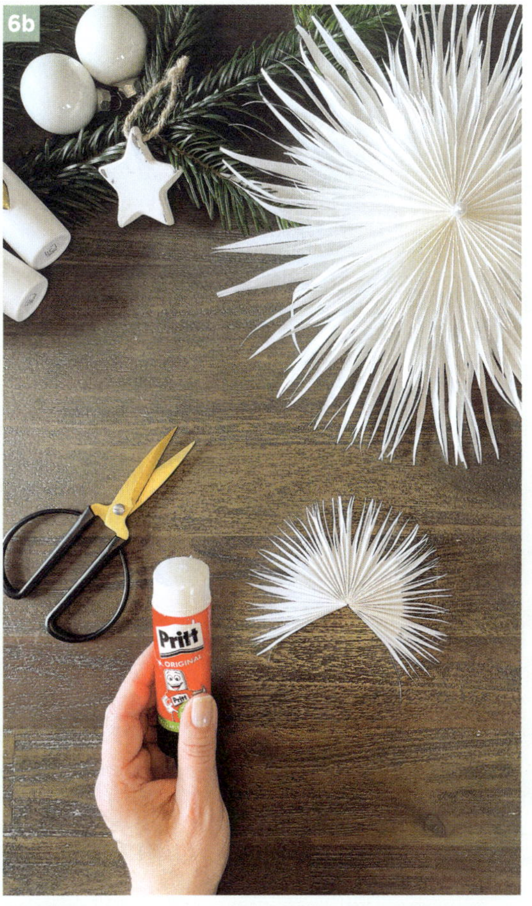

6 Verfahre mit den anderen beiden Teilen genauso. Klebe die drei entstandenen Teile vorsichtig mit Kleber zusammen. Wenn du das Schneeflöckchen aufhängen möchtest, klebe ein Stück Angelsehne oder Glitzerfaden zwischen zwei Teile. Bringe zum Schluss mit der Heißklebepistole eine kleine Perle in der Mitte vorn und hinten an.

SCHNEEBLUME

Die kleine Schwester vom Schneeflöckchen – So zart wie Schneeblumen am Fenster und nicht weniger entzückend als ihre große Schwester ist das kleine Schneeblümchen … sie gehören einfach zusammen.

DAS BRAUCHST DU

- 3x Butterbrotpapier, 12,5 cm x 12,5 cm
- Schere
- Kleber
- Perlen, ø 6 mm
- Angelsehne oder Glitzerfaden zum Aufhängen

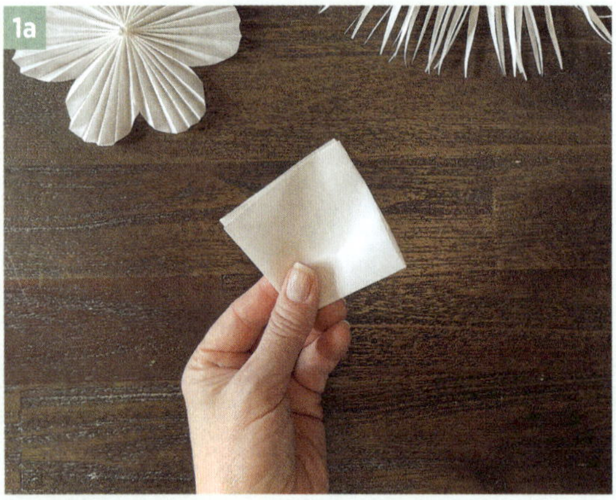

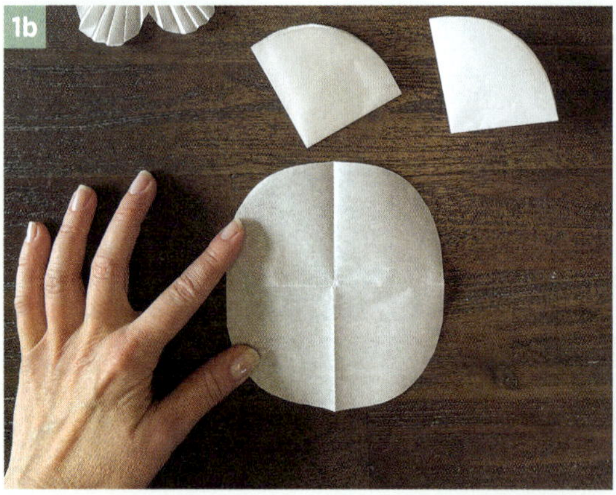

1 Falte den Papierbogen jeweils zur Seitenkante. Schneide an der offenen Seite eine Rundung, sodass aufgeklappt ein Oval entsteht.

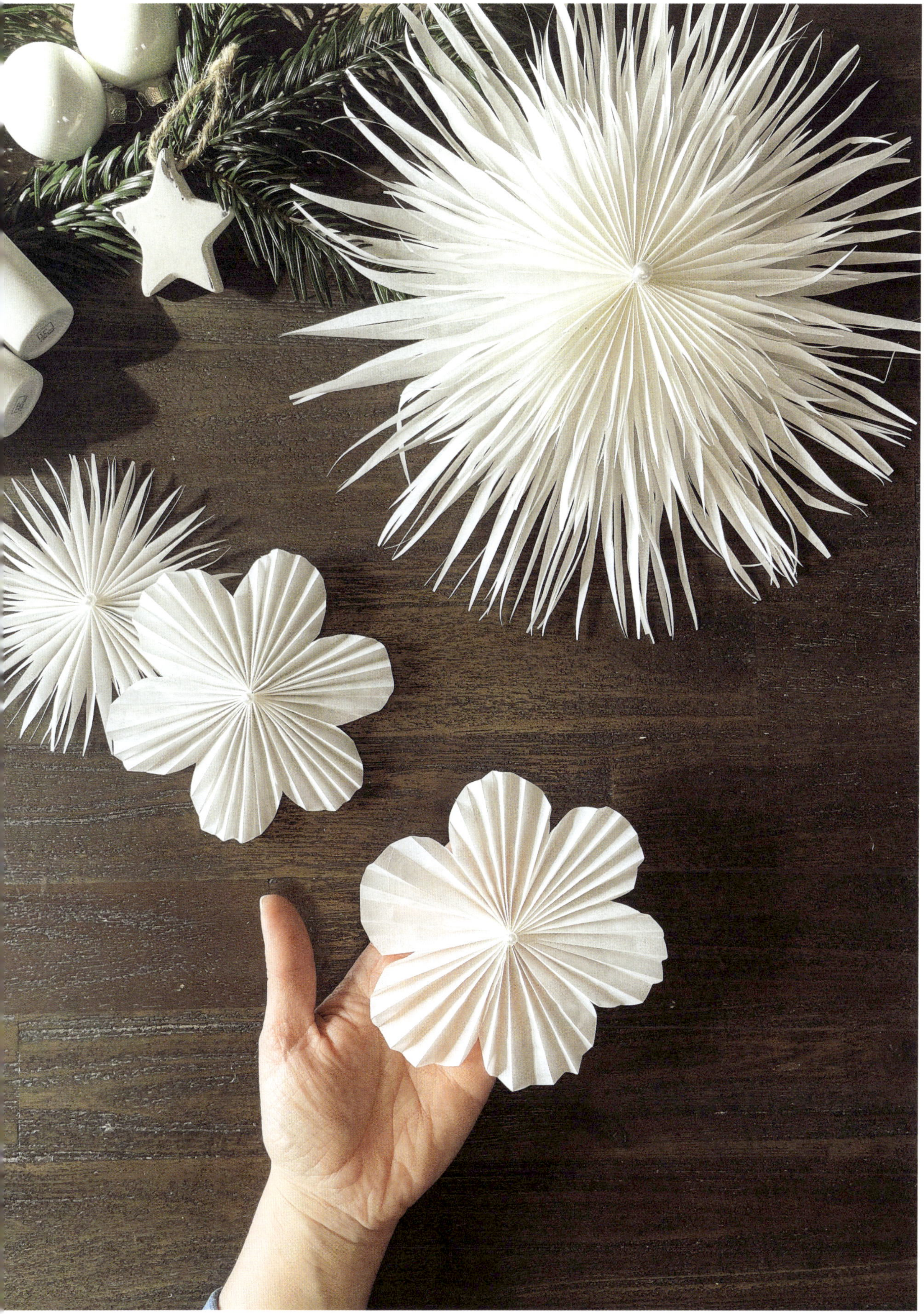

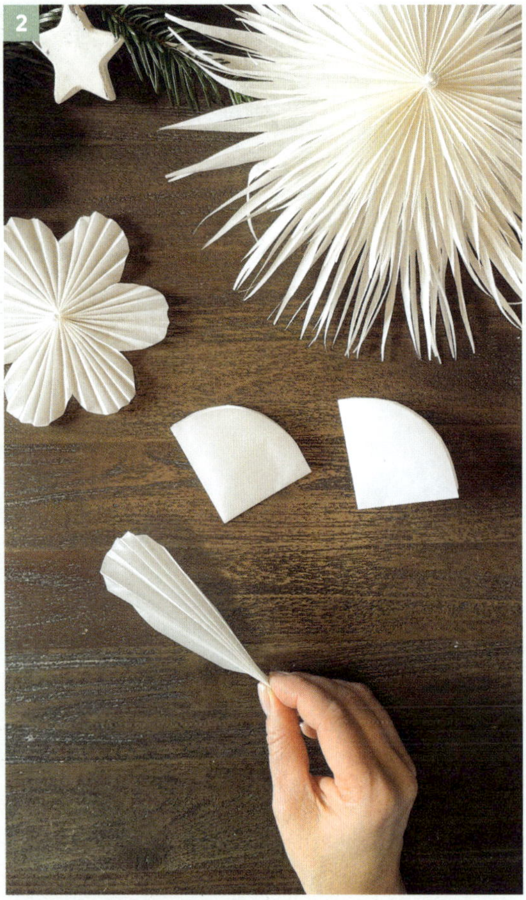

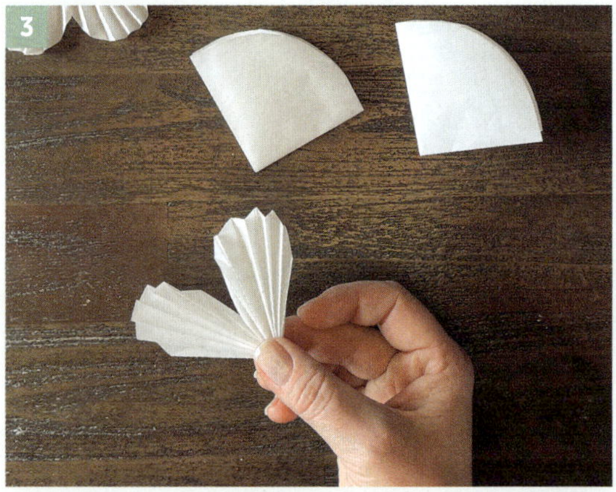

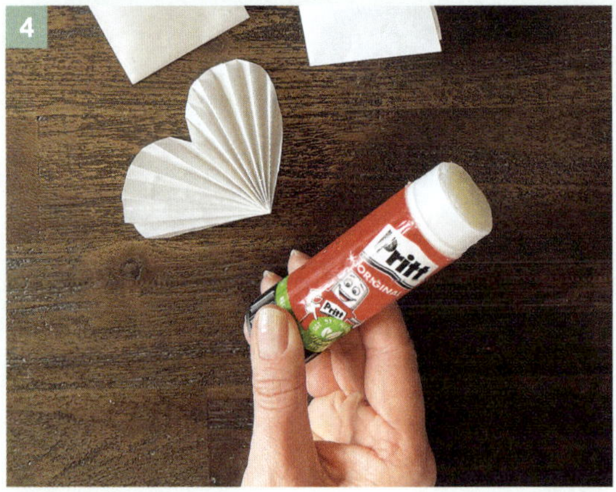

2 Falte das Papier, während es aufgeklappt ist, von der kurzen Seite her zur Ziehharmonika. Die einzelnen Falten sollten eine Breite von ca. 0,5 cm haben.

3 Falte das Ganze in der Mitte und fixiere es mit Kleber. Es entsteht ein Herz.

4 Verfahre mit den anderen beiden Teilen genauso. Klebe dann die drei entstandenen Teile vorsichtig zusammen. Wenn du es aufhängen möchtest, klebe ein Stück Angelsehne oder Glitzerfaden zwischen zwei Teile. Befestige zum Schluss mit der Heißklebepistole eine kleine Perle in der Mitte vorn und hinten.

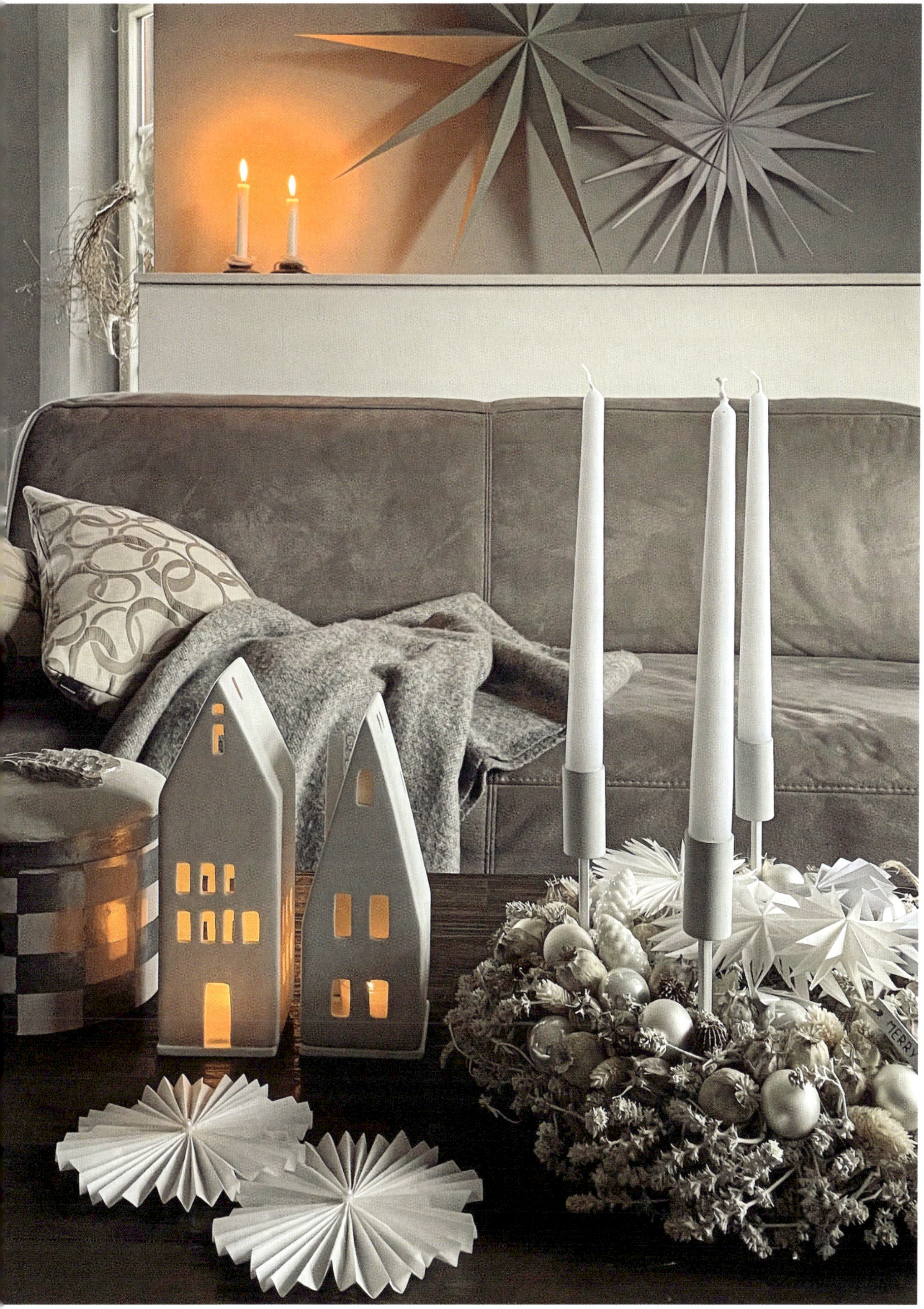
MERRY

KLEINE STERNSCHNUPPE

Die kleine Sternschnuppe ist ein zarter 3-D-Stern aus Butterbrotpapier. Durch die doppelreihig angeordneten Zacken wirkt er plastisch und macht deinen Weihnachtsbaum zu etwas ganz Besonderem.

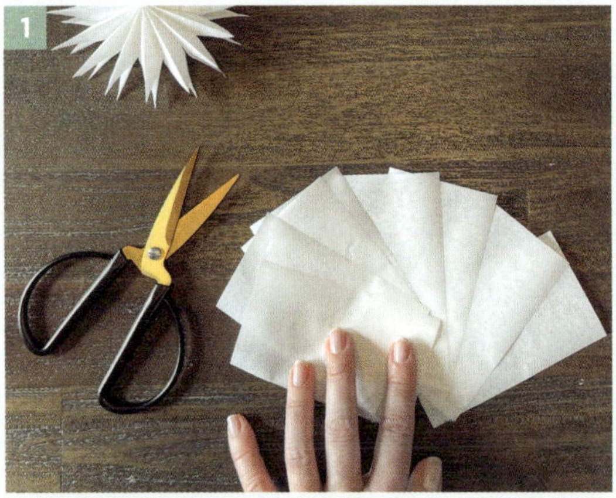

1

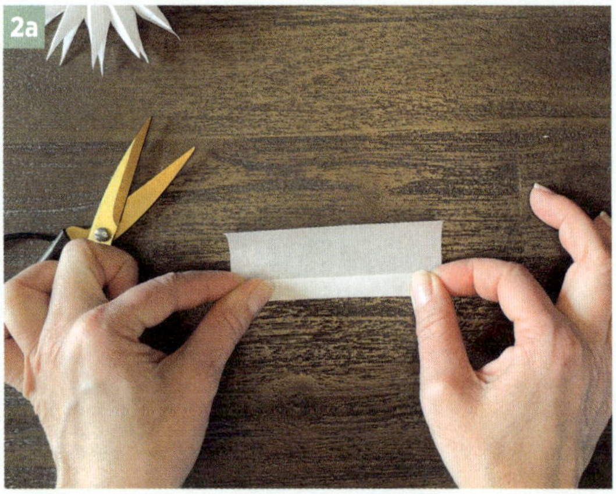

2a

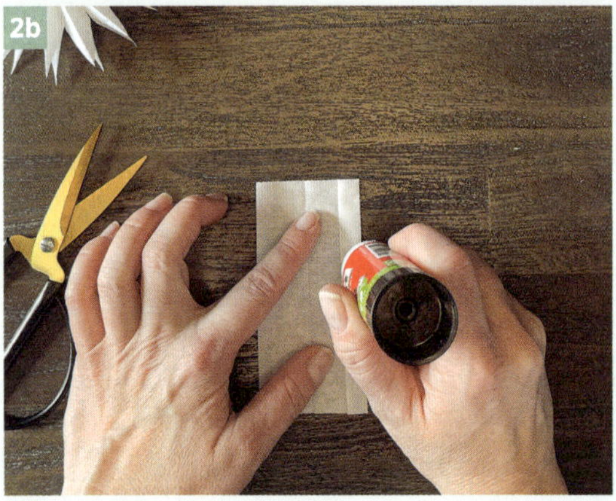

2b

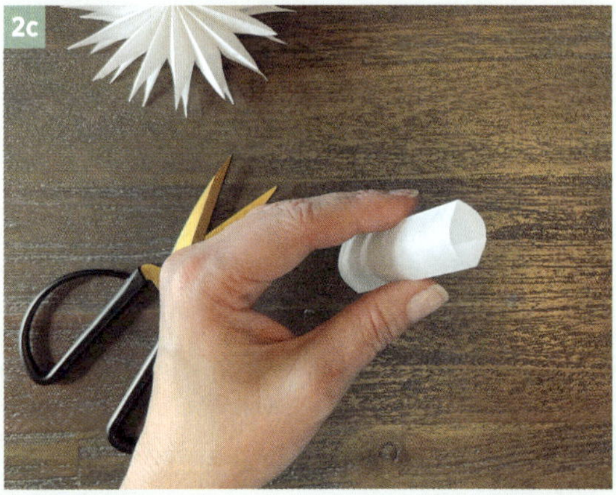

2c

1 Bereite acht Stück Butterbrotpapier in der Größe 10 cm x 6 cm vor.

2 Nimm dir einen Butterbrotpapierzuschnitt und falte ihn von der längeren Seite her 1 cm nach innen (das ist der Klebefalz) und von der anderen Seite bis über die Kante. Klebe den Falz zusammen, sodass ein Schlauch entsteht. Hilfreich ist wieder eine Leere (eine Art Schablone, damit deine Teile immer die gleiche Größe bekommen). Verwende eine Leere mit den Maßen 2,5 cm x 10 cm.

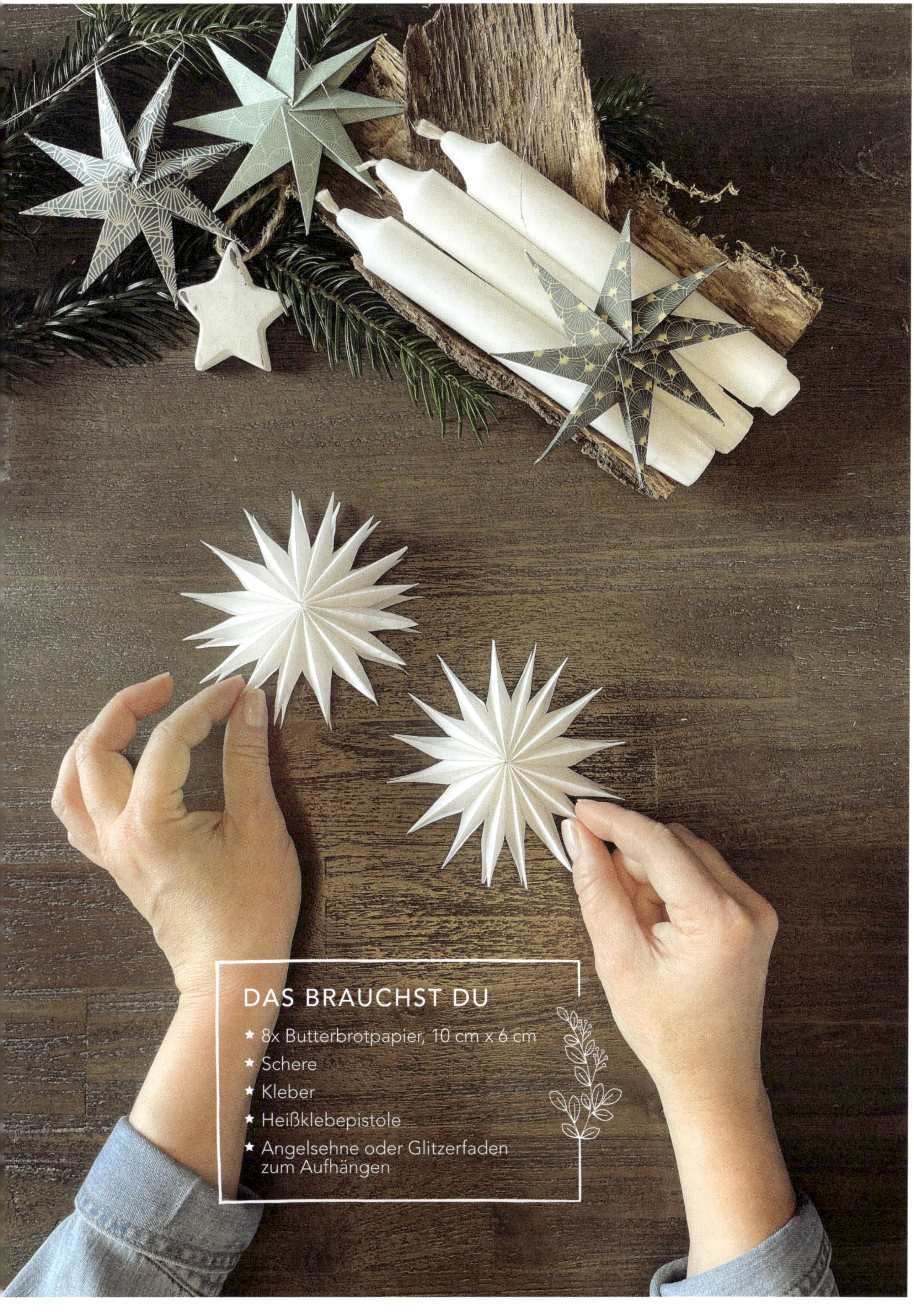

DAS BRAUCHST DU

- 8x Butterbrotpapier, 10 cm x 6 cm
- Schere
- Kleber
- Heißklebepistole
- Angelsehne oder Glitzerfaden zum Aufhängen

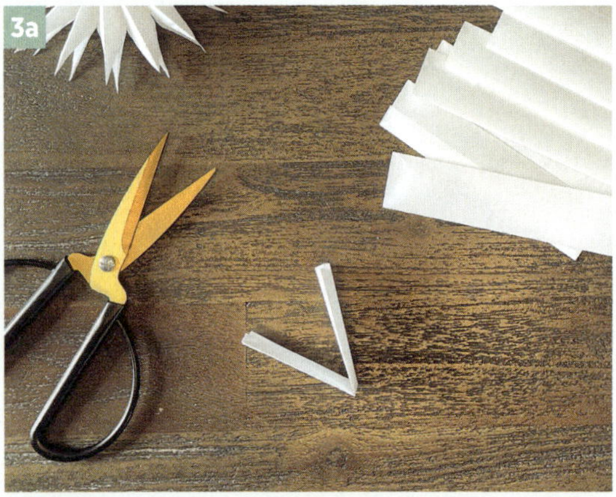
3a

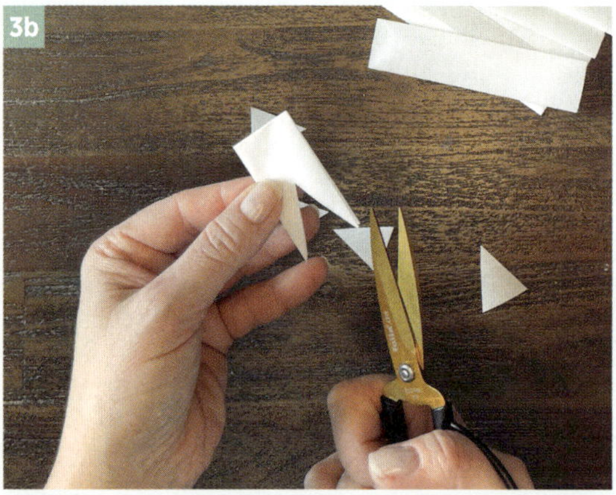
3b

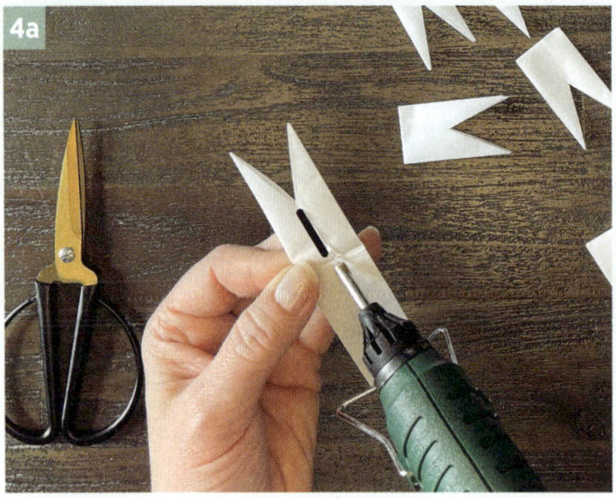
4a

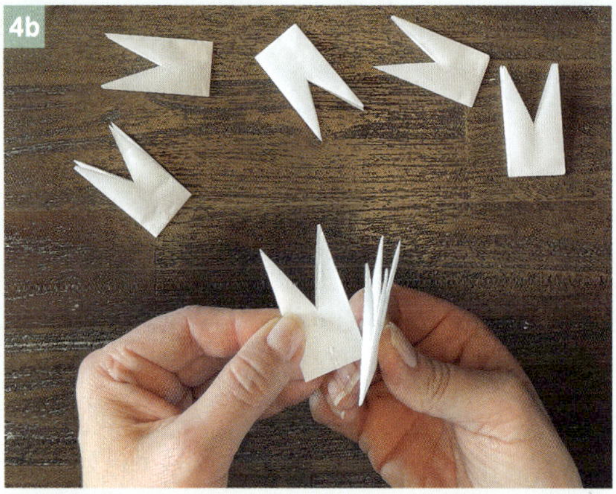
4b

3 Lasse den Kleber gut trocknen. Falte das Papier danach mittig und schneide eine ca. 3 cm tiefe Zacke ein. Verfahre mit den anderen 7 Zuschnitten genauso.

4 Falte nun alles auseinander und benetzte die Papiere jeweils in der Mitte dünn mit Heißkleber. Klebe zum Schluss alle Teile aneinander. Wenn du eine Aufhängung möchtest, klebe die Angelsehne oder den Faden gleich mit ein.

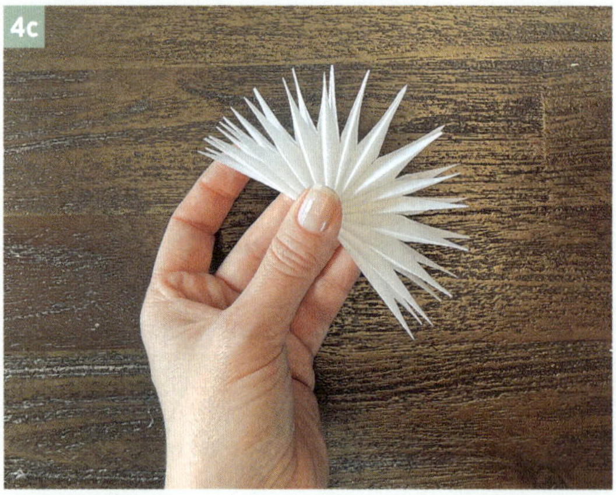
4c

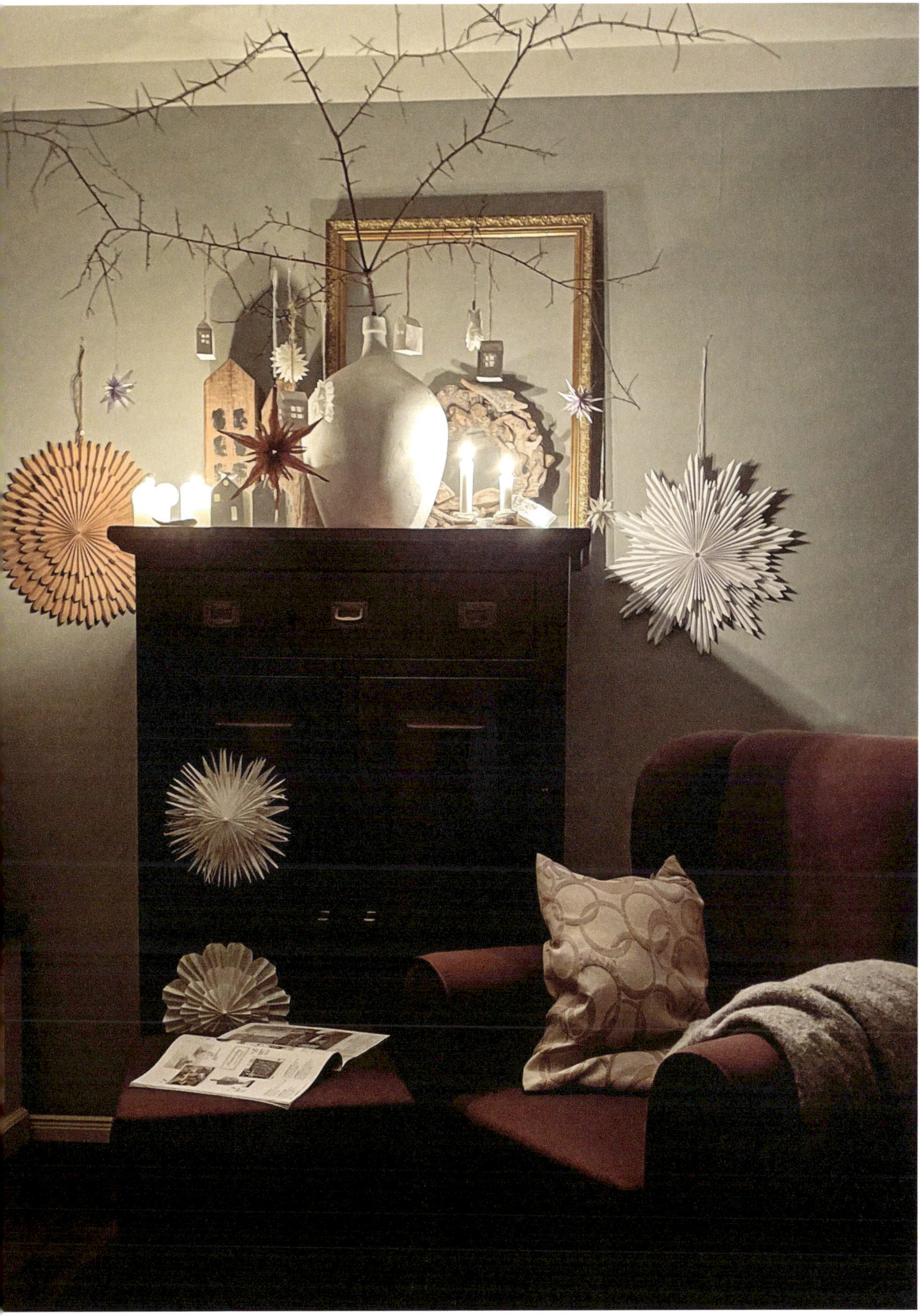

BETHLEHEM-STERN

Stern über Bethlehem, zeig mir den Weg … Ich zeige dir, wie man ihn macht. Leicht und schnell. Bei einer Tasse Tee und Weihnachtsplätzchen wird das Basteln dieses Sterns Vorfreude und Besinnlichkeit in dir wecken.

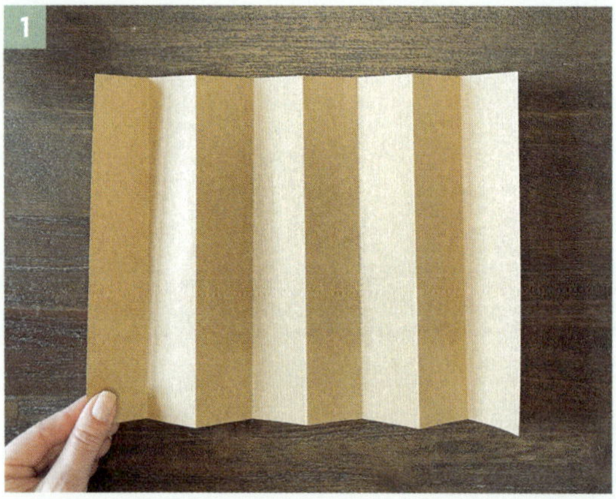

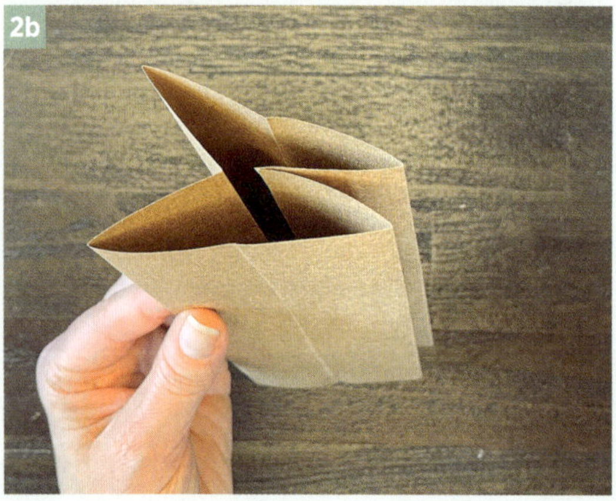

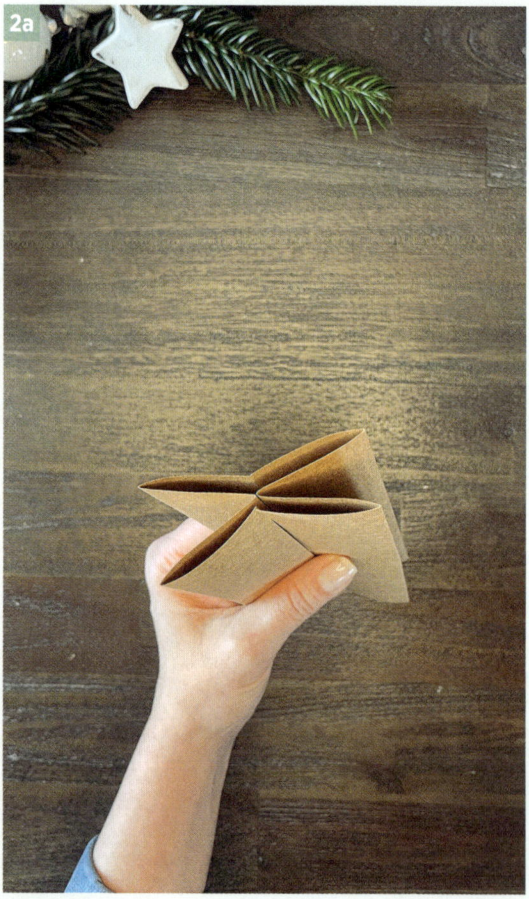

1 Falte das Tonpapier zur Ziehharmonika, sodass du acht Seiten erhältst.

2 Lege die Ziehharmonika wie abgebildet zusammen. Die beiden äußeren Seiten sollen sich gegenüberliegen.

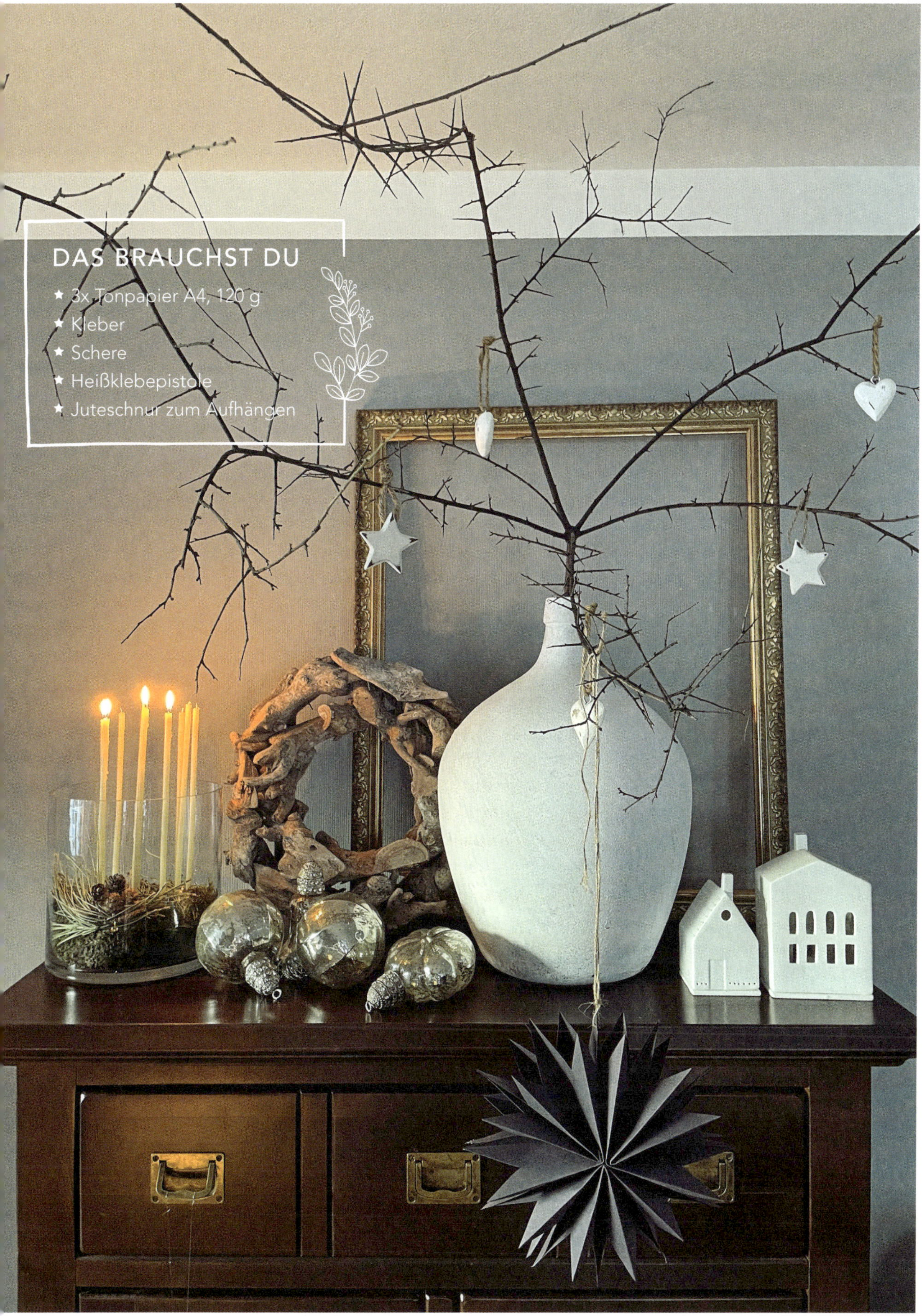

DAS BRAUCHST DU

- 3x Tonpapier A4, 120 g
- Kleber
- Schere
- Heißklebepistole
- Juteschnur zum Aufhängen

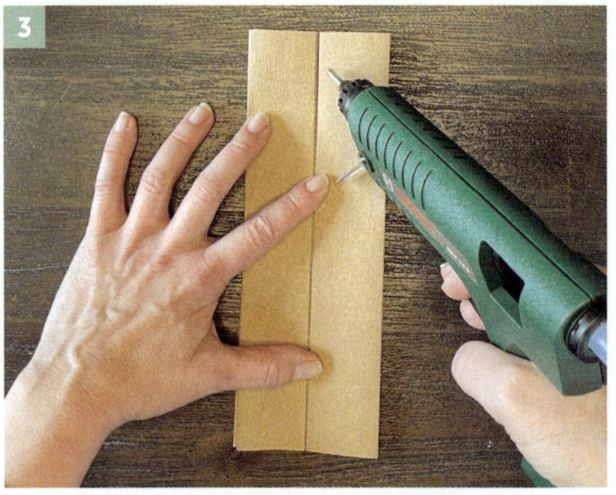

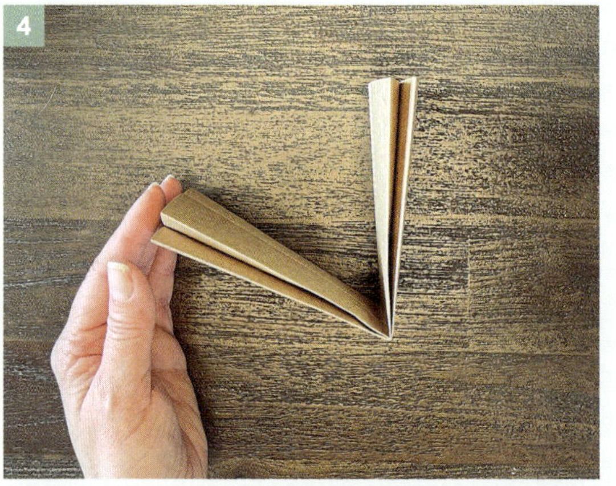

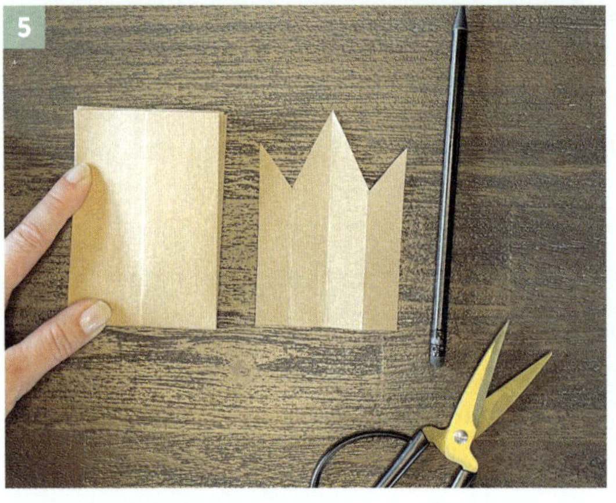

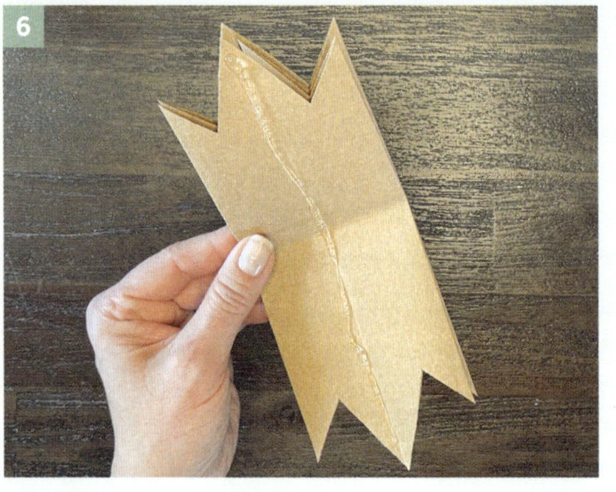

3 Trage Heißkleber an den Außenseiten auf und falte das Tonpapier nach innen zusammen.

4 Falte es dann zur Mitte.

5 Übertrage nun die Vorlage (Seite 133) und schneide sie aus.

6 Klebe das entstandene Teil in der Mitte mit Heißkleber zusammen. Auf die gleiche Weise verfährst du mit den anderen beiden Papierbogen.

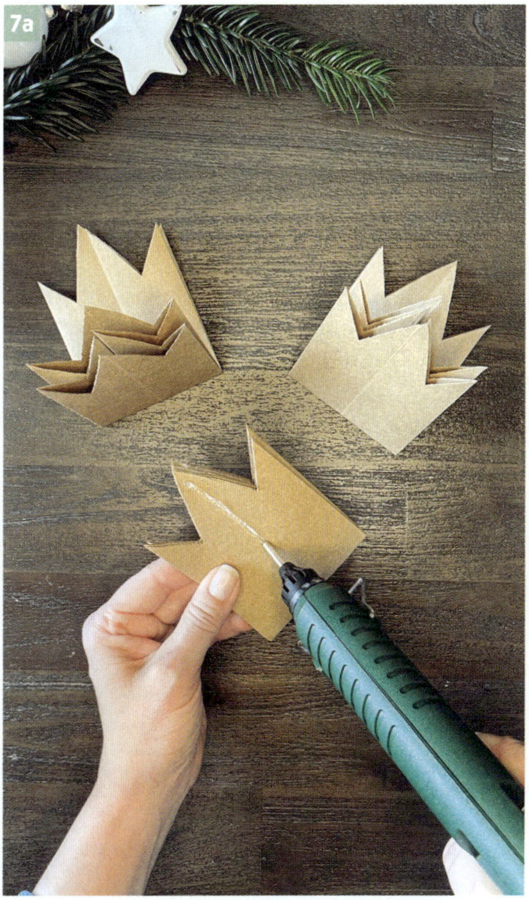

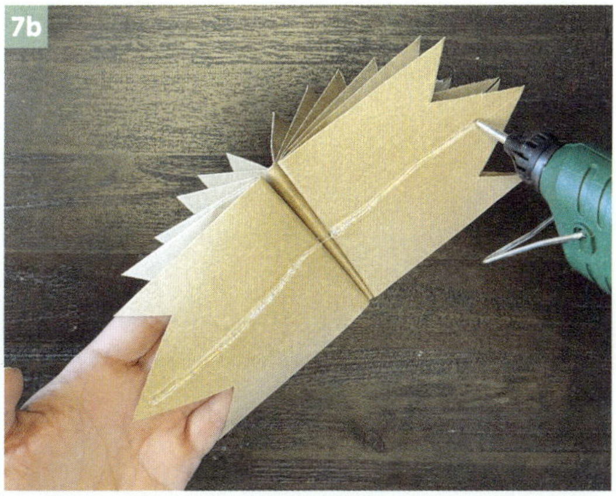

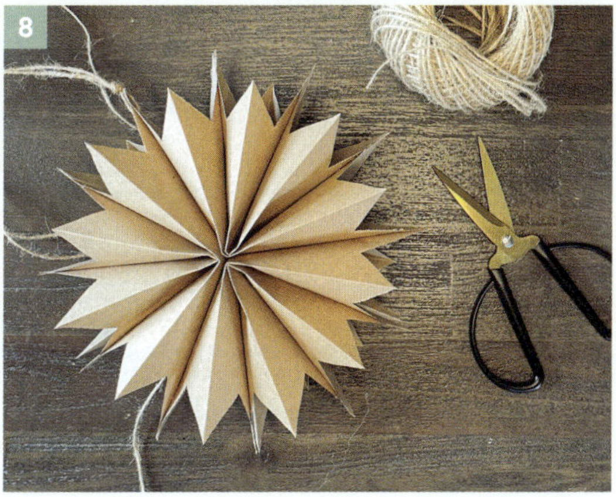

7 Klebe die drei Teile mit Heißkleber zusammen und schließe sie zum Kreis.

8 Mithilfe des Lochstanzers kannst du nun die Juteschnur anbringen. Fertig!

GOLDENER TANNENBAUM

Diese goldenen Schmuckstücke kannst du mit etwas Zeit und Geduld ganz einfach selbst basteln. Für die Tannenbäumchen benötigst du nur etwas goldenes Krepppapier. Viel Freude beim Nachmachen!

DAS BRAUCHST DU

* Tonpapier oder etwas festeres Papier
* Schere
* Heißklebepistole
* Goldenes Krepppapier

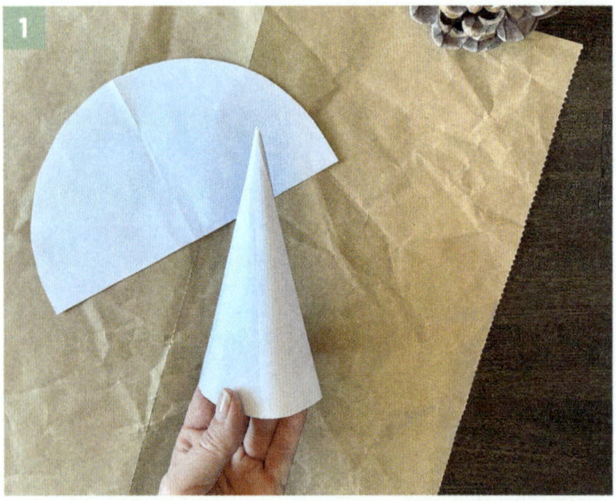

1 Schneide aus Tonpapier einen Halbkreis aus und klebe ihn zu einem Kegel zusammen. Beklebe diese Unterkonstruktion mit goldenem Krepppapier.

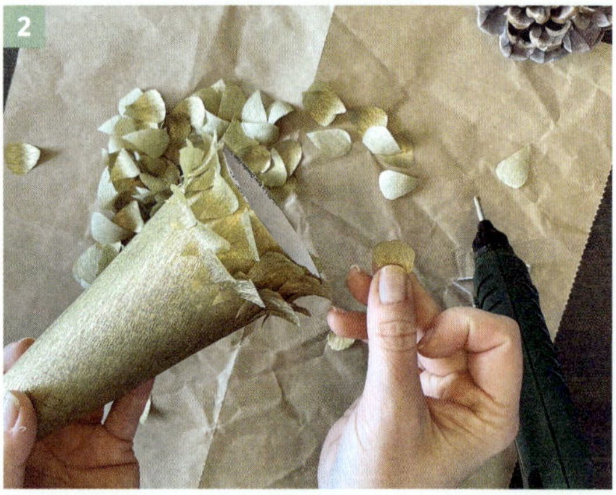

2 Bearbeite das Krepppapier so, dass es sich nach außen wellt. (Du kennst vielleicht dieses Geschenkband, welches man mithilfe der Schere ringeln kann – genau so verfährst du mit dem Geschenkpapier. Schneide dir einen Streifen und bearbeite ihn mit der Schere vorsichtig, sodass er sich wellt). Schneide dann die Tropfen aus und klebe sie auf den Kegel.

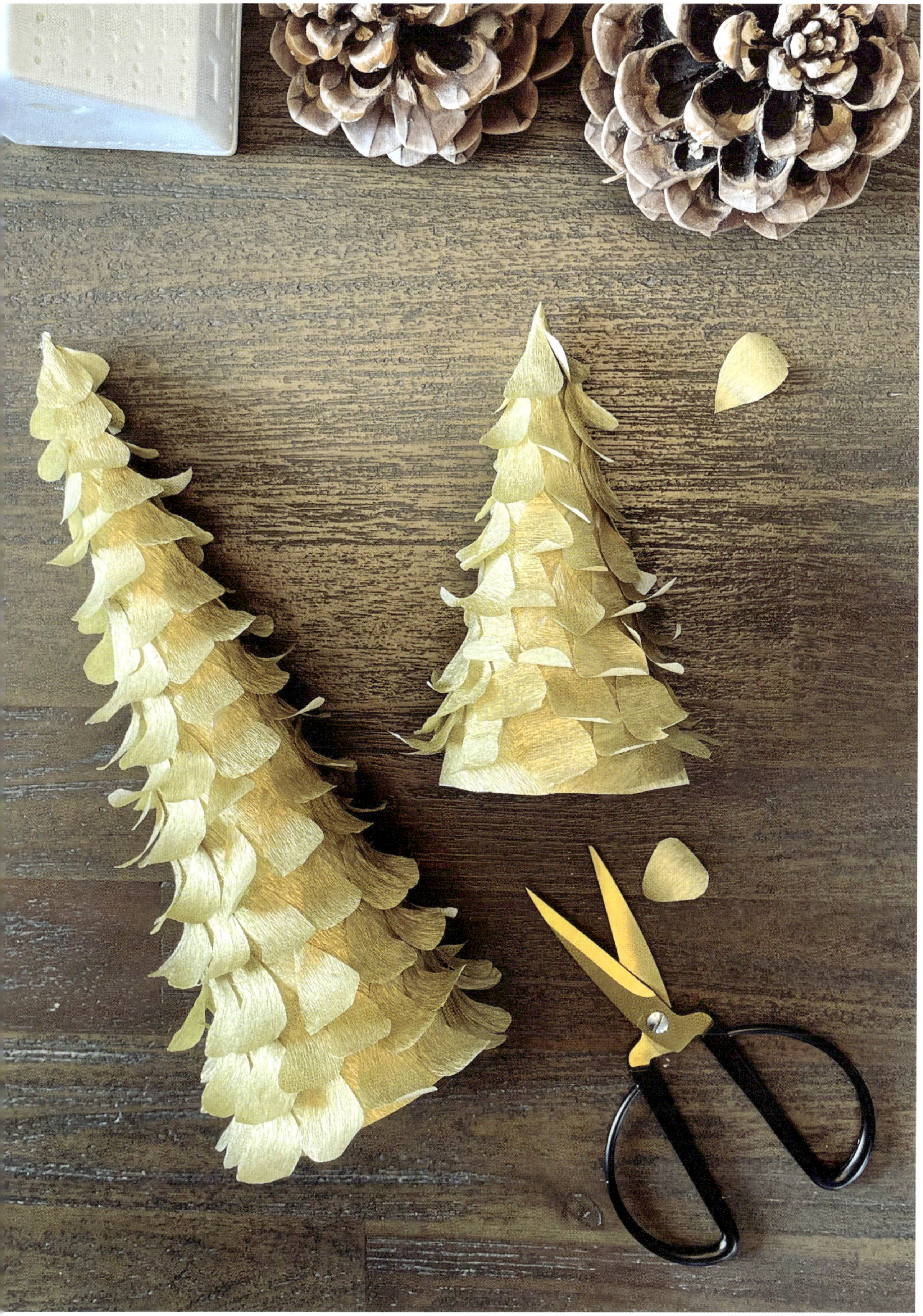

TANNENBAUM GEFALTET

Wie im Märchenwald. Diese kleinen Tannenbäumchen kannst du aus Tonpapier, Origamipapier oder aus Geschenkpapier falten. Sie kommen ganz ohne Kleber aus.

DAS BRAUCHST DU

- 1 A4-Bogen Geschenk-, Origami- oder Tonpapier
- Ggf. Falzbein
- Schere

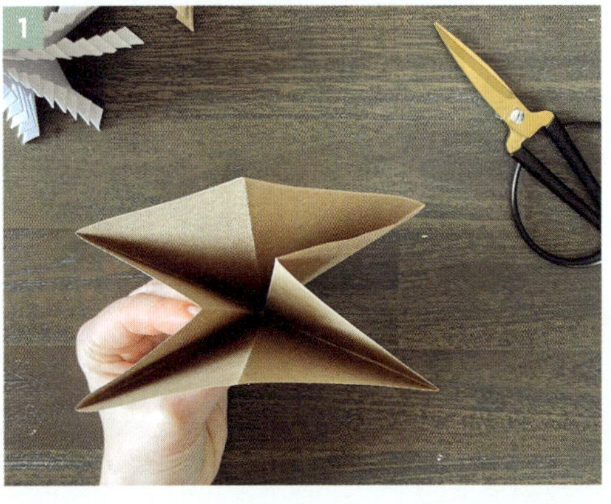

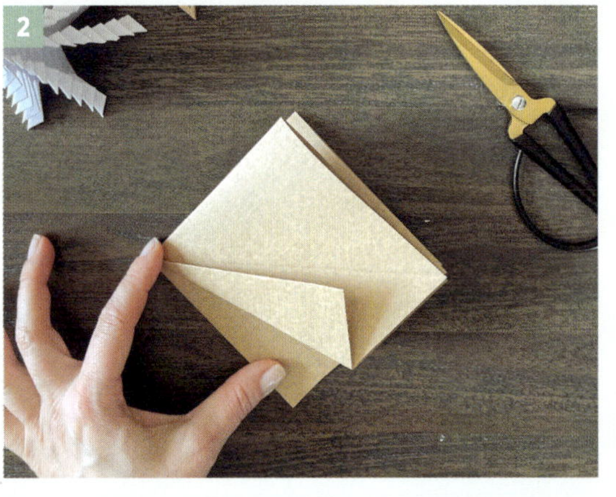

1 Falte den Papierbogen von Seitenkante zu Seitenkante und öffne ihn wieder. Wende dann den Bogen, falte ihn erneut von Spitze zu Spitze und öffne ihn wieder. So entsteht ein diagonales und ein waagerechtes Kreuz auf dem Papier. Nimm dann die beiden Außenecken nach innen.

2 Lege dein Objekt so hin, dass die offenen Seiten nach rechts zeigen, falte anschließend die geschlossenen Außenkanten zur Mittellinie. Drehe das Papier um und wiederhole das Ganze.

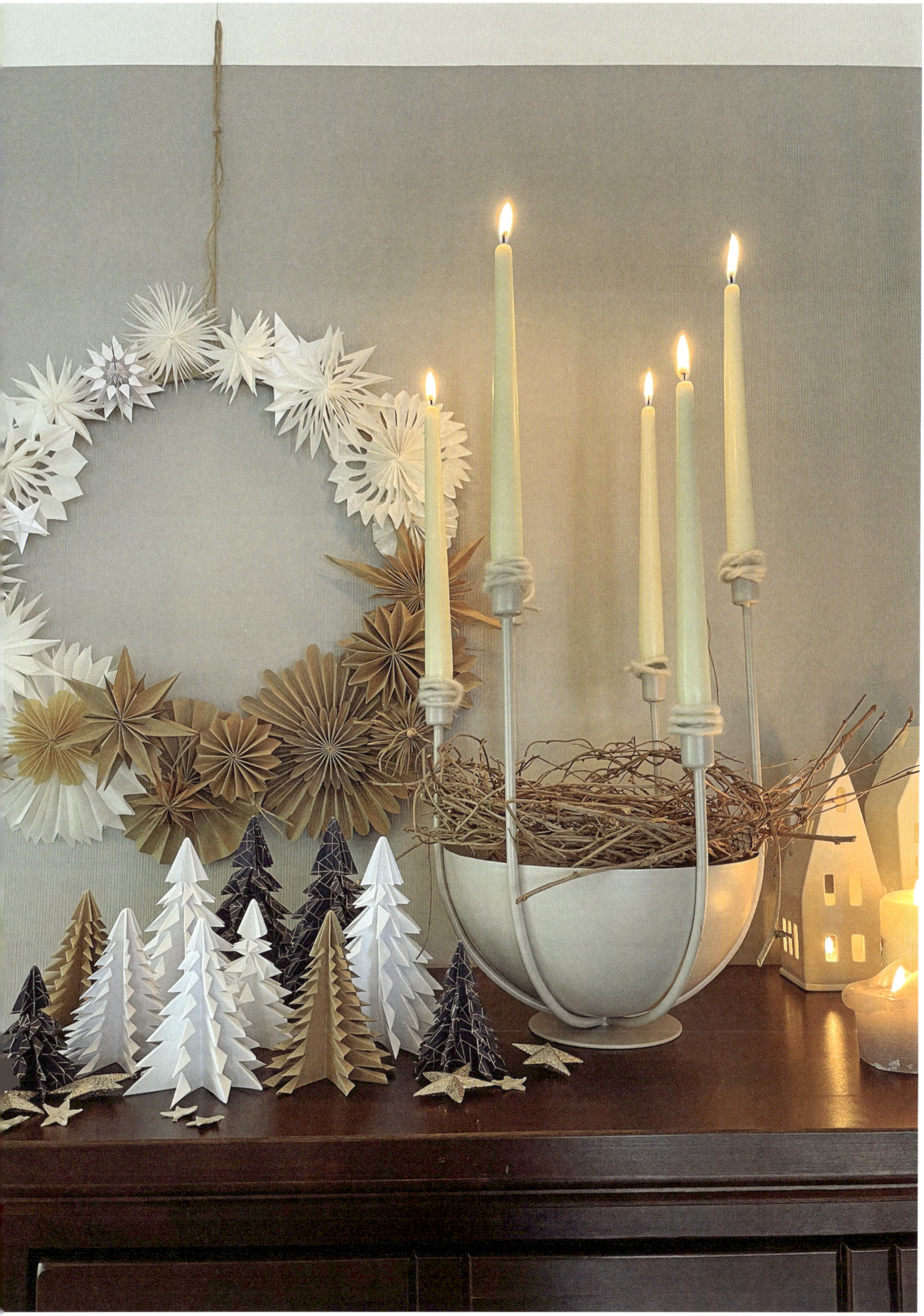

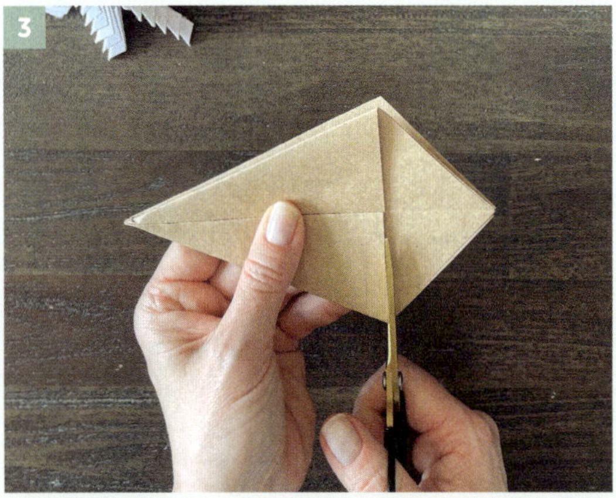

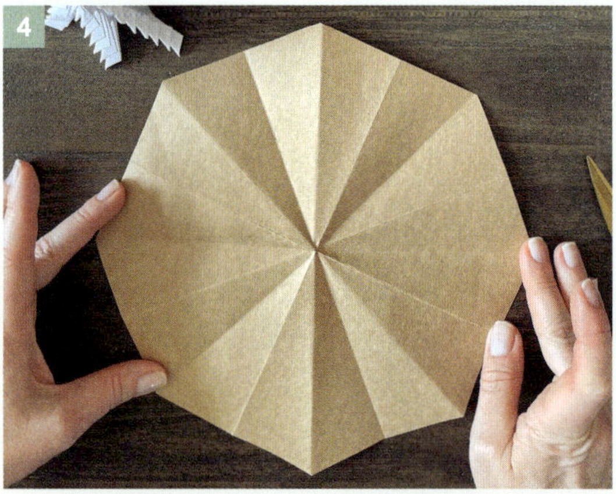

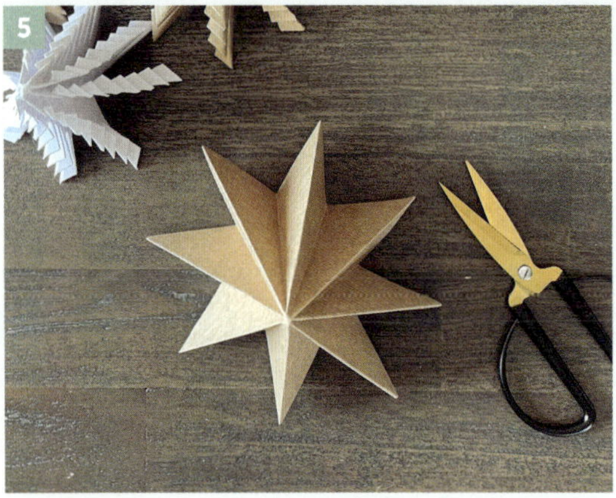

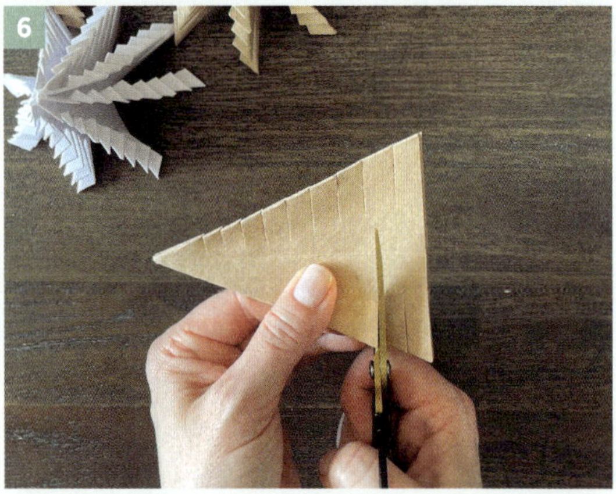

3 Das entstandene Dreieck kannst du einfach abschneiden.

4 Ein Achteck mit 16 Falten ist entstanden.

5 Falte das Achteck so zusammen, dass jeweils eine Falte nach innen und eine Falte nach außen zeigt und ein Dreieck mit einer Mittellinie entsteht.

6 Schneide jetzt die Seiten gleichmäßig ein. Die Schnitte sollten von unten nach oben kürzer werden, im Abstand von etwa 1 cm. **Achtung:** Pass auf, dass du alle Seiten erwischst.

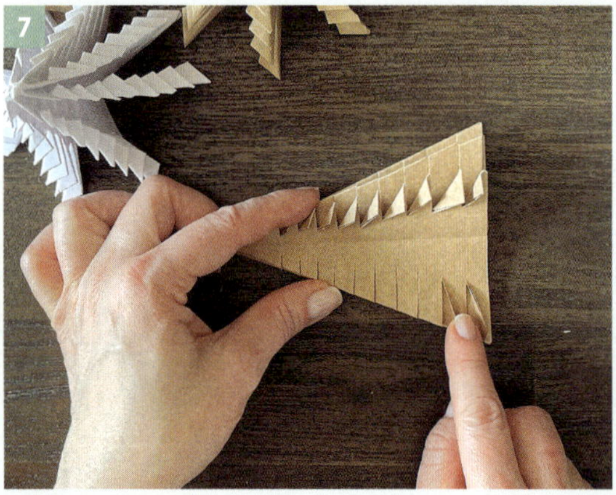

7 Falte an jedem Einschnitt die Ecke nach unten. Wiederhole das rundherum und ziehe die Seiten vorsichtig auseinander, sodass der Tannenbaum frei steht.

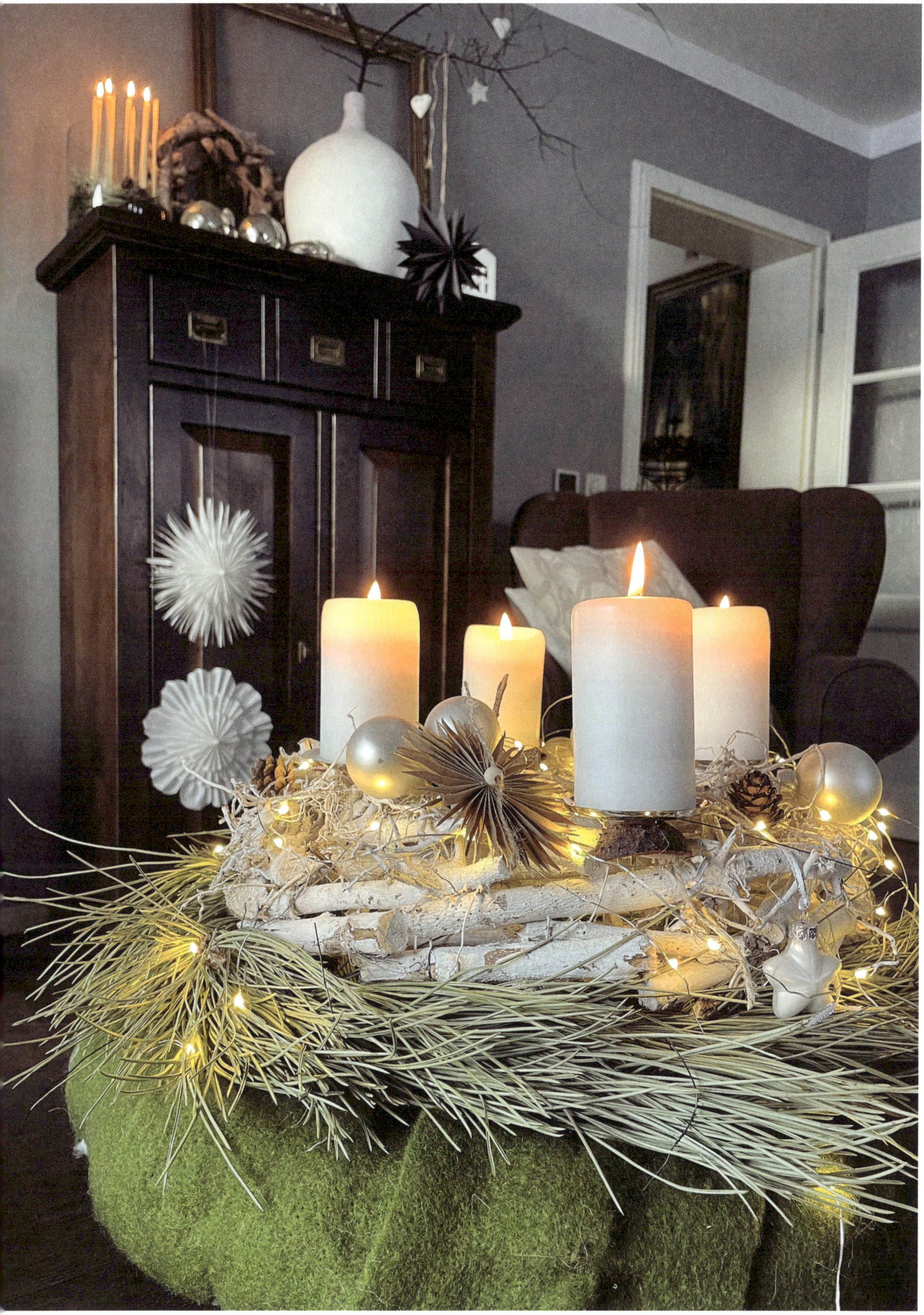

ENGEL AUS BUCHSEITEN

Die zauberhaften Engel aus Buchseiten sind wirklich goldig. Du kannst sie an den Weihnachtsbaum hängen oder als Geschenkanhänger verwenden. Jeder wird sich an den kleinen Himmelsboten erfreuen. Und das Schöne daran ist: Du brauchst nur ein altes Buch dafür.

DAS BRAUCHST DU

* Buchseiten aus einem alten Buch
* Kleber
* Schere
* Faden
* Holzperle, ø 8 mm

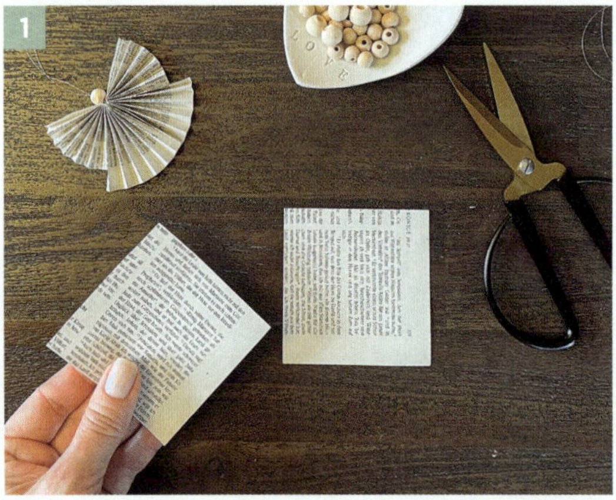

1 Schneide aus einer Buchseite ein Rechteck von 8 cm x 7 cm aus, später wird noch ein zweites Teil dieser Größe benötigt.

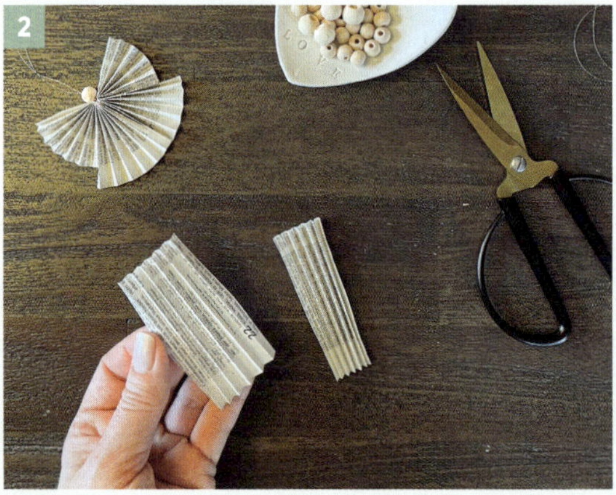

2 Beginne an der kurzen Seite und falte das Papier zur Ziehharmonika. Jede Falte sollte ca. 0,5 cm breit sein. So entstehen 13 Falten.

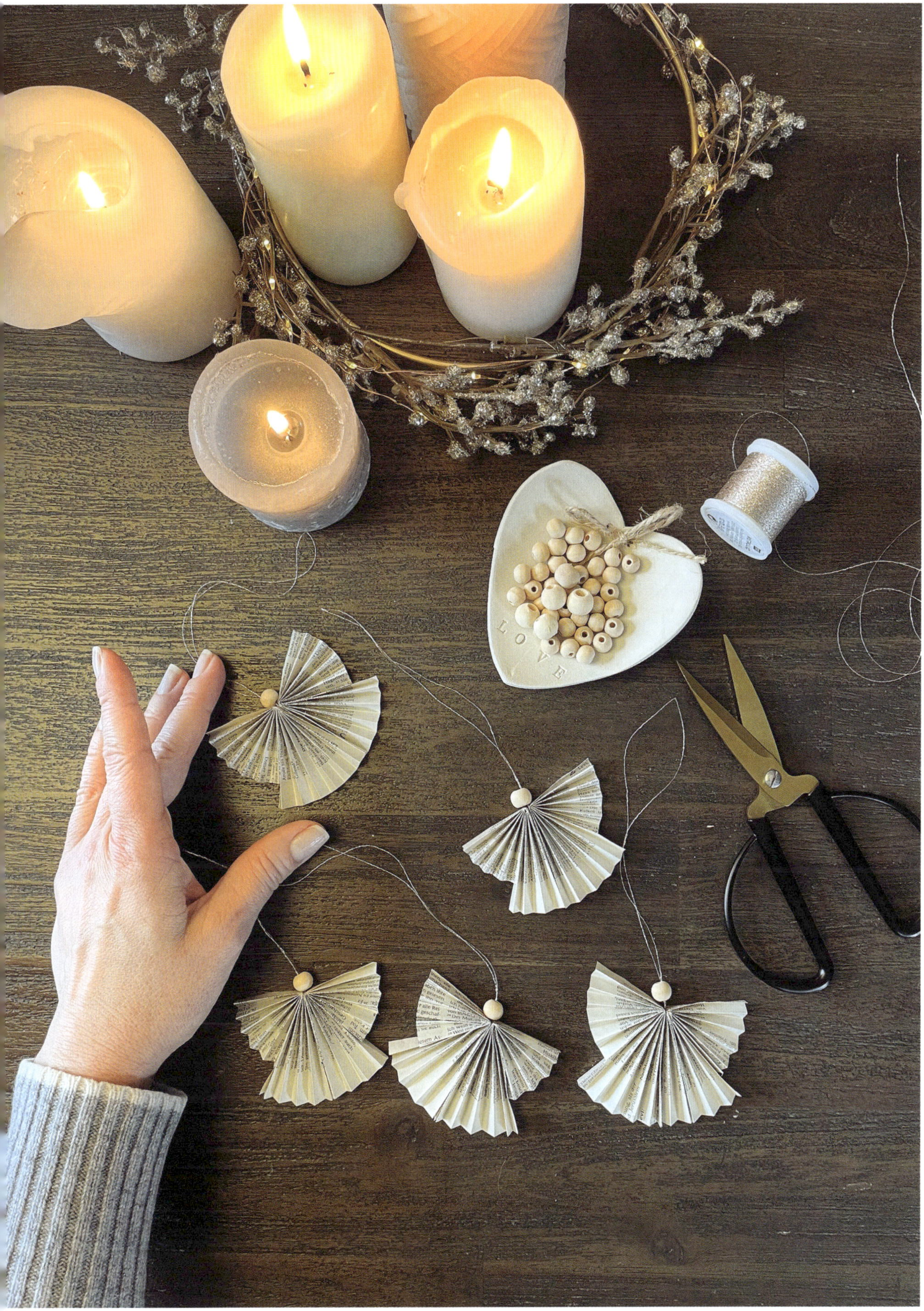
LOVE

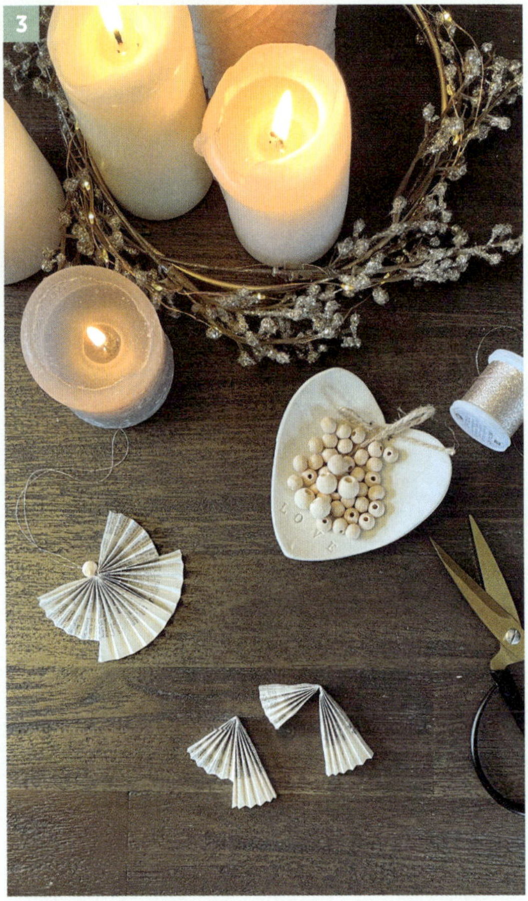

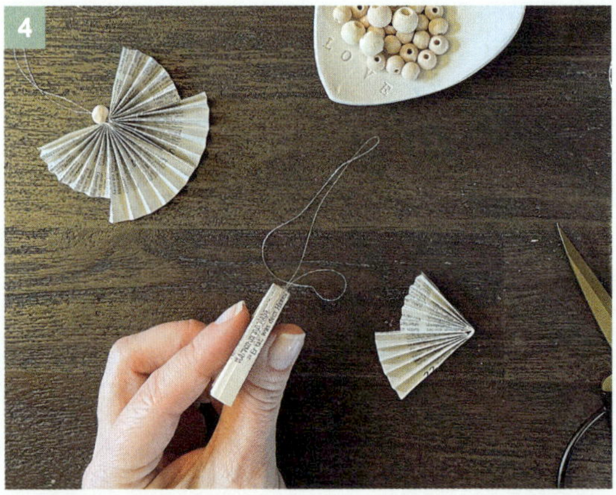

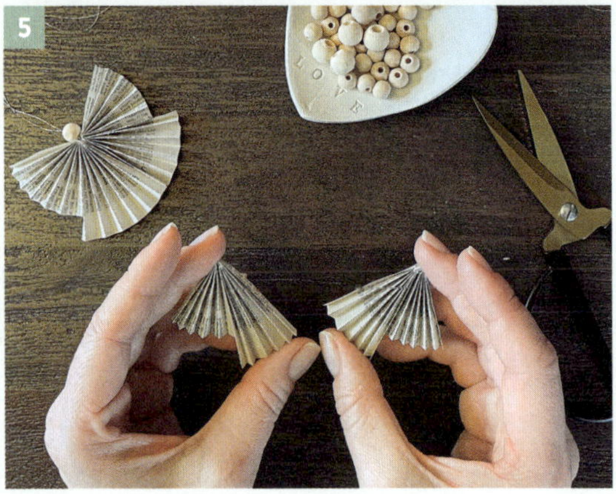

3 Knicke das Papier nicht ganz mittig (etwa bei 4 cm) einmal zur Seite um und fixiere den Knick mit Kleber. Gehe bei der zweiten Buchseite genauso vor. Zwei identische Teile entstehen.

4 Klebe einen Faden zum Aufhängen auf. Später wird hier die Holzperle aufgefädelt.

5 Klebe die beiden Teile an der längeren Seite entweder mit Heißkleber oder mit Bastelkleber zusammen. Fädele zum Schluss die Holzperle auf. Fertig ist dein Engel!

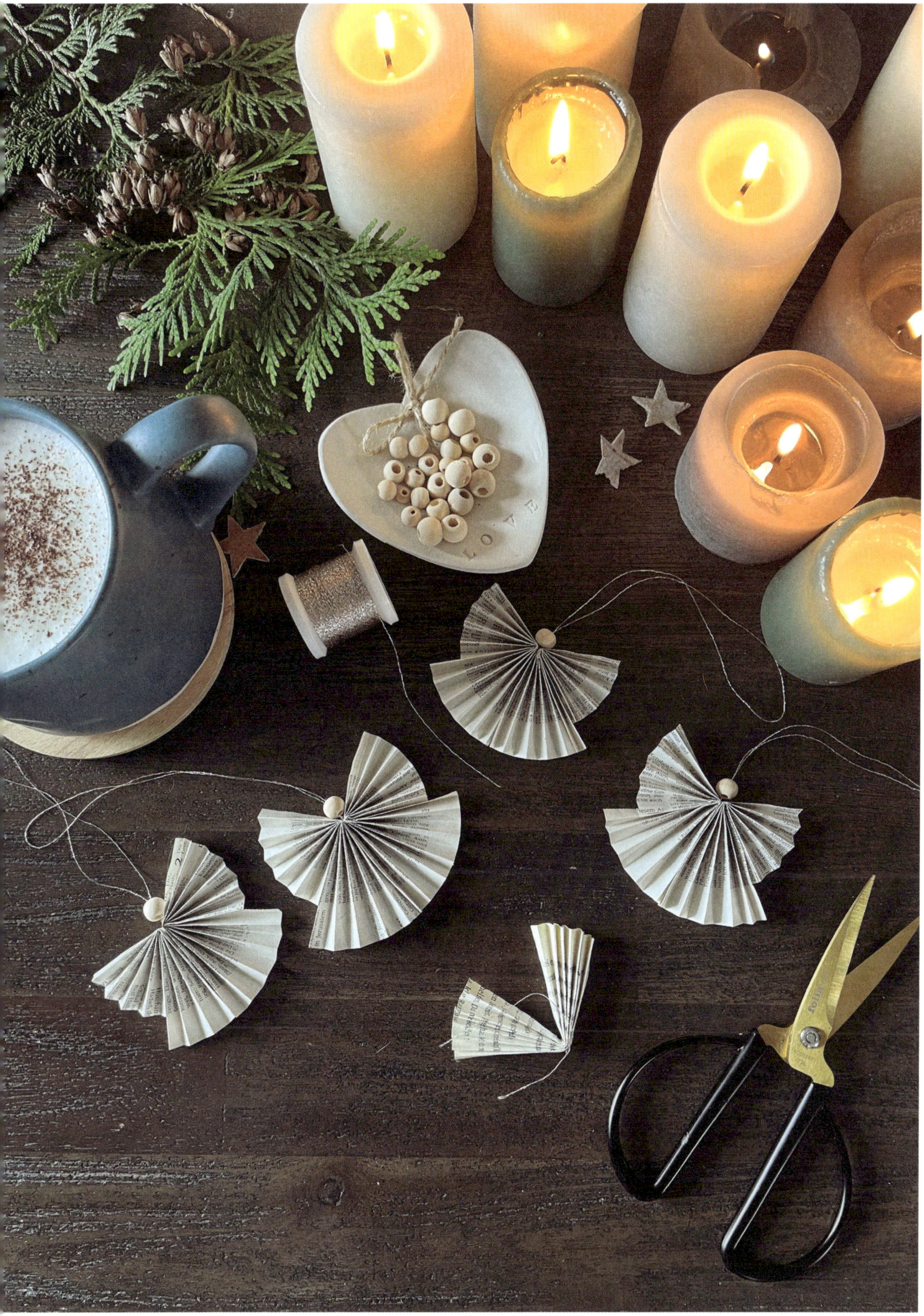

SECHSZACKIGER STERN AUS PACKPAPIER

Es muss nicht immer gekauftes Papier sein. Dieser Stern ist aus alten Resten von Verpackungen entstanden. Der knittrige Look mach den besonderen Charme des Sterns aus.

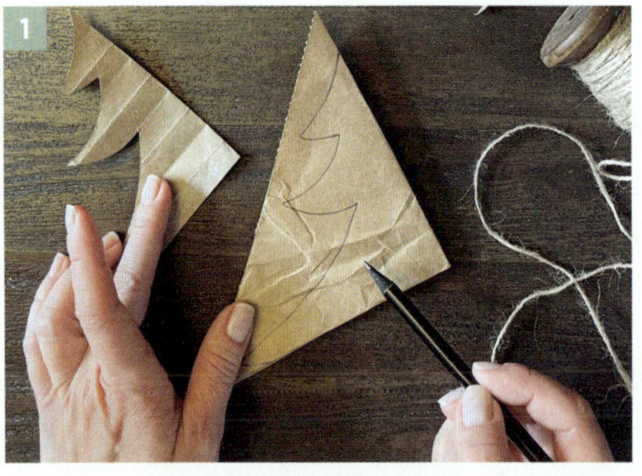

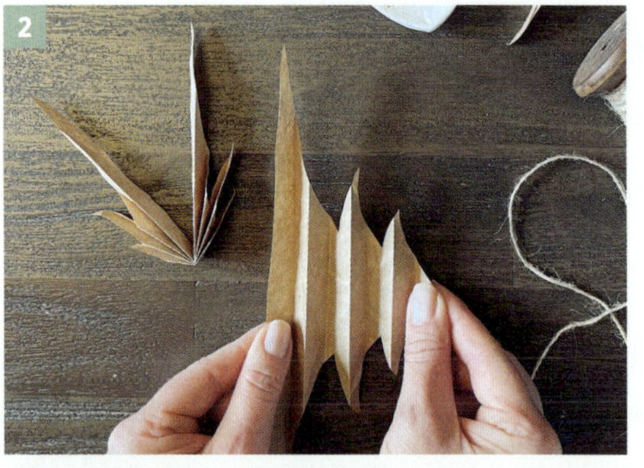

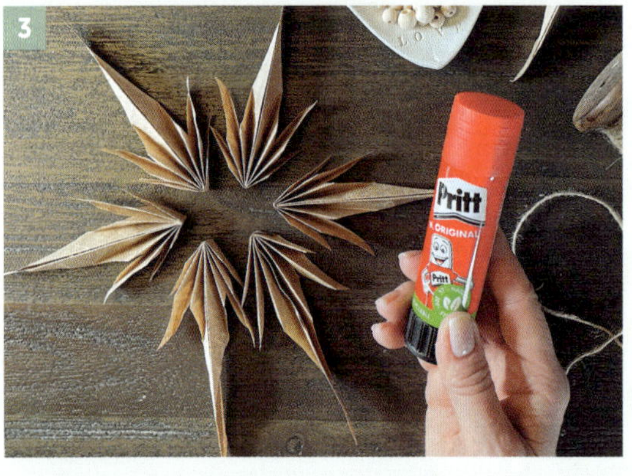

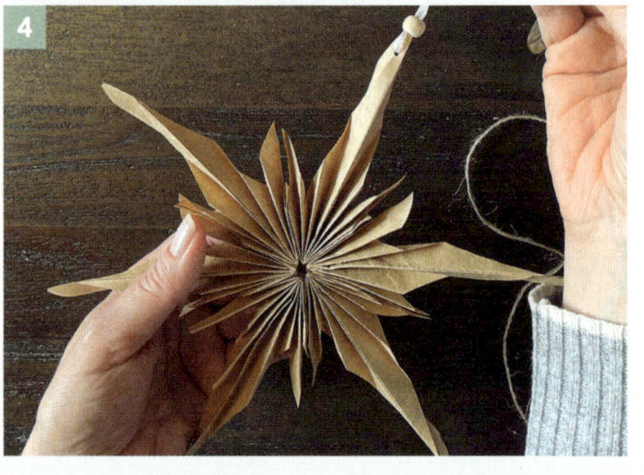

1 Übertrage die Vorlage (Seite 133) auf ein gefaltetes Stück Packpapier. Lege die Vorlage an die Faltkante an.

2 Klappe das Papier auf und falte es zur Ziehharmonika. Knicke es nun zur langen Seite hin mittig zusammen und trage dort mit einem Klebestift dünn Kleber auf. Drücke das Objekt kurz zusammen, bis der Kleber getrocknet ist.

3 Stelle so sechs identische Formen her und klebe diese an der außenliegenden, kleinsten Zacke zusammen.

4 Stanze mithilfe eines Lochstanzers ein Loch für die Aufhängung und vergiss nicht, eine kleine Holzperle aufzufädeln. Fertig!

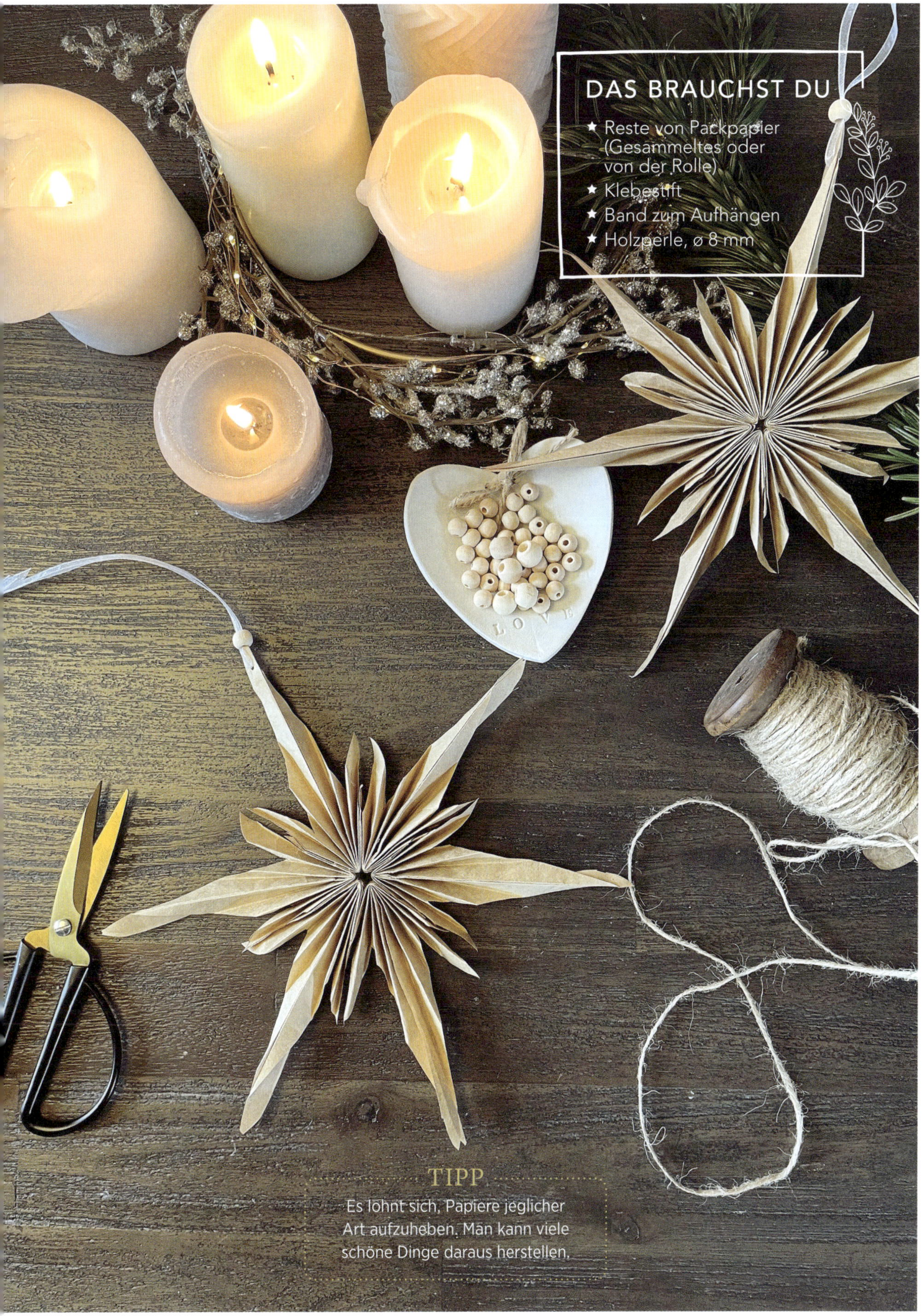

DAS BRAUCHST DU

- Reste von Packpapier (Gesammeltes oder von der Rolle)
- Klebestift
- Band zum Aufhängen
- Holzperle, ø 8 mm

TIPP

Es lohnt sich, Papiere jeglicher Art aufzuheben. Man kann viele schöne Dinge daraus herstellen.

3-D-STERN AUS PACKPAPIER

Ich freue mich immer ganz besonders, schöne Dinge entstehen zu lassen, die wenig kosten. Das ganze Jahr über sammle ich Reste aus Verpackungsmaterial. In der Weihnachtszeit kommen sie zum Einsatz. Los geht's mit dem Upcycling!

DAS BRAUCHST DU

- 3x Packpapier, 9 cm x 9 cm
- 3x Packpapier, 18 cm x 18 cm
- Klebestift
- Juteschnur zum Aufhängen
- Holzperlen, ø 8 mm
- Heißkleber

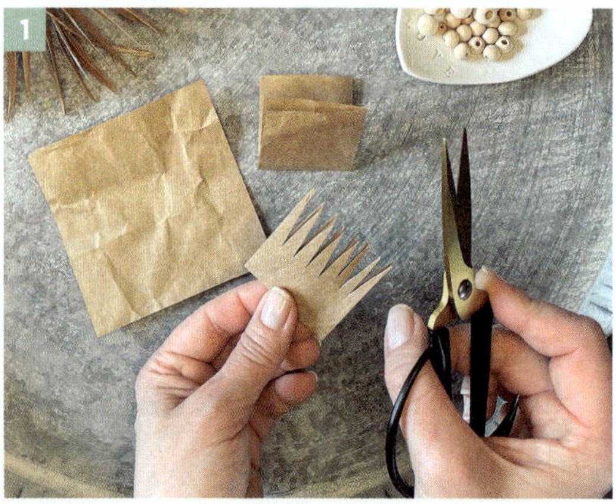

1 Falte einen kleinen Papierzuschnitt zweimal von Seitenkante zu Seitenkante. Ein kleines Quadrat entsteht, welches an zwei Seiten offen ist und an den beiden anderen Seiten geschlossen. Schneide an einer der offenen Seite Zacken ein.

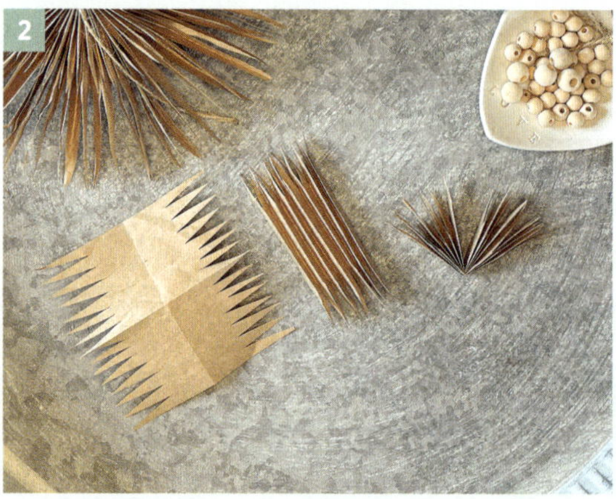

2 Öffne das Papier wieder und falte es zur Ziehharmonika. Falte es danach noch einmal zur Mitte.

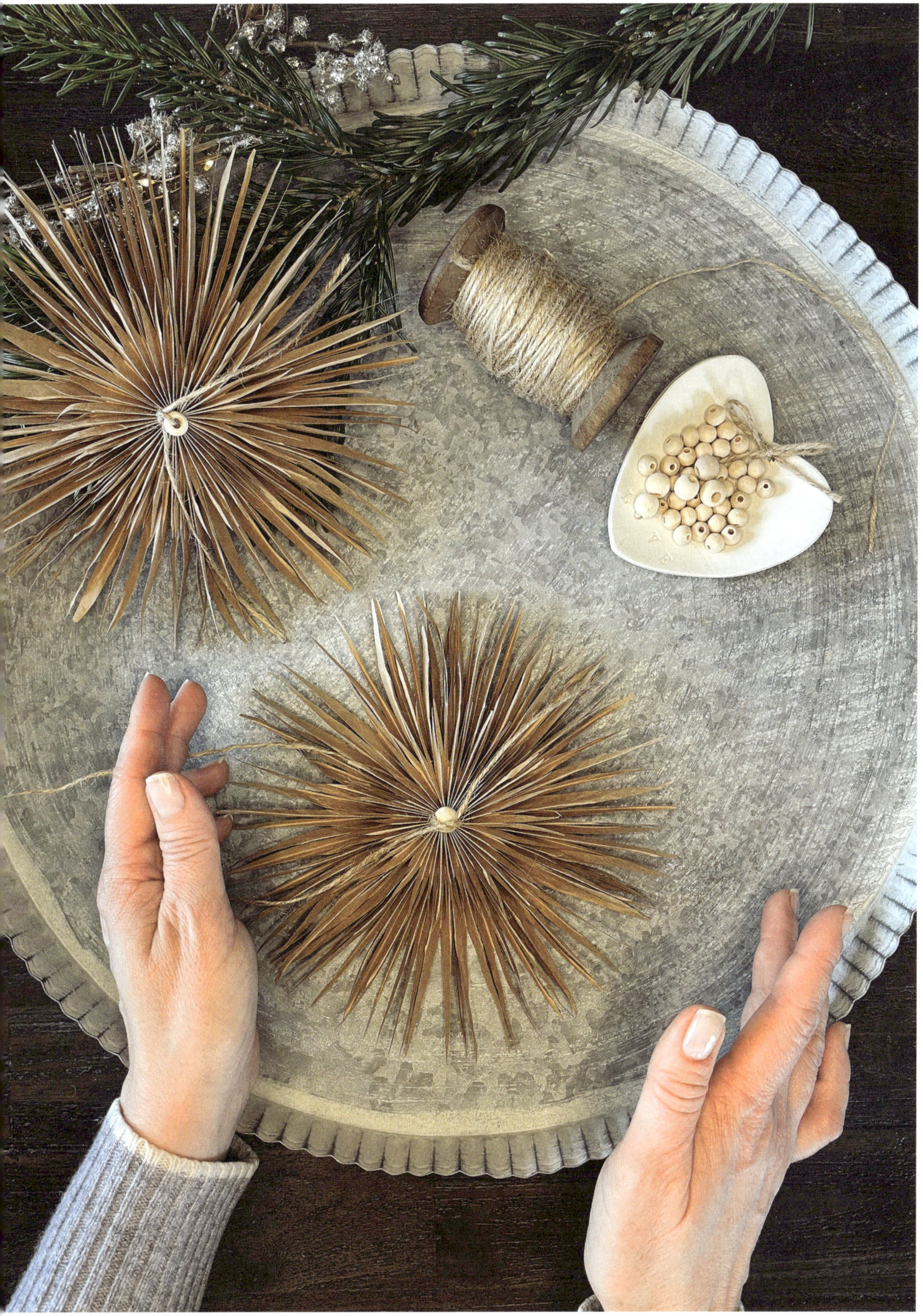

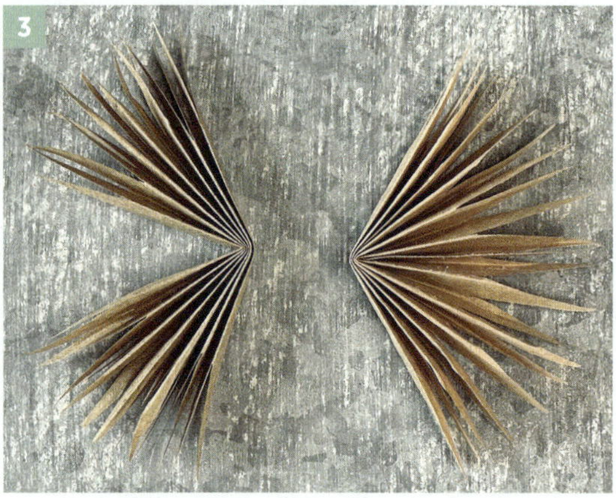

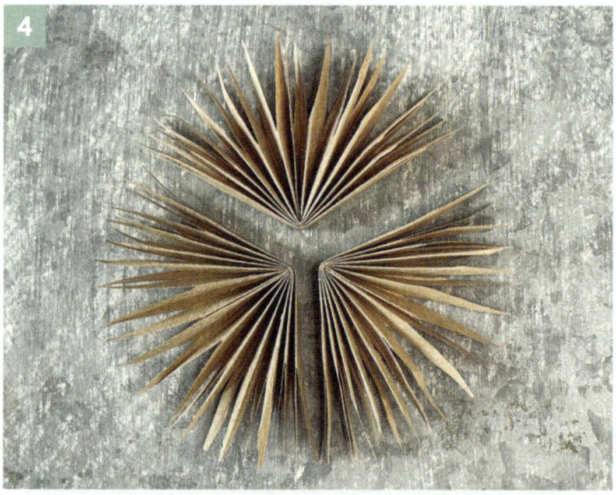

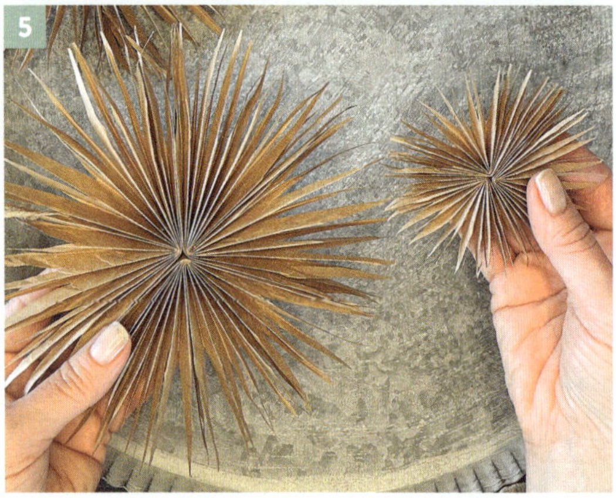

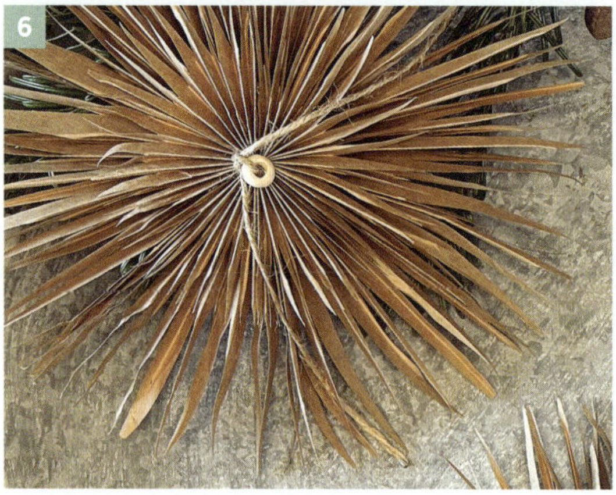

3 Trage eine dünne Schicht Kleber auf und drücke das Objekt zusammen, bis der Kleber getrocknet ist.

4 Stelle so drei identische Formen her und klebe diese zusammen. Mit den drei großen Papierzuschnitten verfährst du genauso.

5 Ein großer und ein kleiner Stern sind entstanden. Klebe nun mit Heißkleber den kleineren Stern mittig auf den großen Stern.

6 Fädele durch eine Holzperle ein Stück Juteschnur und verknote sie über der Perle. Klebe die Perle und die Schnur mit Heißkleber mittig auf den Stern. Fertig!

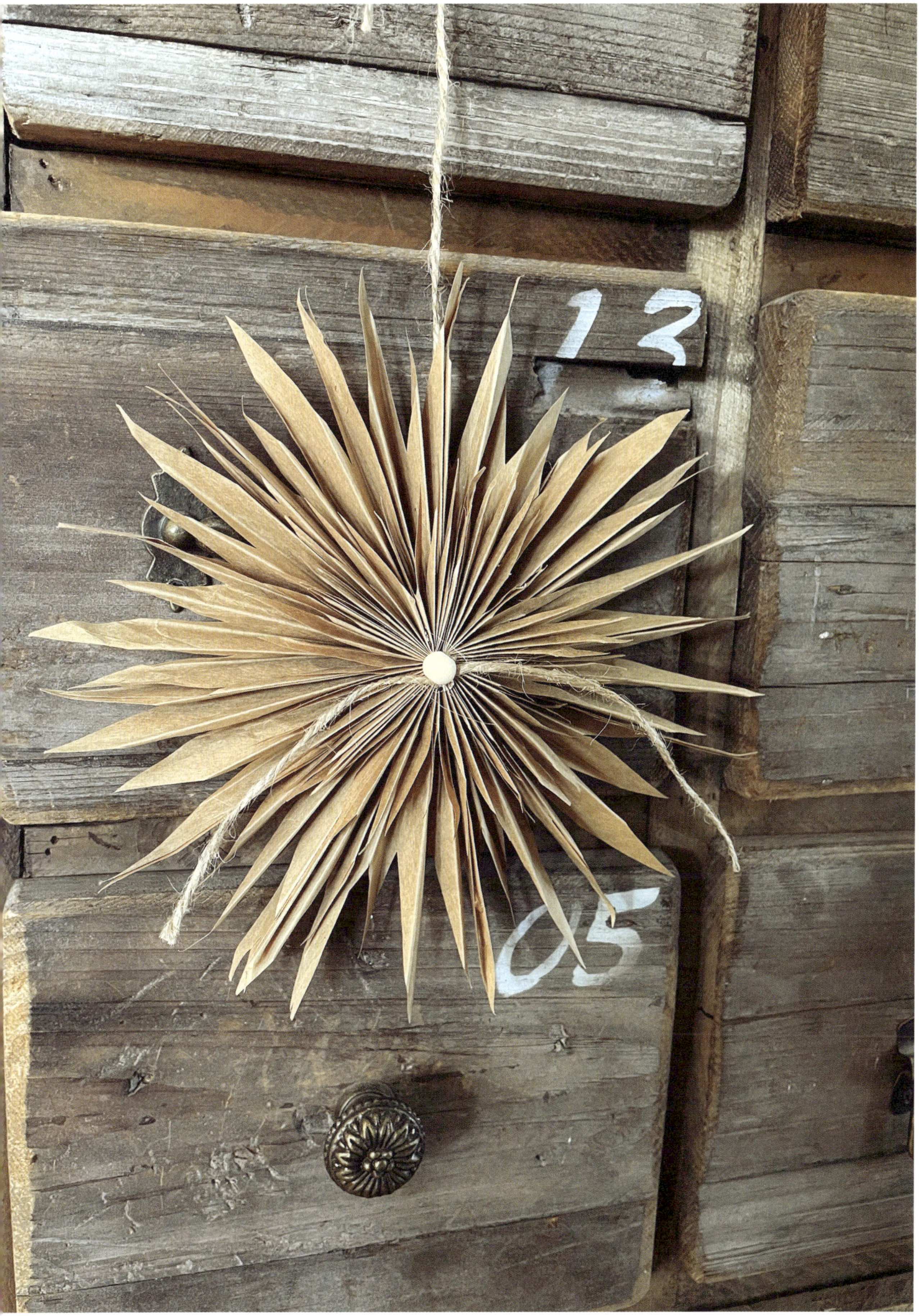
13
05

STERNENZAUBER-GIRLANDE

Hier fallen die Sterne vom Himmel und lassen sich überall dort nieder, wo du Weihnachtsstimmung verbreiten möchtest.

DAS BRAUCHST DU

- 2x Papier deiner Wahl, 7 cm x 7 cm
- Falzbein oder Lineal
- Schere
- Klebestift
- Band zum Aufhängen
- Perlen zum Verzieren

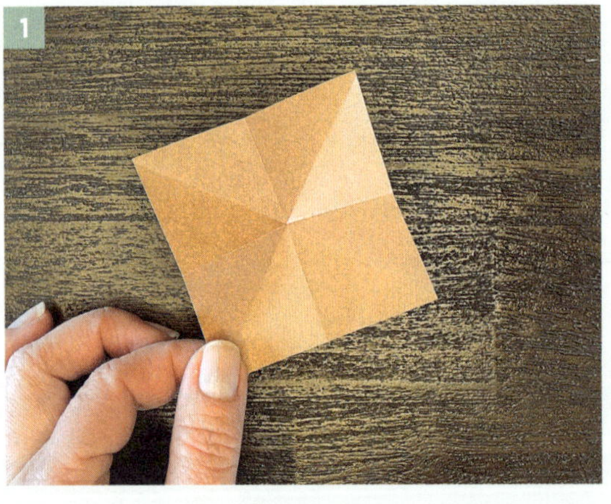

1 Falte den Papierzuschnitt jeweils von Seitenkante zu Seitenkante und öffne ihn wieder. Wende ihn und falte ihn erneut von Spitze zu Spitze. Als Falthilfe kannst du ein Falzbein oder ein Lineal benutzen. Es entsteht ein diagonales und ein gerades Kreuz, sie bilden abwechselnd Berg- und Talfalte.

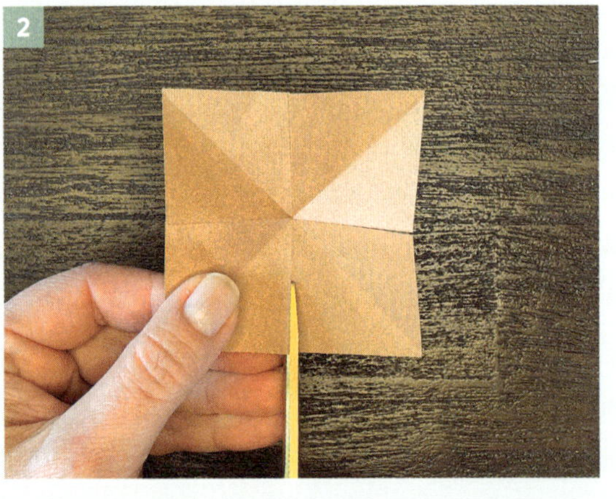

2 Schneide alle Seitenkanten an den gefalteten Linien bis zur Hälfte ein.

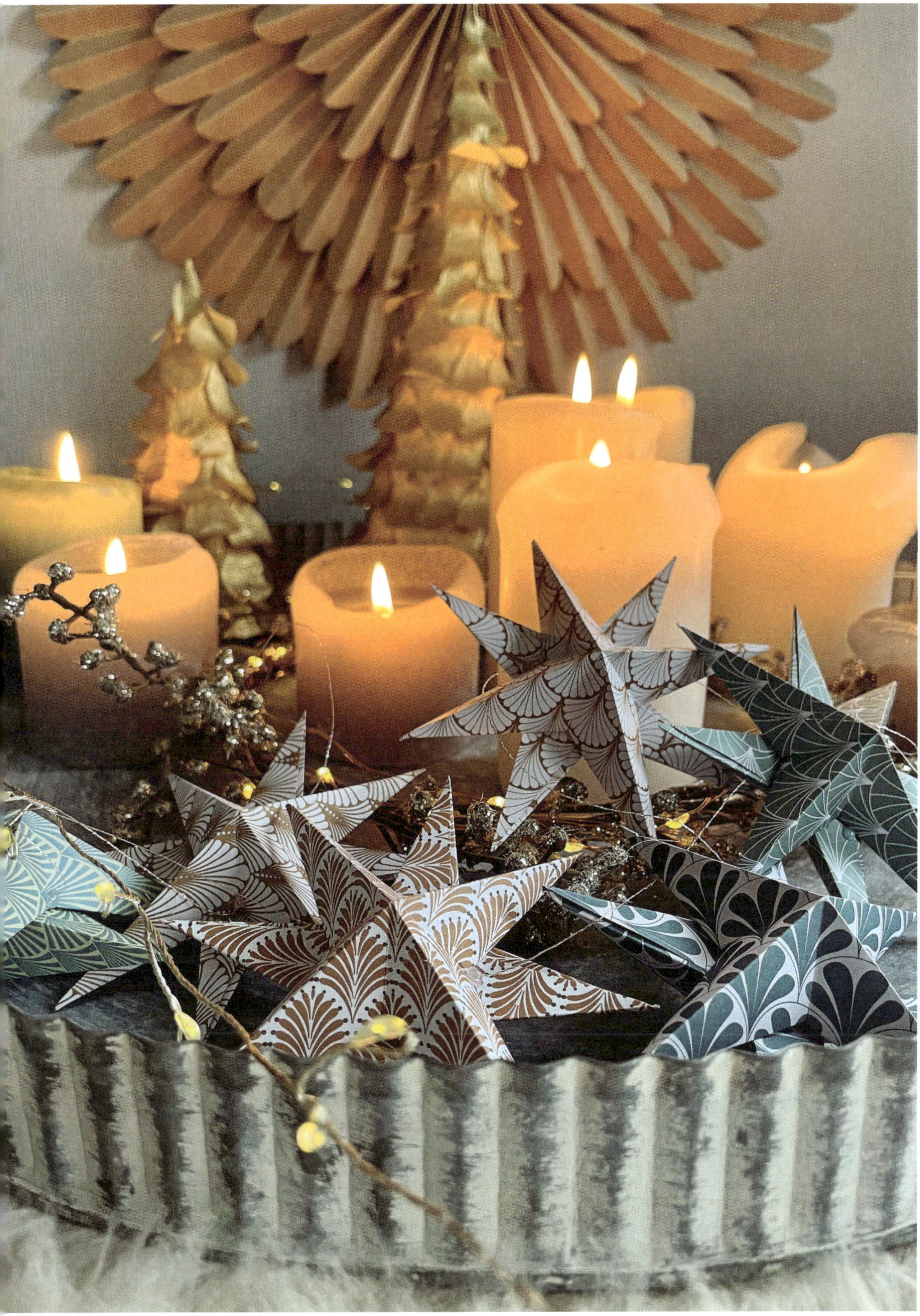

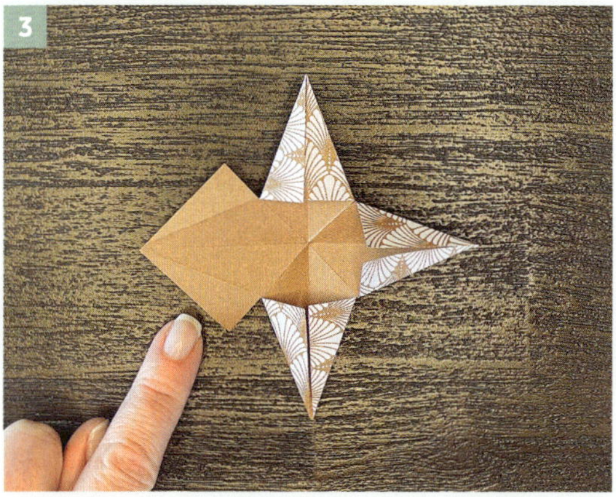

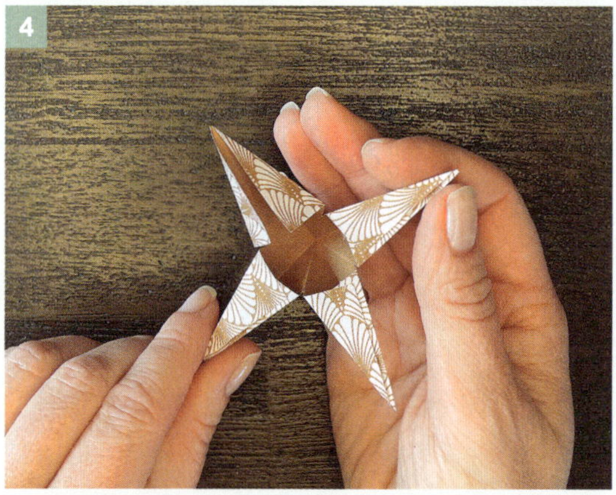

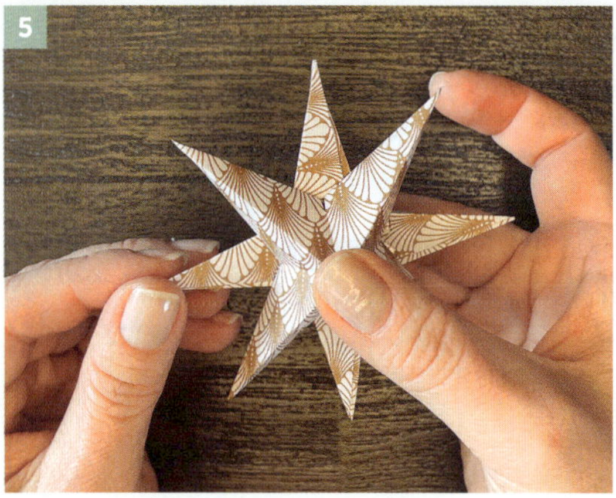

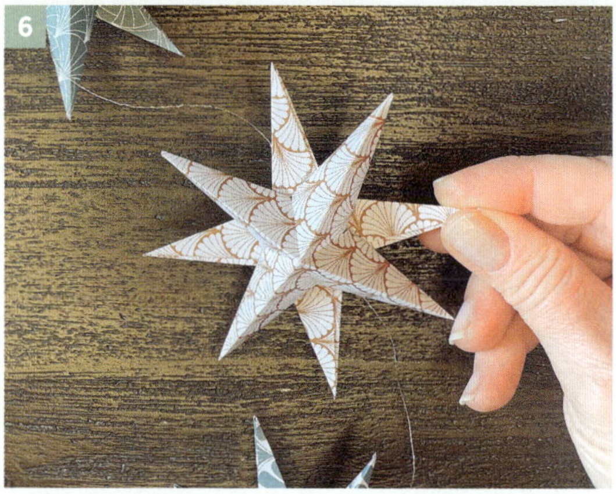

3 Falte alle vier Ecken zu Spitzen.

4 Klebe anschließend die Flächen der Spitzen mit einem Klebestift übereinander. So wird der Stern dreidimensional.

5 Bastle zwei identische Sternenformen dieser Art und klebe sie versetzt aufeinander.

6 Nun kannst du so viele Sterne herstellen, wie du magst, und vorsichtig mit einer Nadel und einem Faden auffädeln. Am Ende noch eine kleine Perle (oder mehrere) anbringen – fertig.

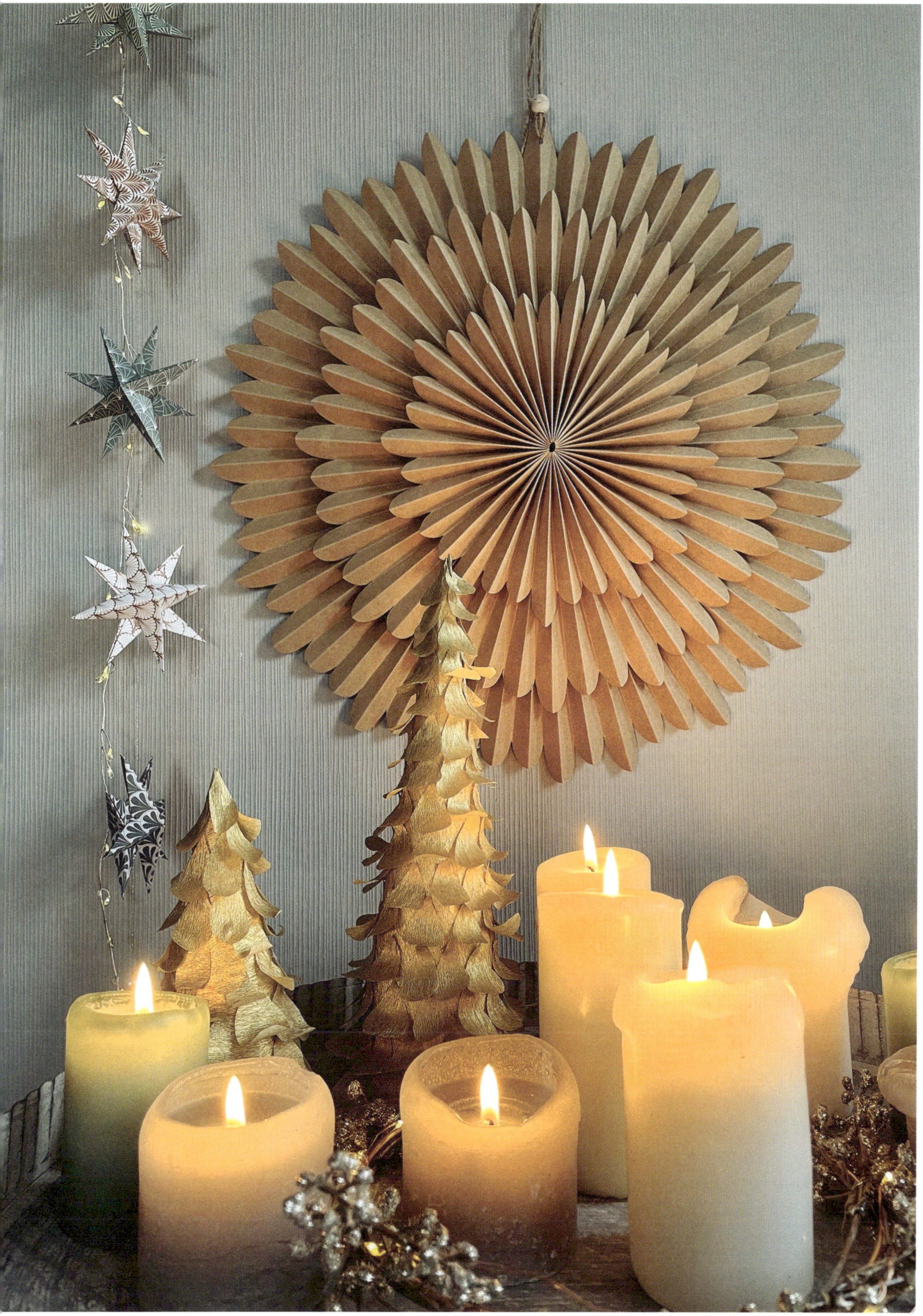

ANHÄNGER FÜR DEN WEIHNACHTSBAUM

Selbstgebasteltes darf an keinem Weihnachtsbaum fehlen. Schönen Baumschmuck selber herstellen, das macht Weihnachten für mich aus. Also lasst uns beginnen … Weihnachten kommt bestimmt.

DAS BRAUCHST DU

* 2 Streifen Kraftpapier, 120 g, 29,5 cm x 4,5 cm
* Schere
* Kleber
* Nylonfaden
* Nadel
* Juteschnur zum Aufhängen

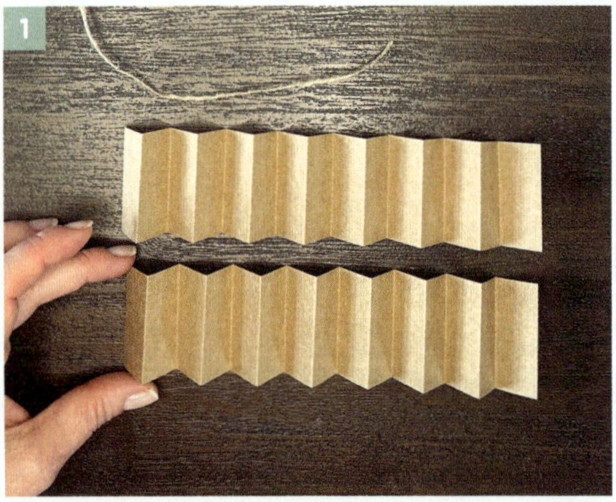

1 Falte deine Papierstreifen von der kurzen Seite her zur Ziehharmonika. Es sollte ein Fächer mit 16 Feldern entstehen. Wie du eine exakte Ziehharmonika mit genau gleichen Abschnitten faltest, kannst du unter „Tipps und Tricks“ auf Seite 16 nachlesen.

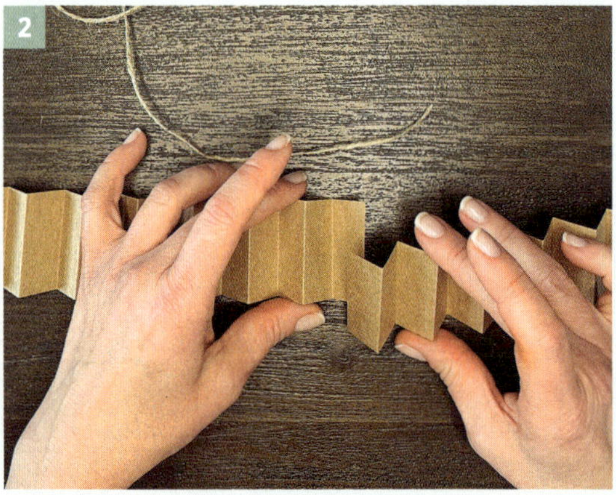

2 Klebe beide gefalteten Papierstreifen zusammen, sodass ein langer Streifen entsteht.

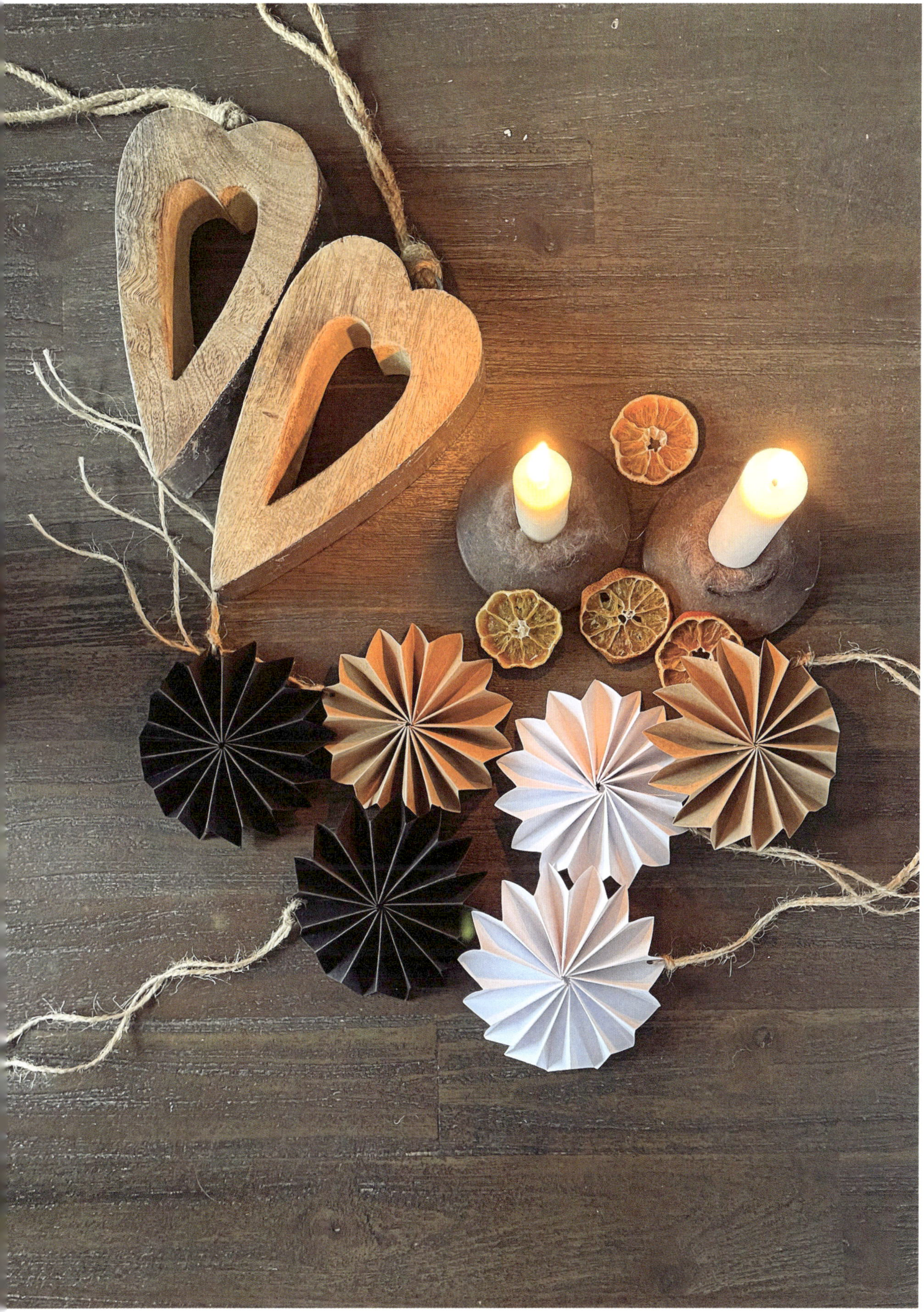

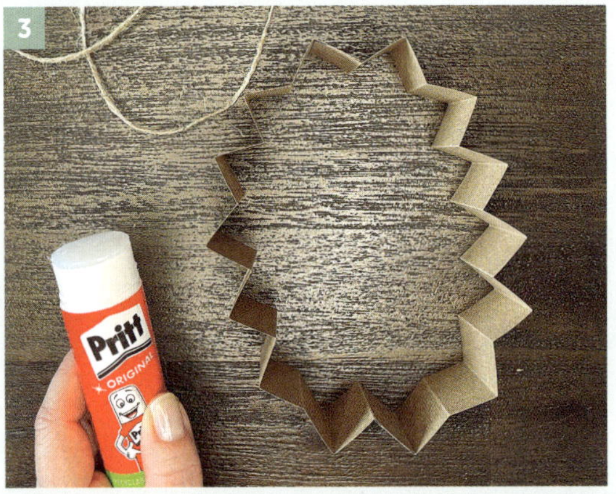

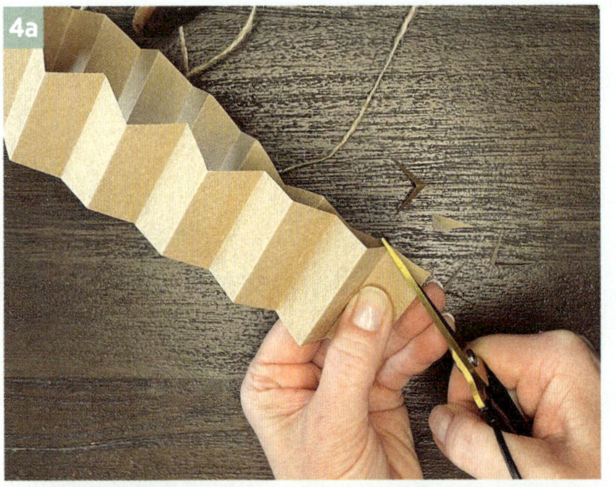

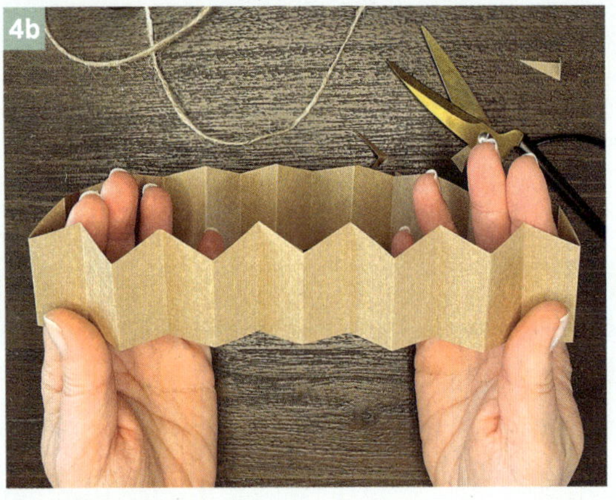

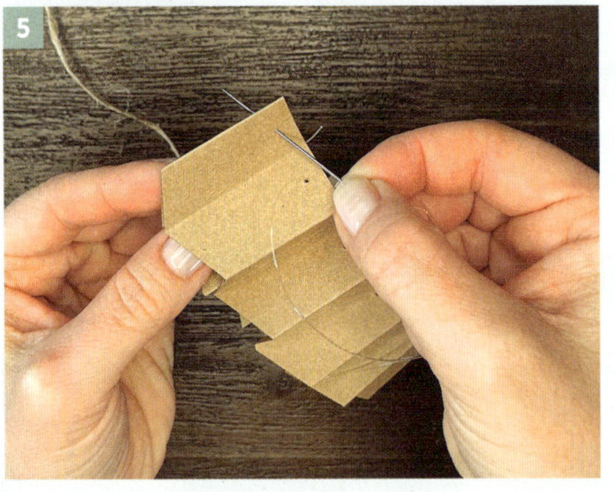

3 Klebe nun den langen Streifen zu einem Kreis zusammen.

4 Schneide auf einer kompletten Seite Zacken ein.

5 Auf der anderen Seite ziehst du mithilfe der Nadel den Nylonfaden durch. Stich mit der Nadel in jede einzelne Zacke.

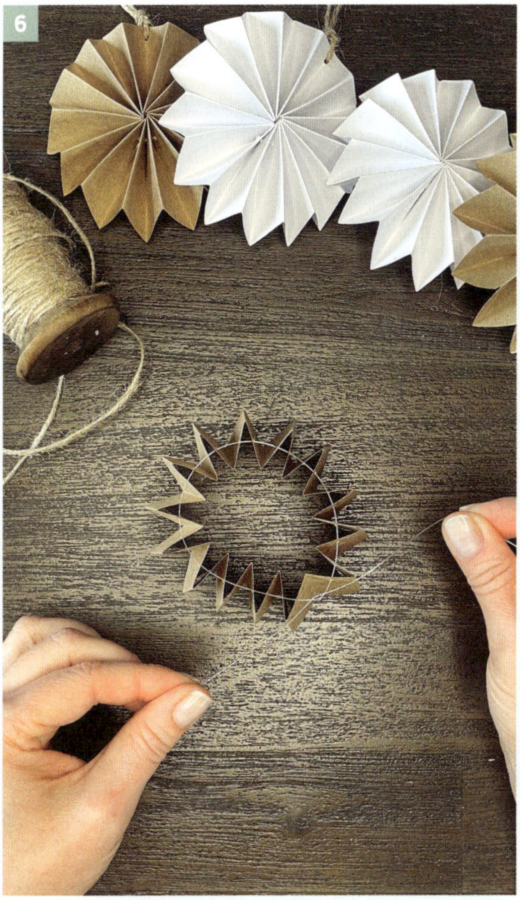

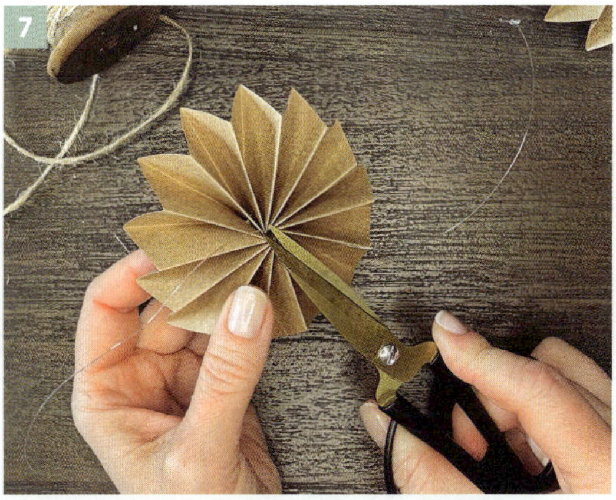

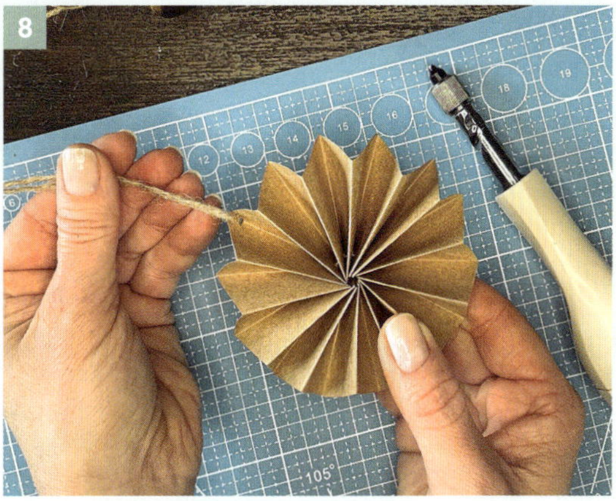

6 Ziehe den Faden straff und verknote ihn doppelt.

7 Schneide die Nylonschnur vorsichtig ab.

8 Stanze mithilfe des Lochstanzers ein Loch für die Juteschnur und befestige diese.

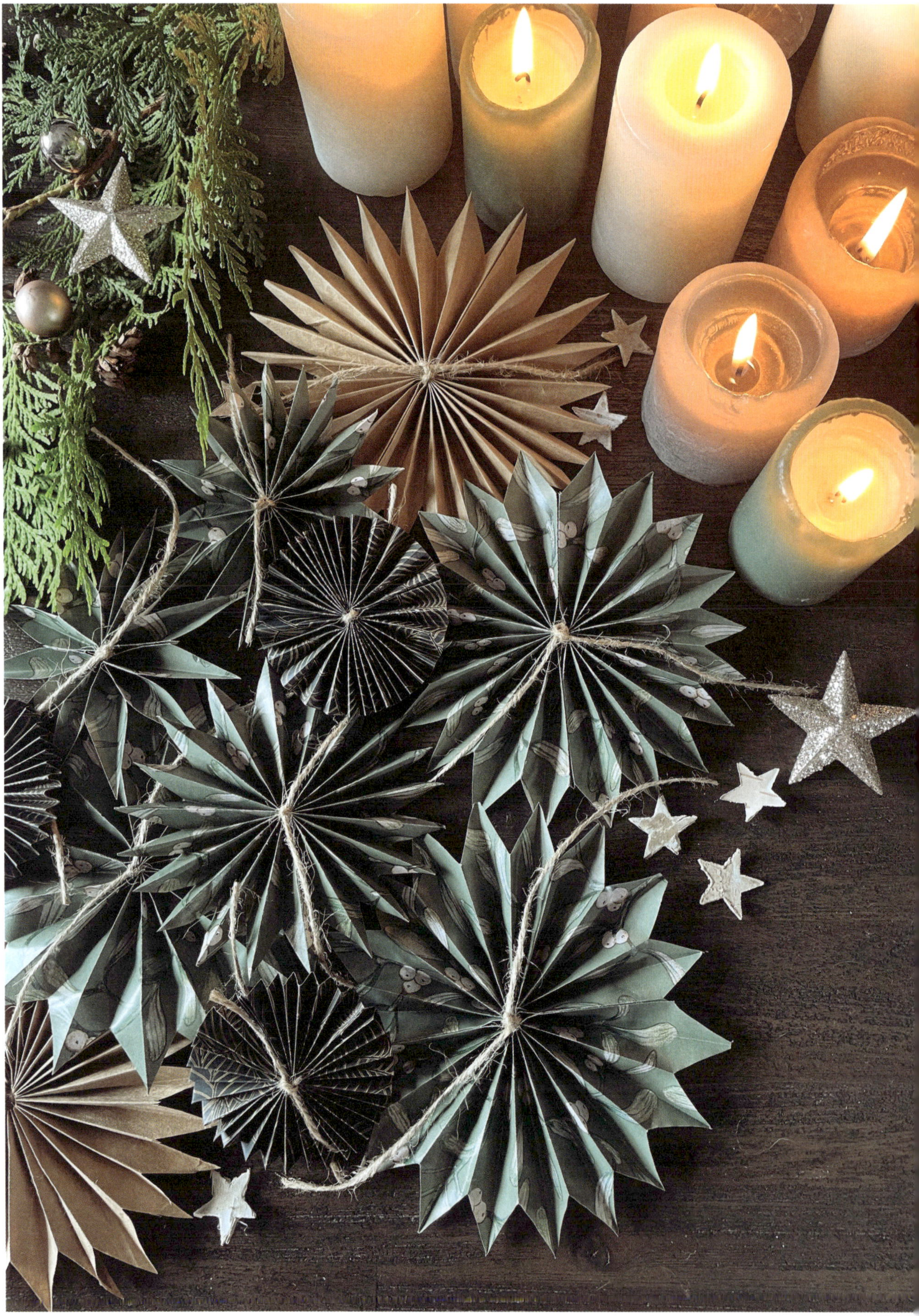

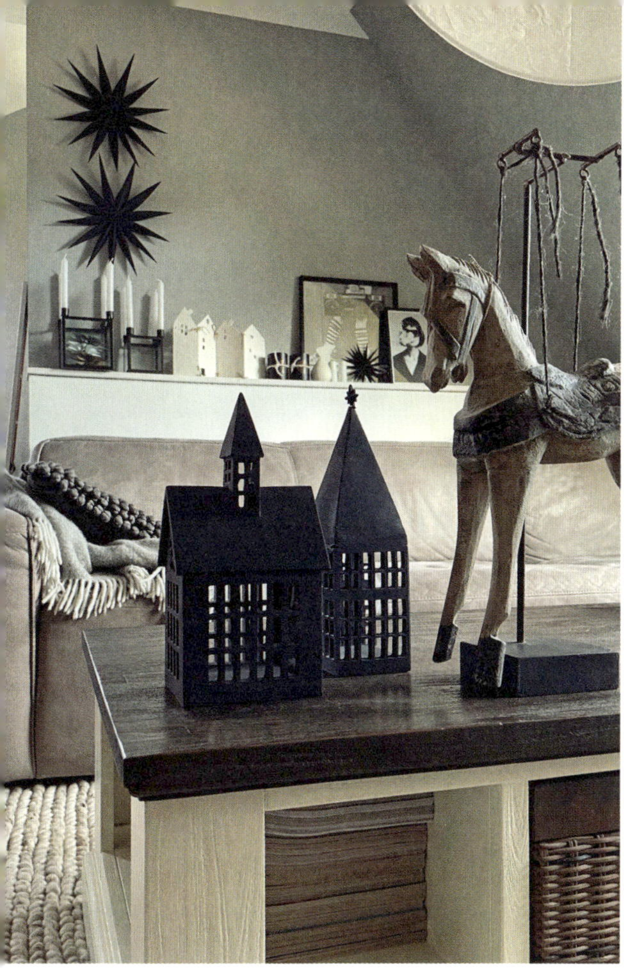

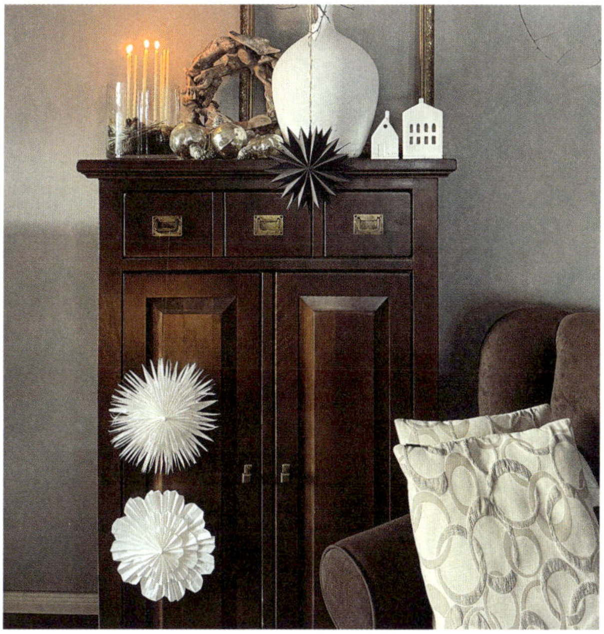

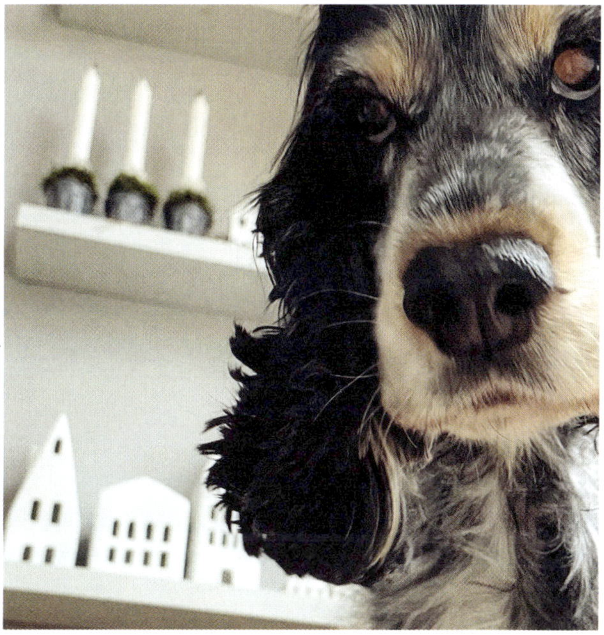

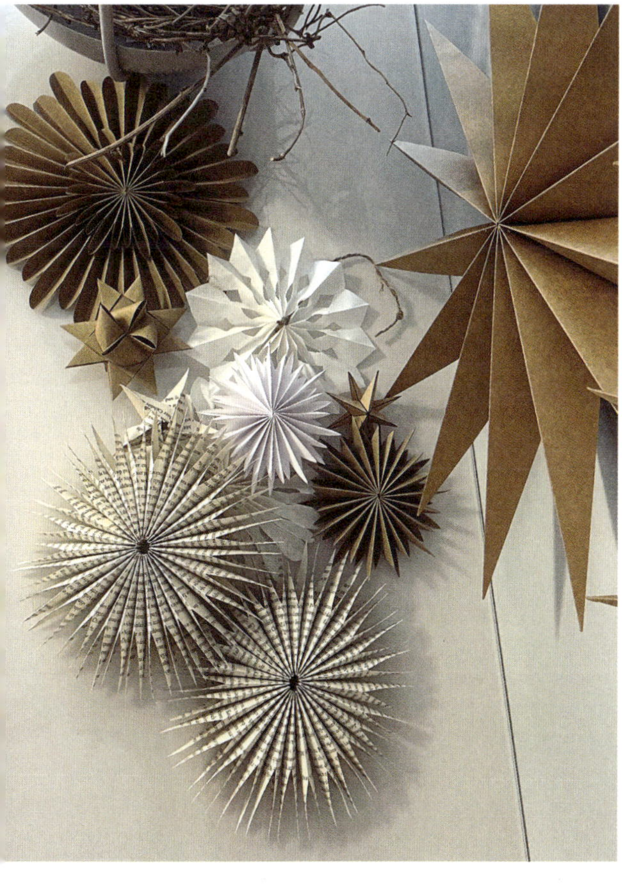

WEIHNACHTSKUGELN AUS BUCHSEITEN

Ein paar alte, ausgelesene Bücher hat bestimmt jeder zu Hause. Mehr braucht es nicht, und du kannst gleich loslegen. Stelle dir deine eigene, individuelle Deko für deinen Weihnachtsbaum her. Um diese Einzelstücke wird dich jeder beneiden.

DAS BRAUCHST DU

- Buchseiten aus einem alten Buch
- Draht
- Seitenschneider
- Drahtbieger
- Klebestift oder Heißkleber

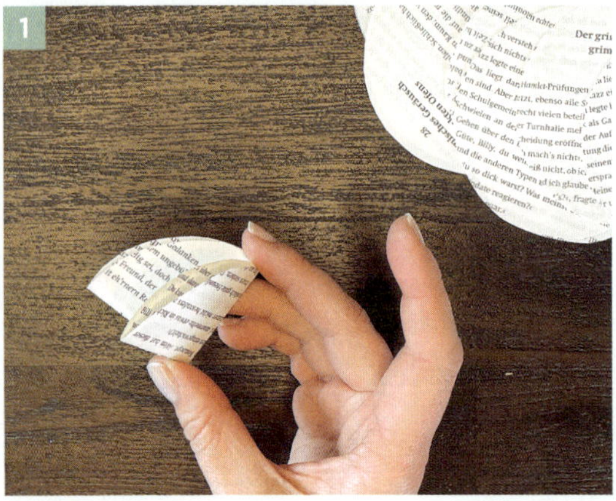

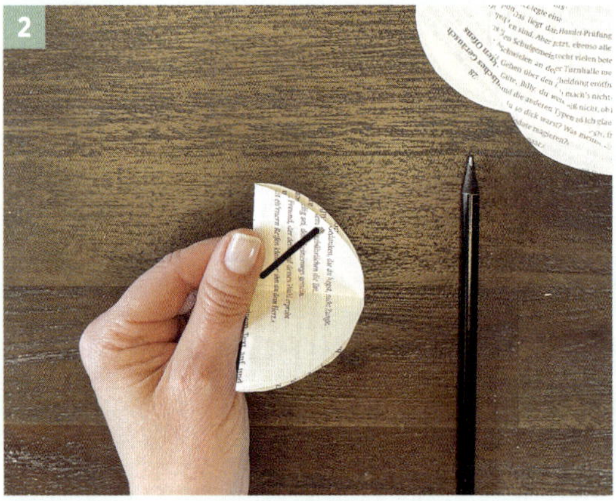

1 Bereite dir zunächst 18 runde Zuschnitte mit 8 cm Durchmesser vor. Nimm dir einen davon und falte ihn einmal in der Mitte zu einem Halbkreis und dann nochmal zu einem Viertelkreis.

2 Klappe den Zuschnitt wieder auf und trage Kleber oder Heißkleber auf (siehe Markierung). Verfahre mit den anderen 17 Zuschnitten genauso, bis alle Teile ihre Form erhalten haben.

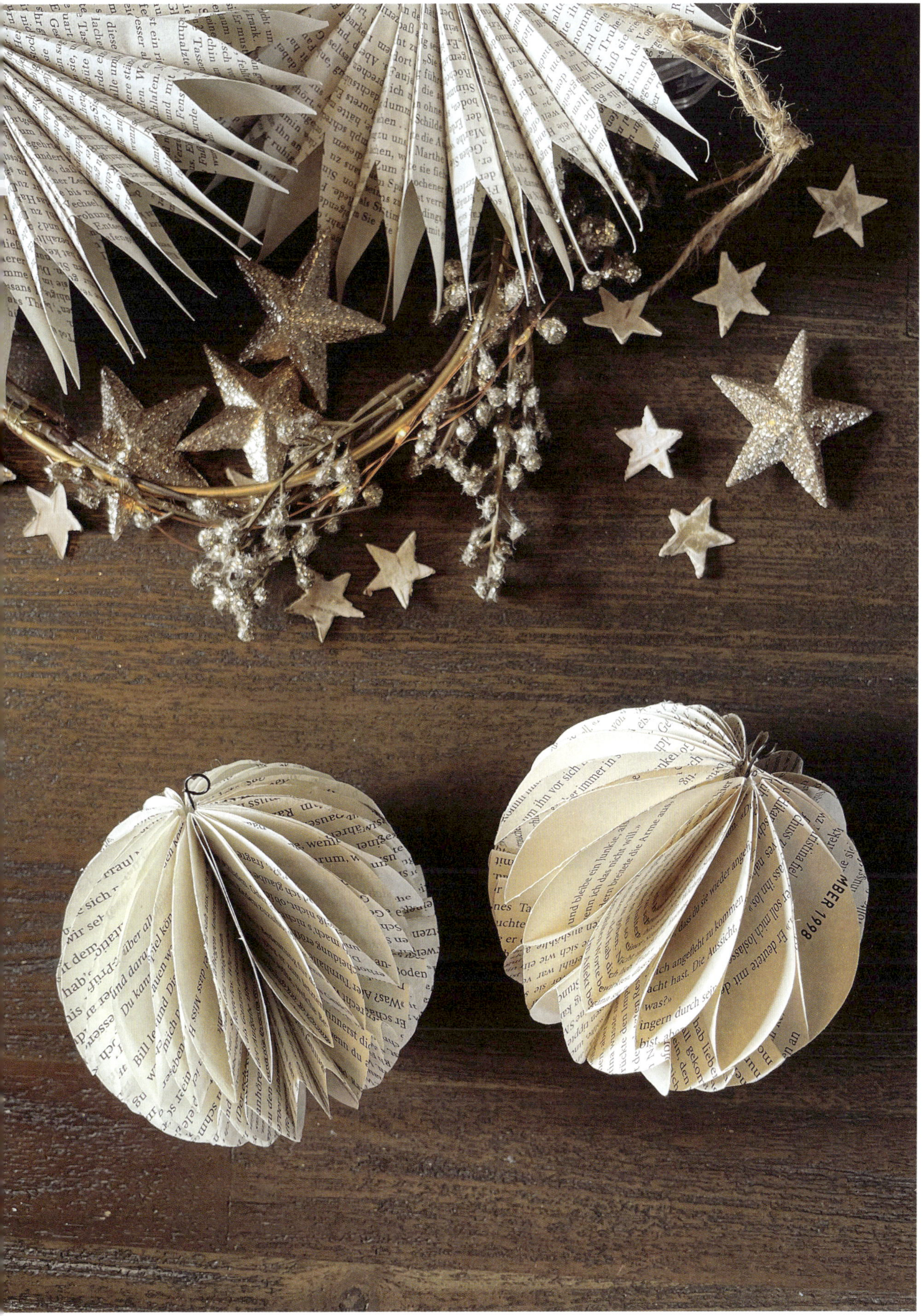

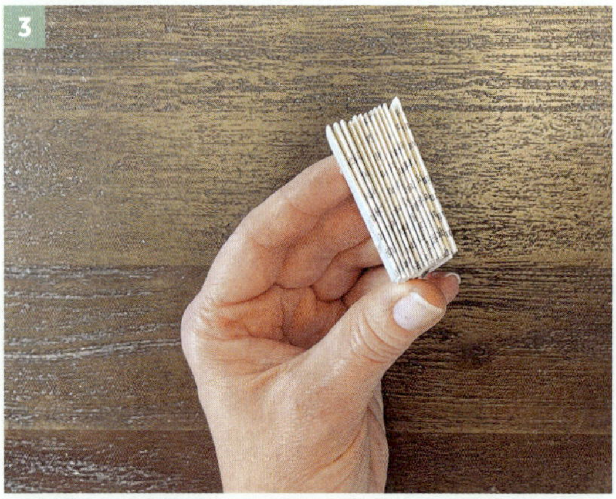

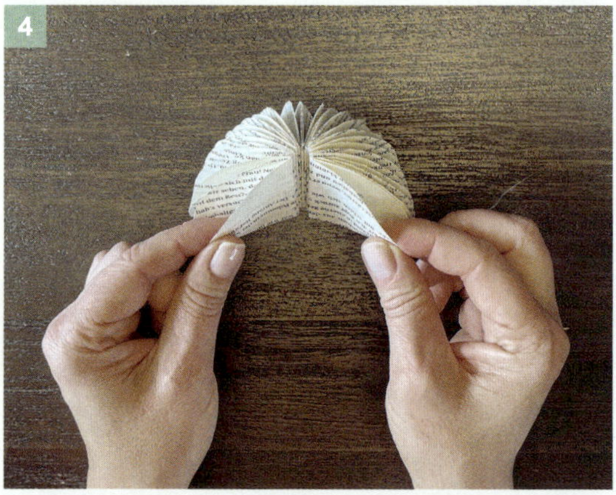

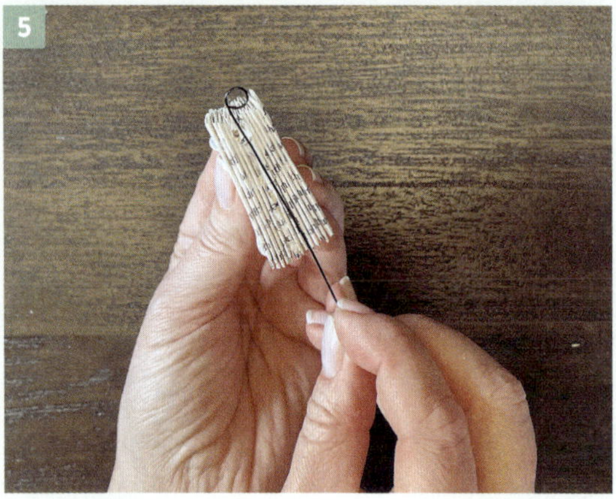

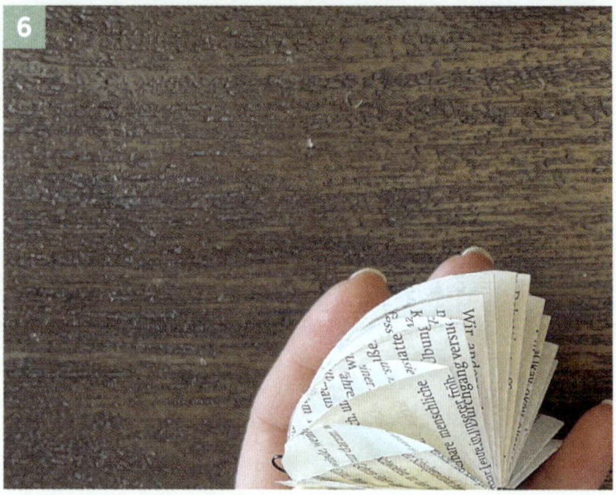

3 Trage nun wie beim Zusammenkleben der Viertelkreise Kleber auf neun Viertelkreise auf und klebe diese zusammen.

4 Du erhältst einen Fächer. Öffne ihn vorsichtig und klebe die Außenseiten zusammen, sodass die Hälfte einer Kugel entsteht. Nimm die gleiche Klebelinie von der unteren Ecke zur oberen Mitte.

5 Bastle jetzt ein zweites, identisches Teil und bringe die Aufhängung an. Schneide dafür mit dem Seitenschneider ein Stück Draht ab. Biege mithilfe eines Drahtbiegers eine kleine Öse und befestige den Draht mit Heißkleber. Klebe erst danach die beiden Teile zusammen.

6 Jetzt dürfen die beiden Teile mit Heißkleber zusammengeklebt werden.

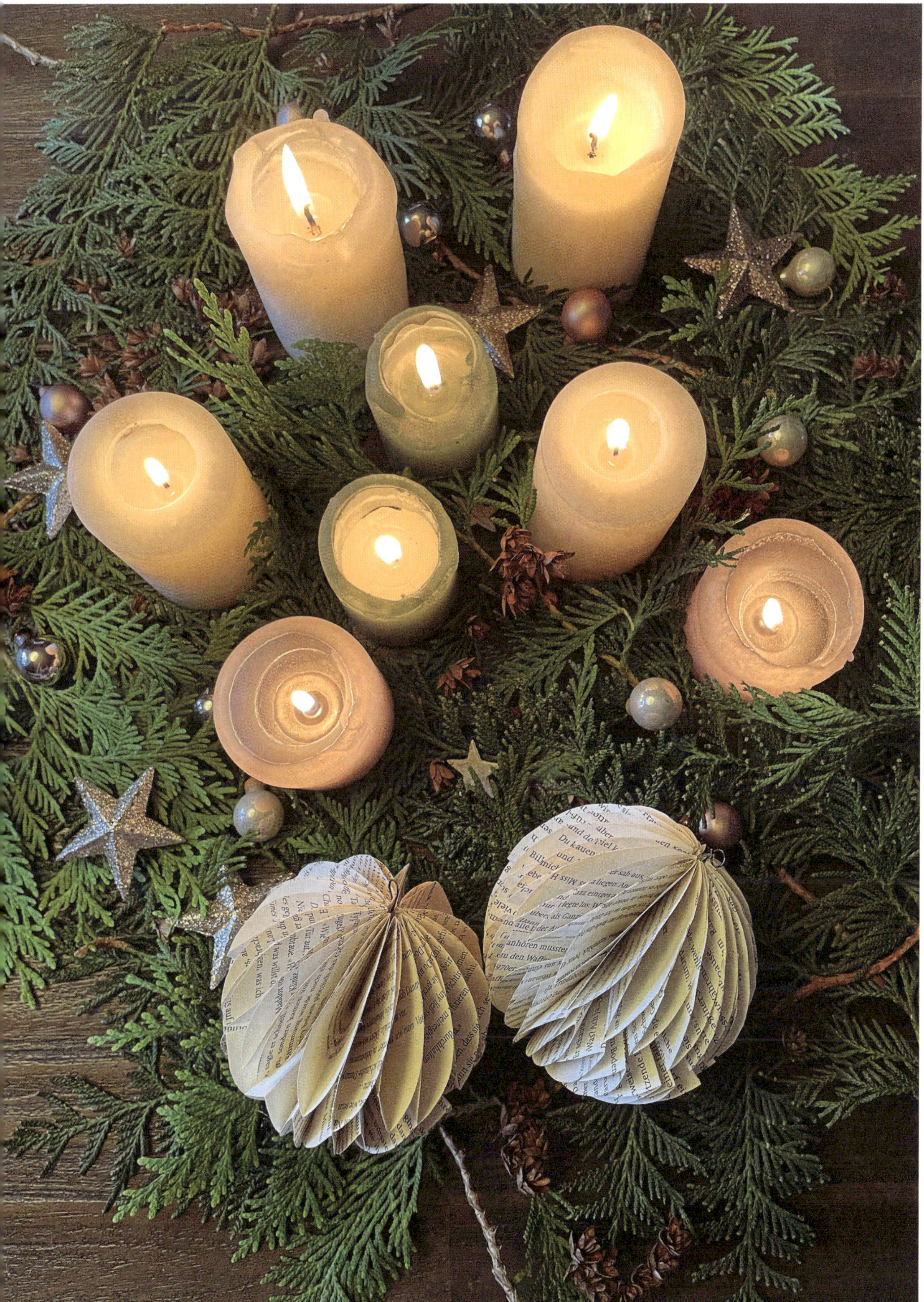

STERN AUS BUCHSEITEN

Alte Bücher sind viel zu schade, um weggeworfen zu werden. Viel schöner ist es doch, mit ihnen zu basteln. Diese Sterne werden ganz besonders schön, wenn du sie aus alten Buchseiten fertigst.

DAS BRAUCHST DU

- Seiten aus einem alten Buch
- Klebestift
- Heißkleber
- Schere
- Juteschnur
- Ggf. Falzbein

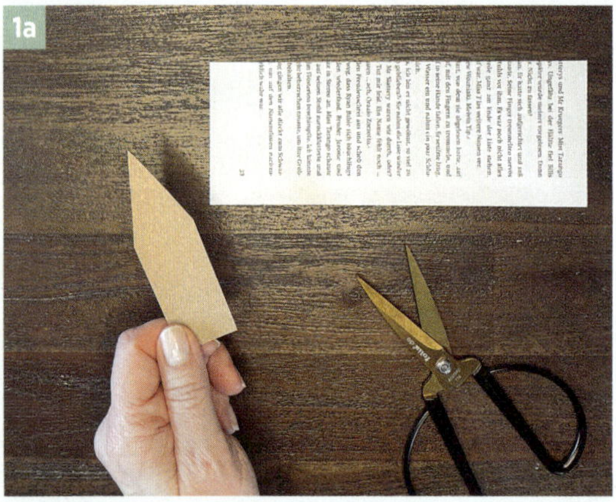

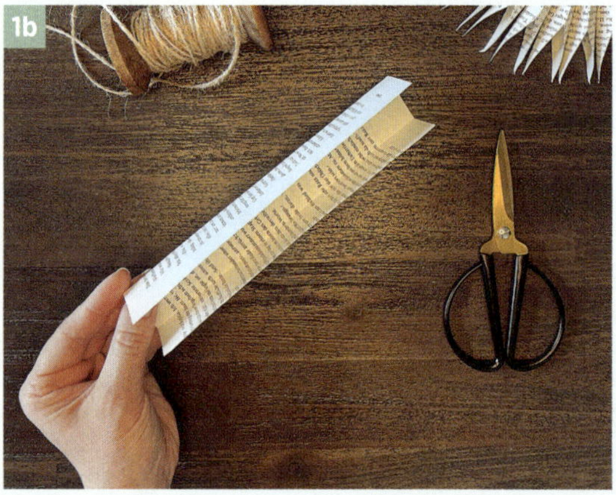

1a Du benötigst 14 Papierzuschnitte (Vorlage Seite 134) in der Größe 20 cm x 9 cm. Sollten die Buchseiten, welche du verwendest, etwas größer oder etwas kleiner sein, das ist gar nicht schlimm. Wichtig ist nur, dass du die Breite von 9 cm einhältst.

1b Falte von der längeren Seite her 2,5 cm nach innen (das ist dein Klebefalz). Von der anderen Seite faltest du über die entstandene Kante.

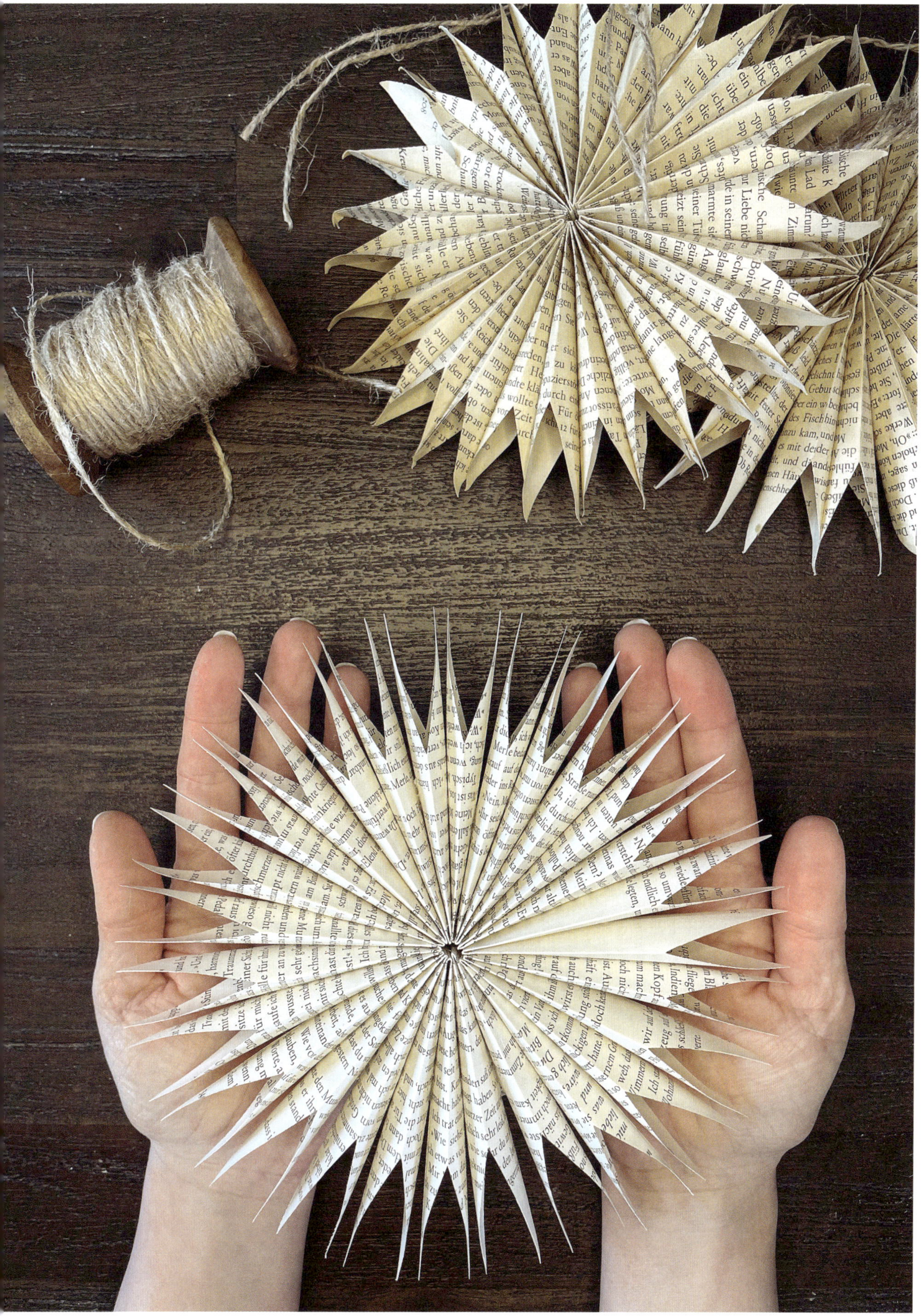

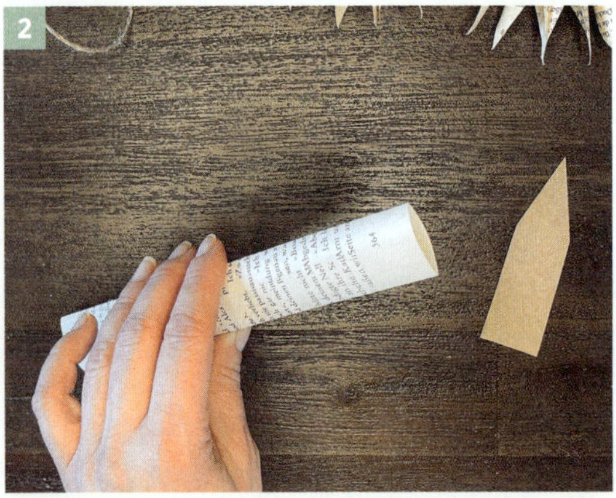

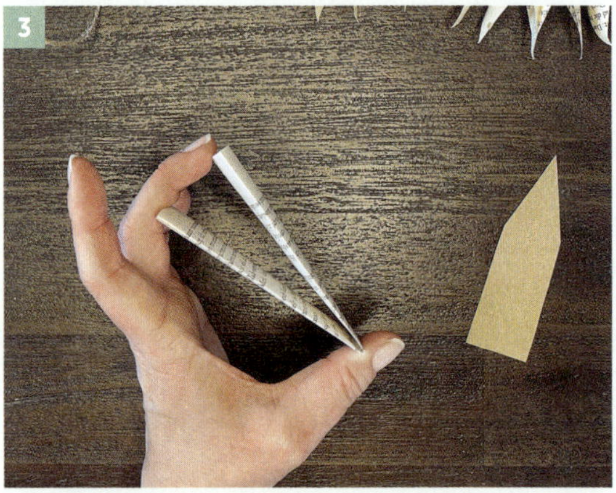

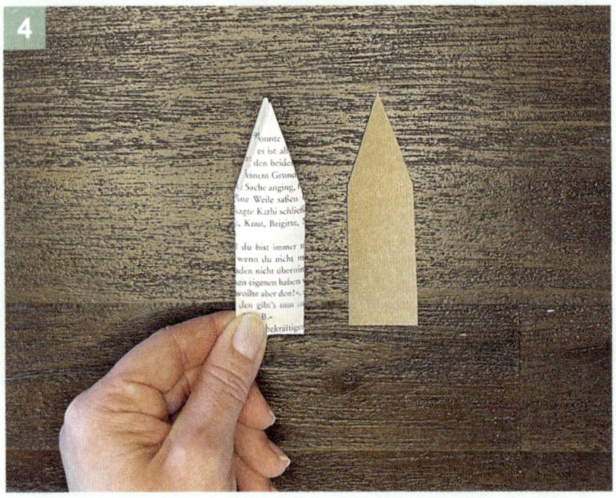

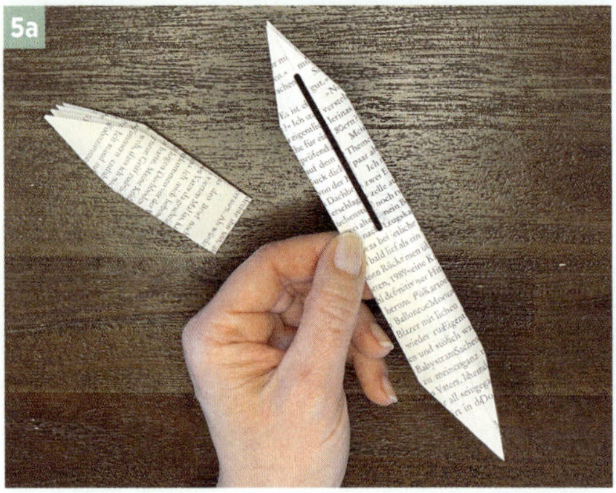

2 Klebe ihn zusammen, sodass du einen Schlauch erhältst.
TIPP: Benutze die Vorlage als Leere, so erhältst du immer die gleichen Maße.

3 Deinen Schlauch faltest du einmal in der Mitte.

4 Jetzt kommt noch einmal die Vorlage zum Einsatz. Übertrage diese und schneide dein Objekt spitz zu. Nun auf die gleiche Weise bei den restlichen 13 Papierzuschnitten Zacken herstellen.

5 Nun faltest du dein Objekt wieder auf, trägst Heißkleber oder Klebestift auf (siehe Markierung) und klappst es wieder zusammen. Verfahre auf die gleiche Weise mit den restlichen 13 Buchseitenblättern.

5b

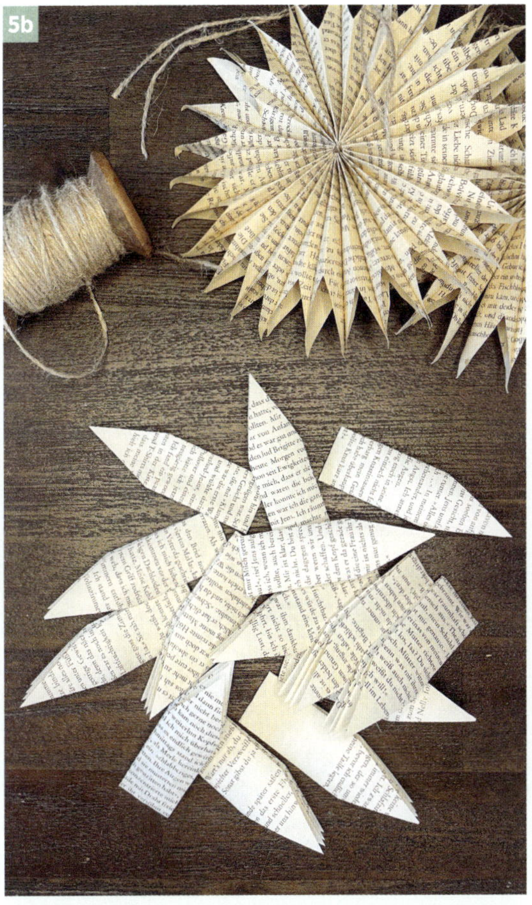

6

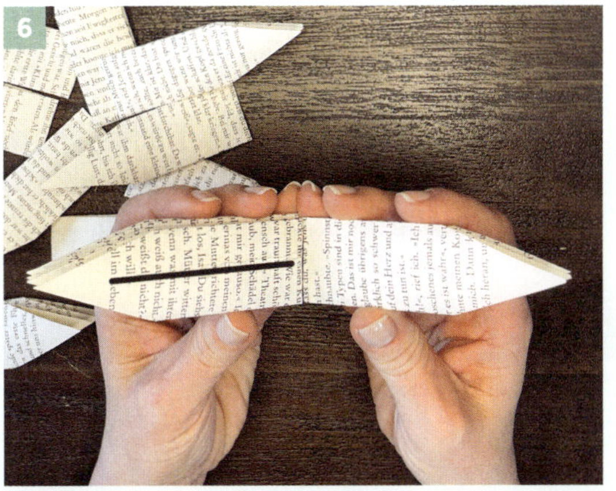

7

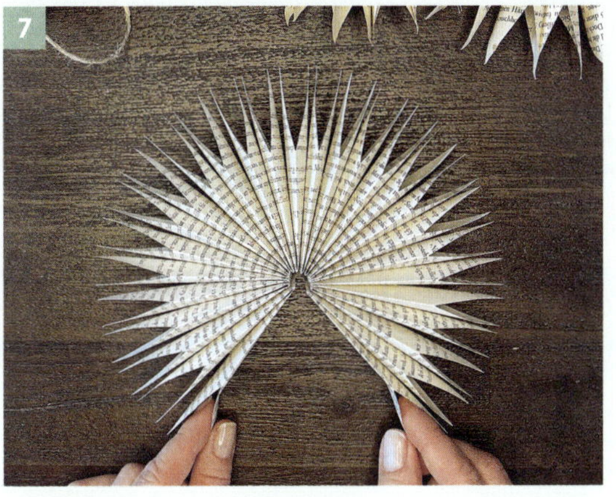

6 Jetzt werden die einzelnen Zacken zusammengeklebt (siehe Markierung). Du kannst wieder Klebestift oder Heißkleber verwenden. Achte nur darauf, dass der Klebestreifen nicht zu dick ausfällt.

7 Nachdem du alle 14 Teile aneinandergeklebt hast, schließe mit der gleichen Klebetechnik deinen Stern. Wenn du deinen Stern später aufhängen möchtest, vergiss nicht, die Juteschnur mit einzukleben. Fertig!

TIPP

Verwende ein nicht allzu altes Buch. Ob das Buch geeignet ist, kannst du ganz leicht prüfen. Nimm eine Seite heraus, falte sie und streiche den Falz glatt. Bricht das Papier am Falz, ist es nicht geeignet.

EIN BISSCHEN WIE ZAUBEREI

Sei selbst ein Magier und erschaffe aus einem Stück Papier ein kleines Kunstwerk. Bei diesem kleinen Schmuckstück wird gefaltet und geklebt. Besonders schön wird der Stern, wenn du Origamipapier verwendest, welches von der einen Seite unifarben ist und von der anderen Seite ein Muster hat.

DAS BRAUCHST DU

- 8x Origamipapier, 7 cm x 7 cm
- Schere
- Klebestift

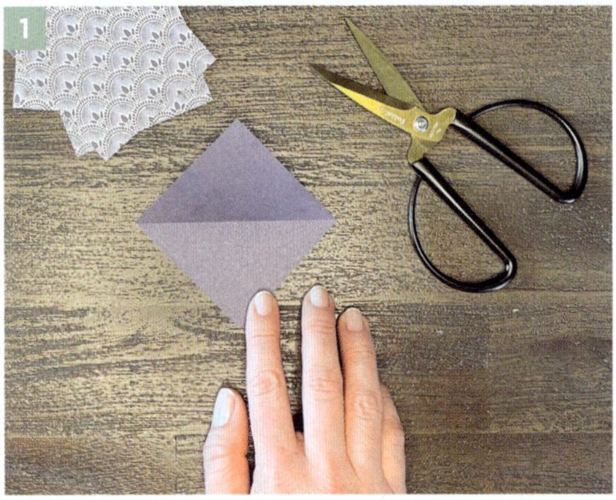

1 Falte das Quadrat zur Spitze, um die Mittellinie festzulegen. Öffne es wieder.

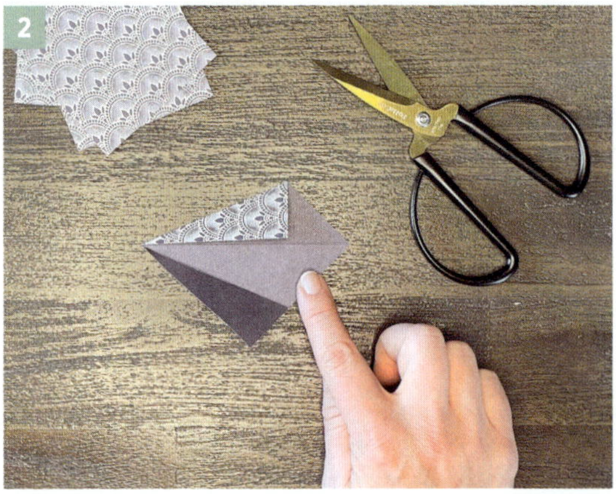

2 Falte zwei nebeneinanderliegende Seiten zur Mitte.

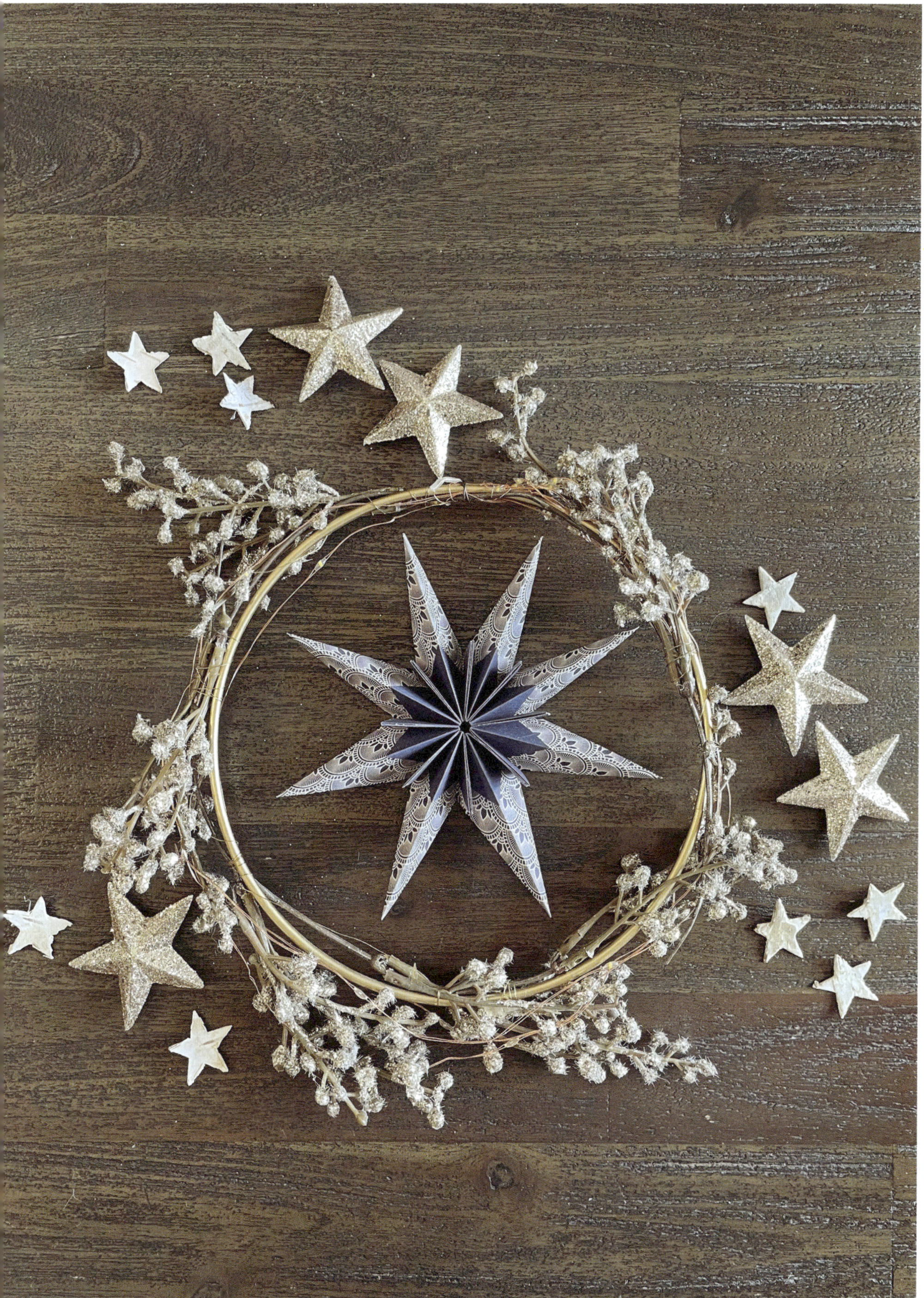

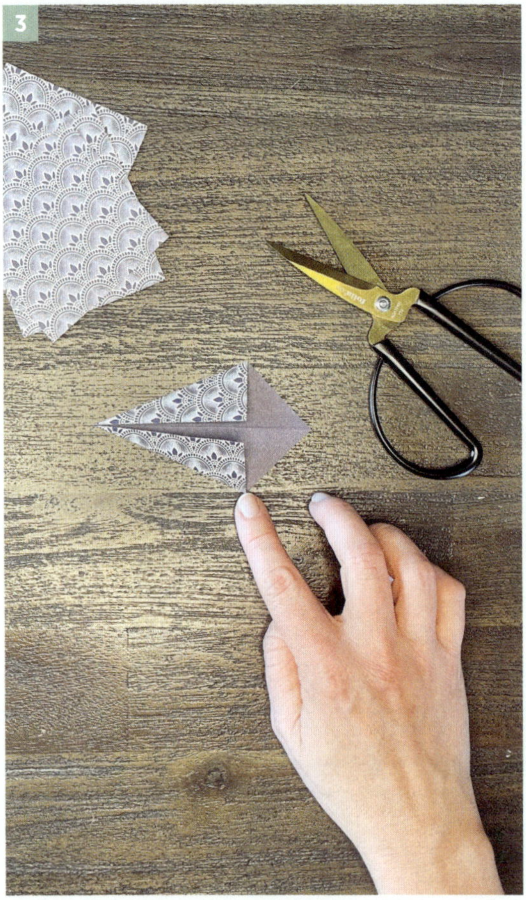

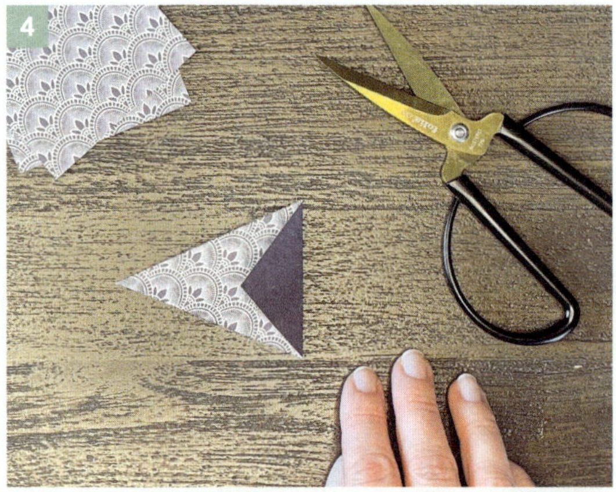

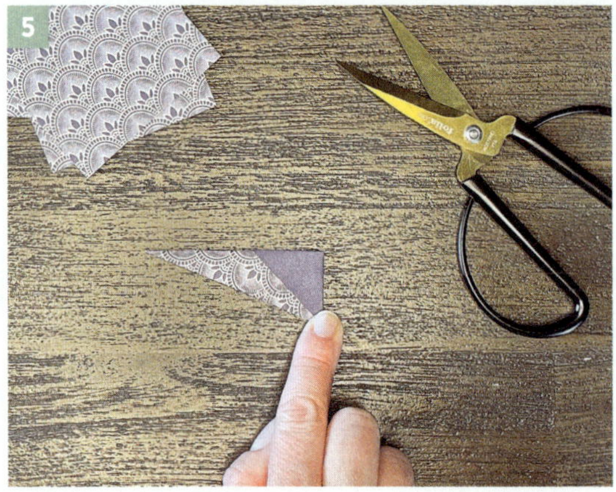

3 So entsteht ein kleiner Drache.

4 Wende das Papier und falte die stumpfe Spitze bis zur Mitte.

5 Falte das Dreieck an der Mittellinie zusammen. Die offenen Seiten befinden sich innen.

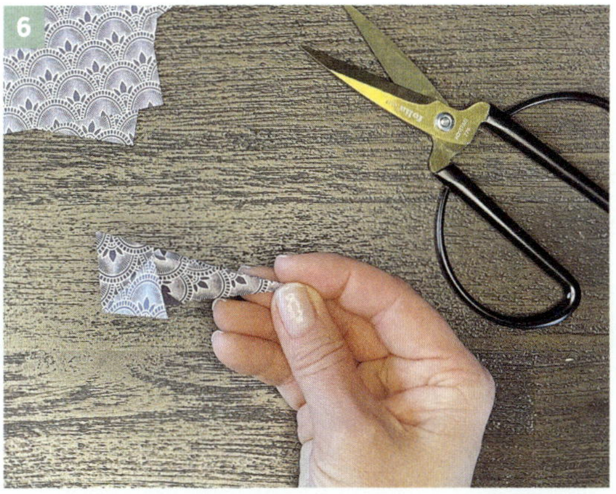

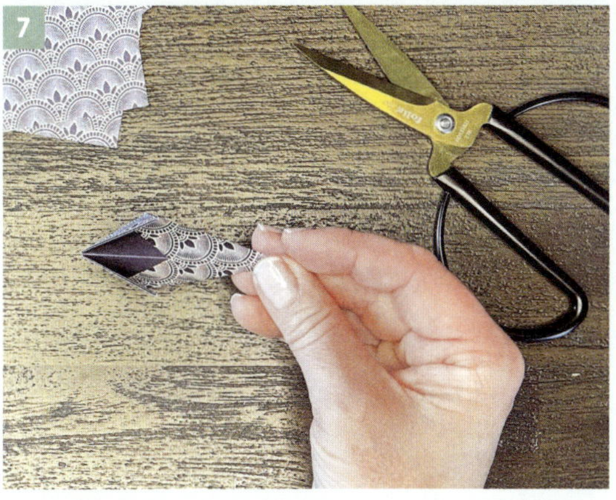

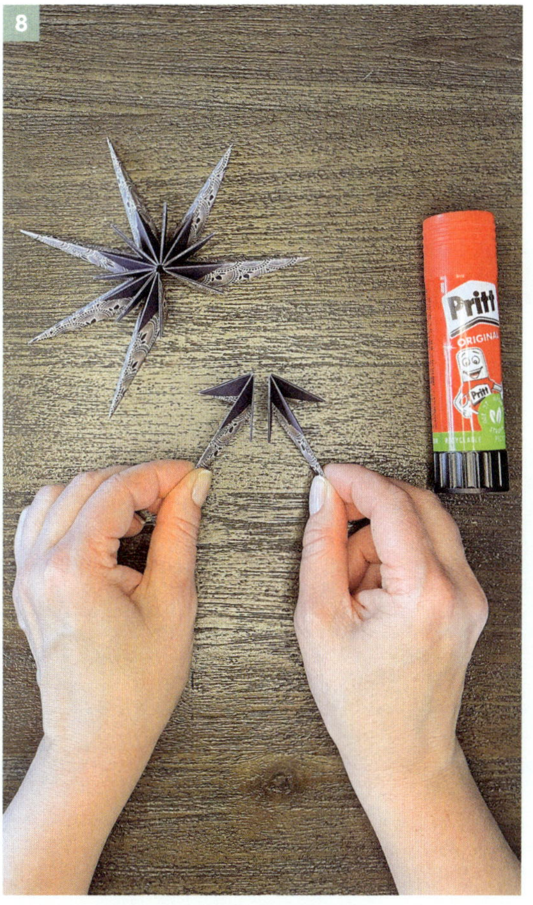

6 Falte das entstandene Dreieck (unifarben) nach oben, sodass es von der Seite nicht mehr sichtbar ist. Wende es nun und falte das Dreieck auf der anderen Seite genauso nach oben.

7 Von oben sieht die einzelne Zacke jetzt so aus. Nun kannst du auf die gleiche Weise die restlichen sieben Blätter zu Zacken falten.

8 Klebe die einzelnen Zacken an den äußeren Dreiecken zusammen, und fertig ist dein magischer Stern!

STERN AUS GESCHENKPAPIER

Mit Geschenkpapier lassen sich nicht nur Überraschungen verpacken, auch bezaubernde Bastelarbeiten kannst du mit dem günstigen Papier umsetzen. Je farbenfroher, desto besser!

DAS BRAUCHST DU

* 13–16x Geschenkpapier, 35 cm x 11 cm
* Schere
* Heißkleber oder Klebestift
* Juteschnur

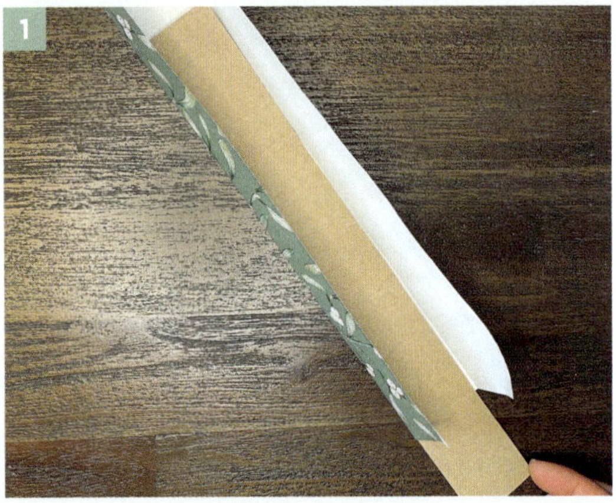

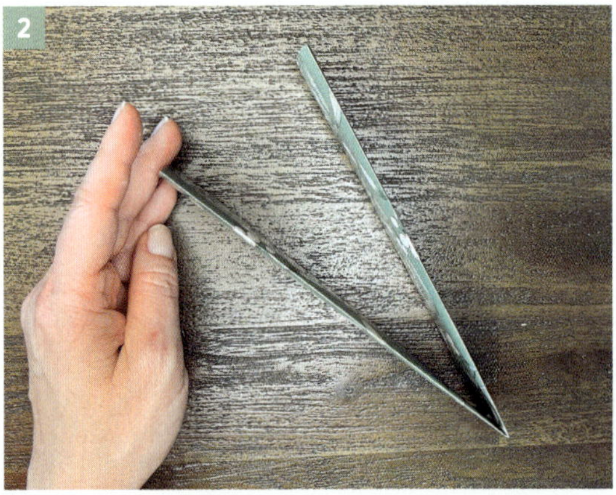

1 Falte von der längeren Seite her 3 cm nach innen (das ist dein Klebefalz). Von der anderen Seite faltest du über die entstandene Kante, sodass du einen Schlauch erhältst.
TIPP: Verwende eine Leere mit den Maßen 4 cm x 35 cm (eine Leere ist eine Art Schablone die du als Falzhilfe benutzt, damit deine Zacken später gleich groß sind). Klebe den Schlauch zusammen. Bevor du weiterarbeitest, gut durchtrocknen lassen.

2 Falte den entstandenen Schlauch aus Geschenkpapier einmal in der Mitte.

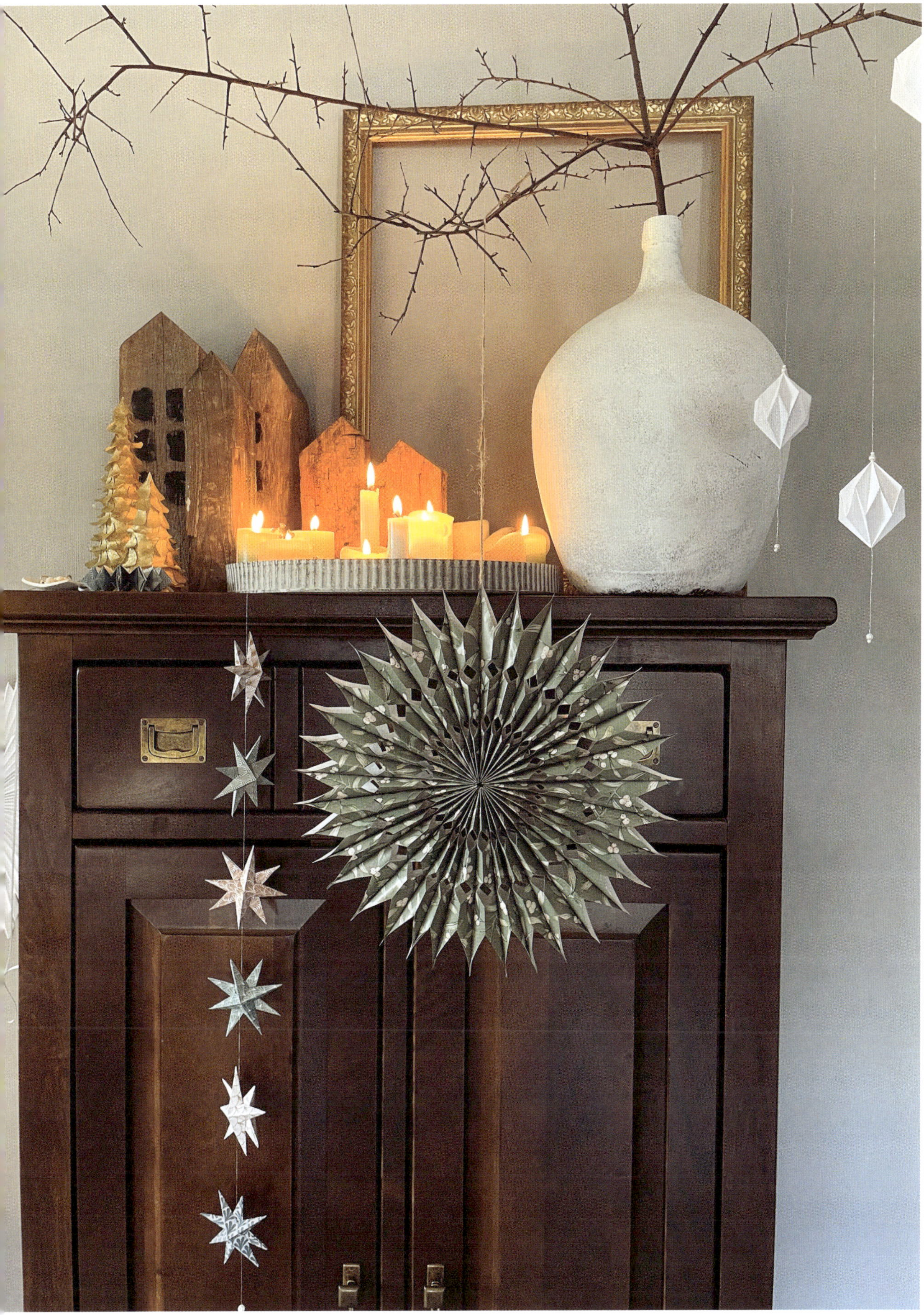

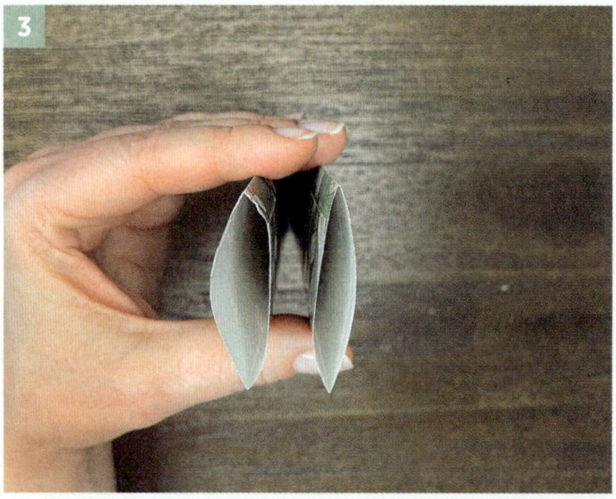

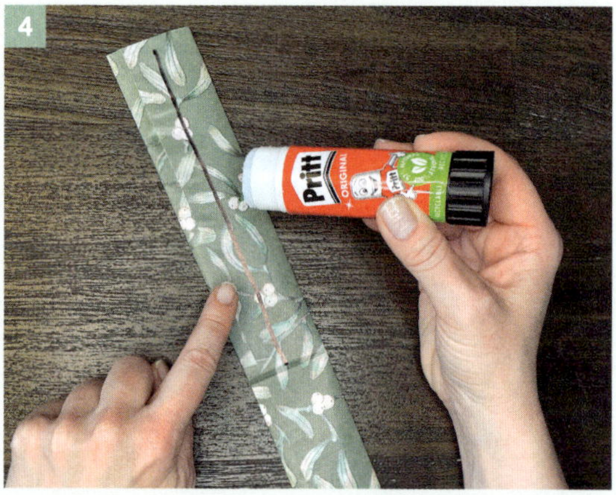

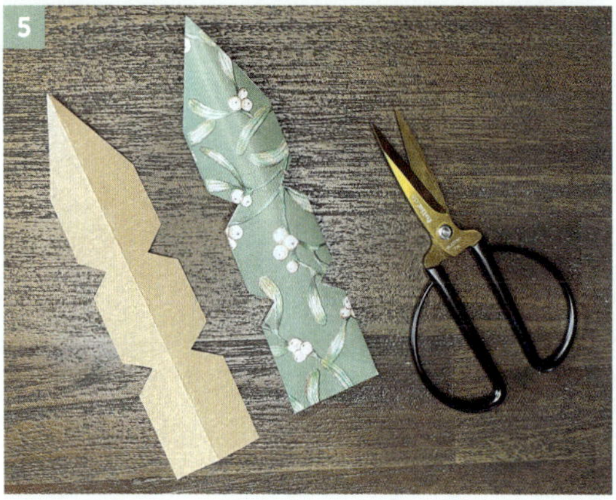

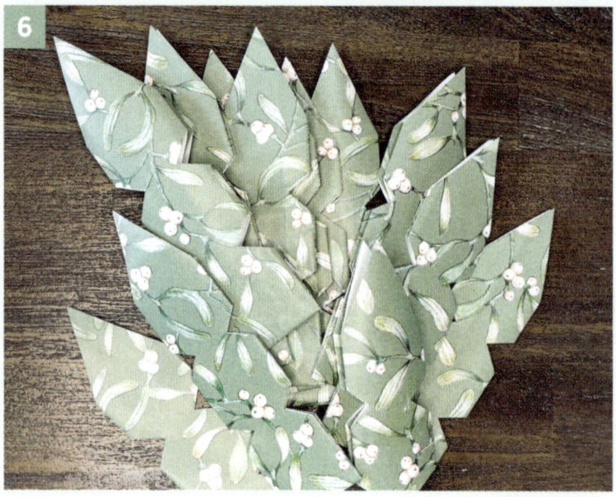

3 Das Ganze sieht jetzt von oben betrachtet so aus.

4 Klappe den Schlauch aus Papier auf und trage Kleber (siehe Markierung) auf. Du kannst Heißkleber oder Klebestift benutzen. Achte nur darauf, dass der Klebestreifen nicht allzu dick ist. Wieder zusammenfalten und gut festdrücken.

5 Jetzt kommt die Schablone (Seite 134) zum Einsatz. Übertrage die Schablone und achte darauf, dass die Spitze zur offenen Seite zeigt.

6 Verfahre nun auf die gleiche Weise bei den restlichen 12–15 Geschenkpapierzuschnitten.

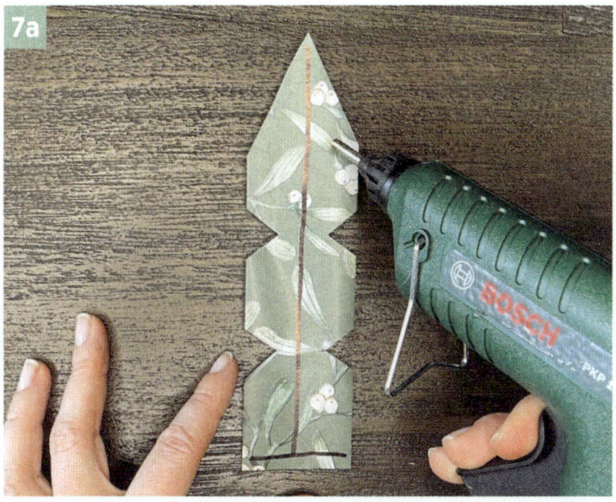

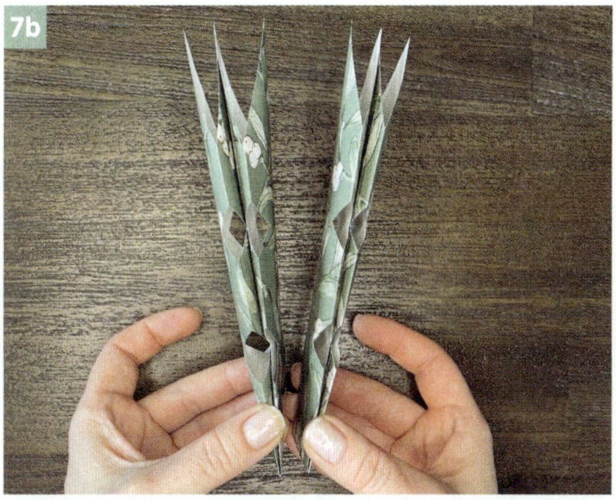

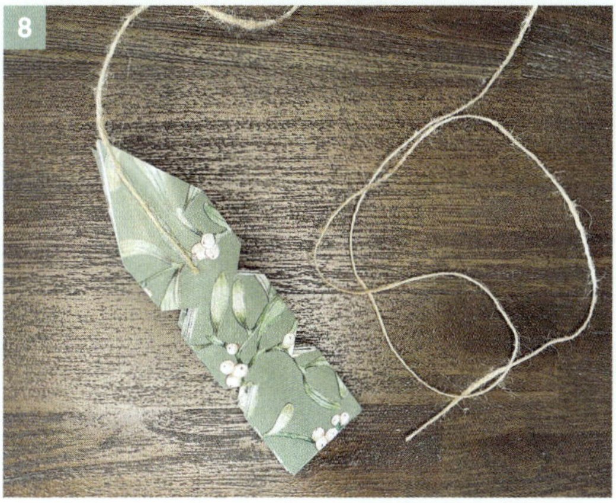

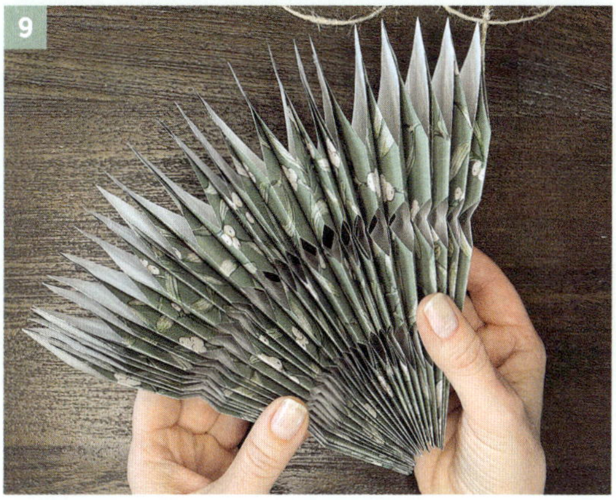

7 Nun werden alle Teile zusammengeklebt (siehe Markierung). Ob du mit Heißkleber oder Klebestift arbeitest, liegt ganz bei dir. Achte darauf, dass die Klebelinie schön schmal bleibt.

8 Bringe eine Juteschnur an, um den Stern später aufhängen zu können. Klebe sie am besten mit Heißkleber fest.

9 Klebe am Ende dein Objekt zu einem Kreis zusammen. Ob du 13, 14, 15, 16 oder mehr Teile benötigst, hängt davon ab, wie breit deine Klebelinien waren. Je breiter, desto mehr Teile sind notwendig, um den Stern zu schließen.

KLASSISCHER WEIHNACHTSSTERN

Wunderschön, schlicht und einfach kommt er daher. Aber gerade das macht seinen Charme aus. Ganz egal ob als Geschenkanhänger, als Fensterbild oder am Weihnachtsbaum.

DAS BRAUCHST DU

* 3x Kraftpapier, 10,5 cm x 29,5 cm
* Schere
* Klebestift
* Nadel
* Nylonschnur

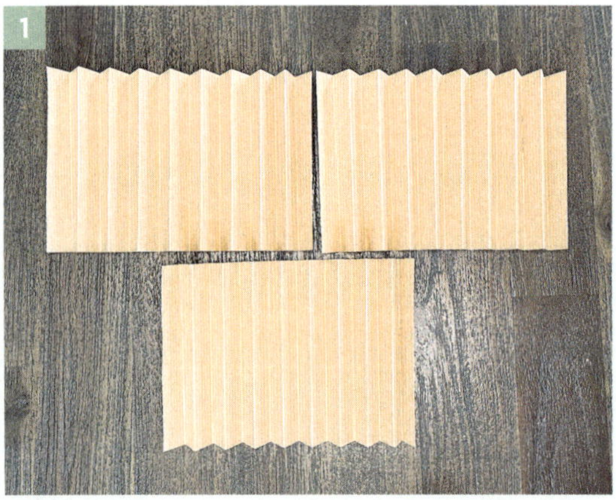

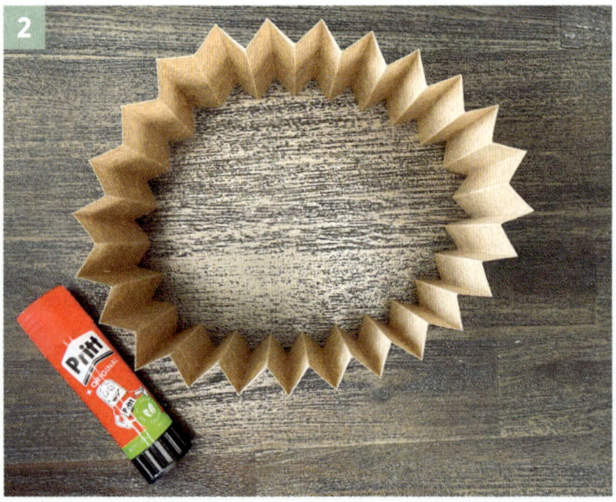

1 Falte die drei Kraftpapierzuschnitte von der kürzeren Seite aus zu einer Ziehharmonika. Etwa 18 gefaltete Abschnitte müssen entstehen (siehe Anleitung zum gleichmäßigen Falten unter „Tipps und Tricks“ auf Seite 16).

2 Klebe die drei Teile zu einem Kreis zusammen.

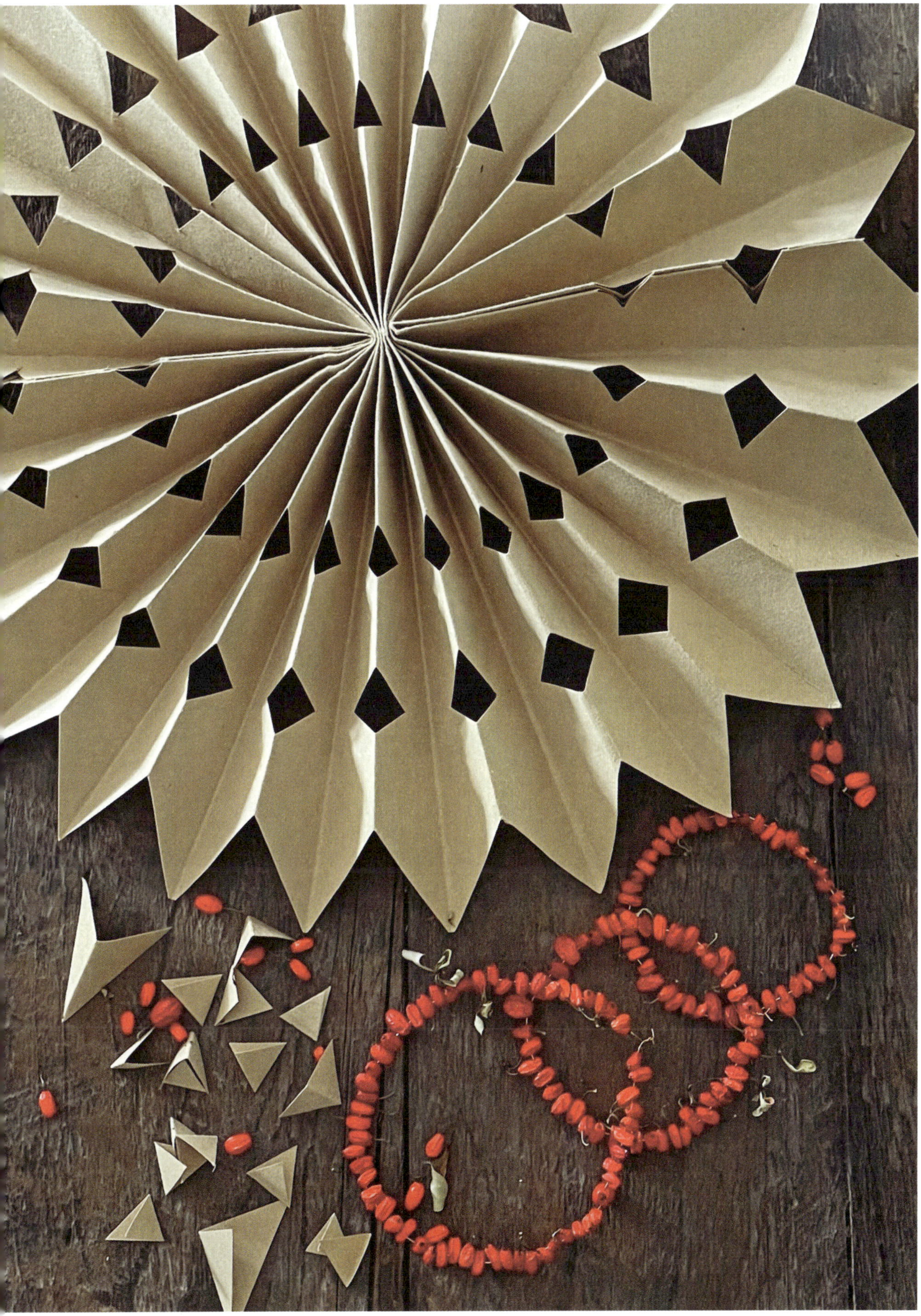

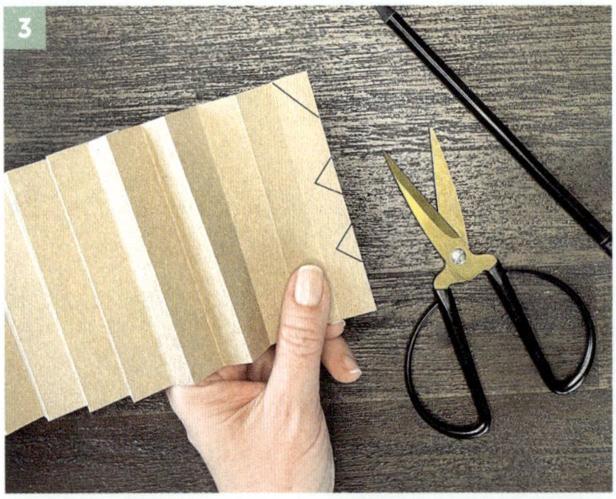

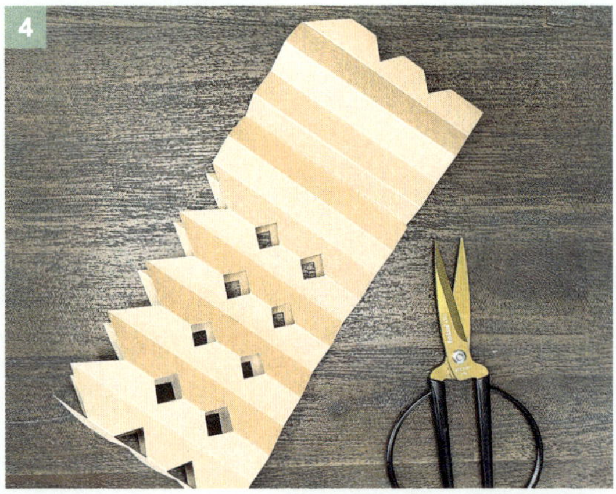

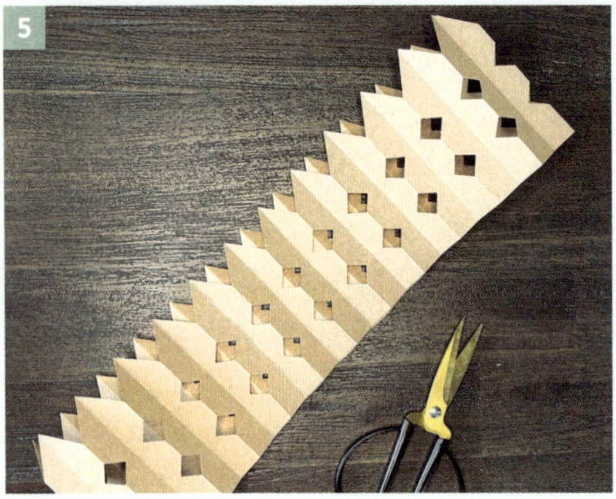

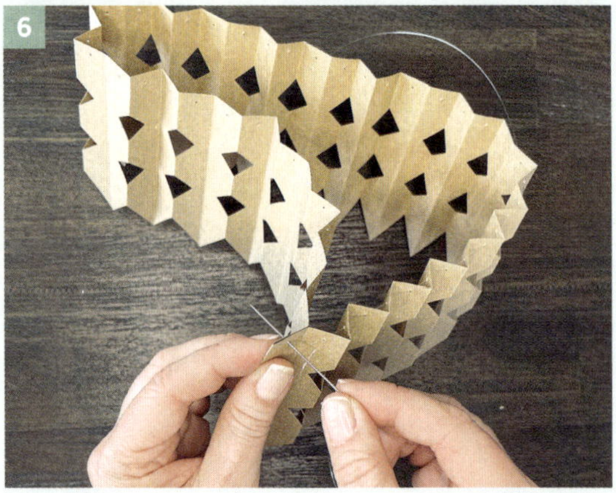

3 Schneide nun in jedes Teil eine Spitze. Zusätzlich dazu schneidest du jeweils zwei Zacken in jeden Abschnitt (siehe Markierung).

4 Um schön gleichmäßig zu arbeiten, kannst du die Schablone (Seite 134) verwenden.

5 Das Ganze sollte jetzt so aussehen.

6 Fädele nun mittig am unteren Rand mit einer Nadel den Nylonfaden durch jedes einzelne Fächerteil. Versuche, möglichst gleichmäßig zu arbeiten.

7 Nun kannst du den Stern zusammenziehen und mit einem doppelten Knoten straff verknoten. Fertig!

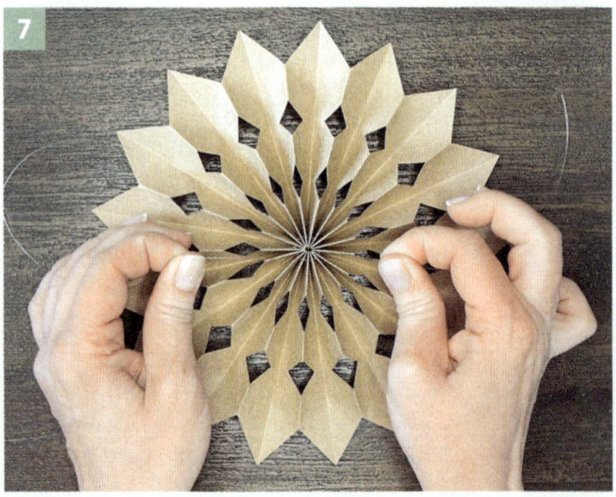

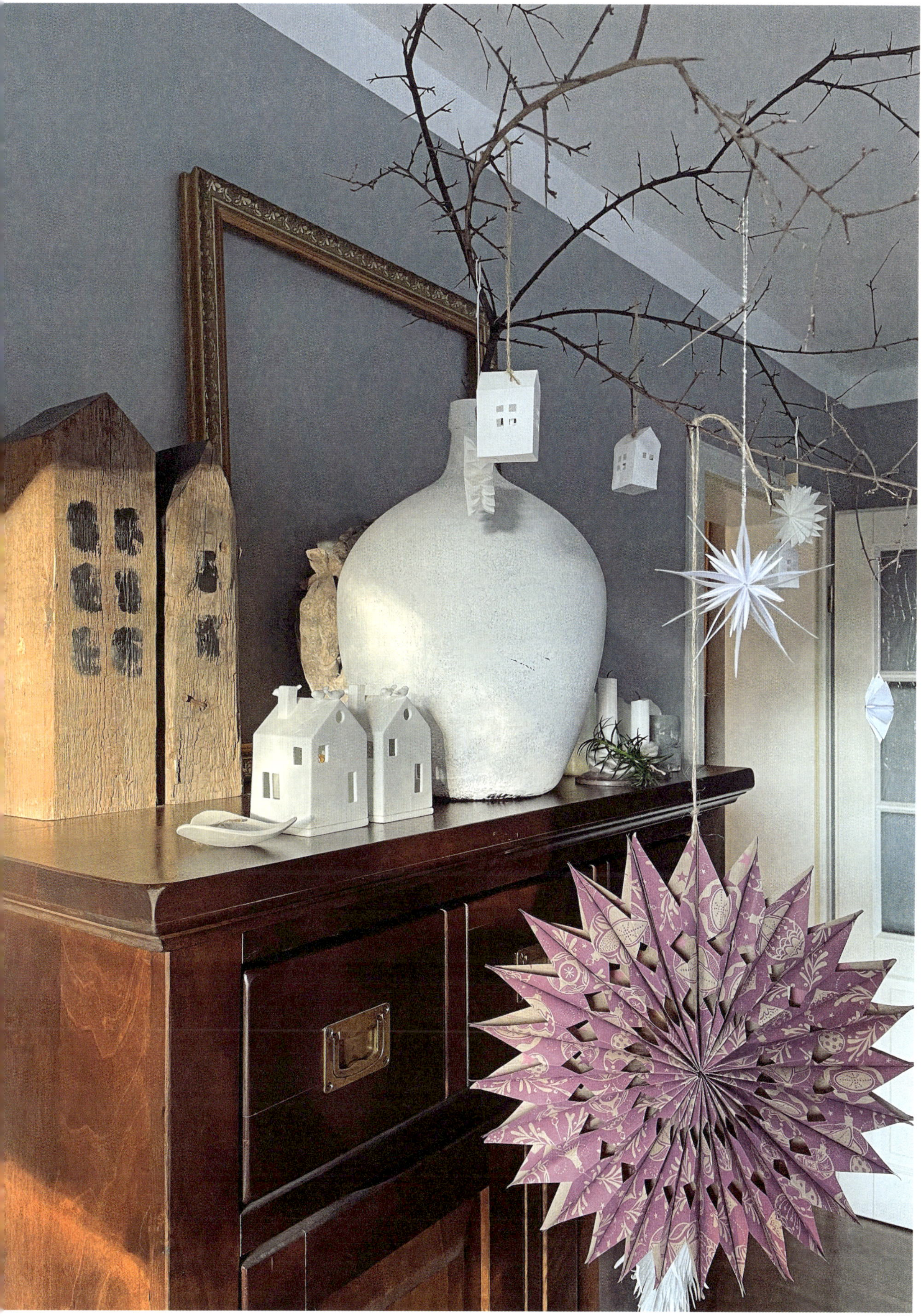

VEREISTE BLÄTTERGIRLANDE

Mit Kerzen kann man im Nu Weihnachtsatmosphäre schaffen. Noch schöner wird das Lichterspiel, wenn man zusätzlich eine vereiste Blättergirlande aufhängt. Mit dieser Eis-Blättergirlande kannst du auch die Zweige deines Weihnachtsbaumes schmücken. Total schön.

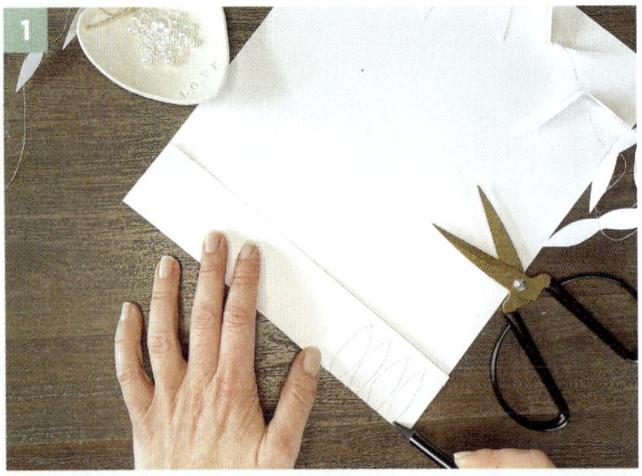

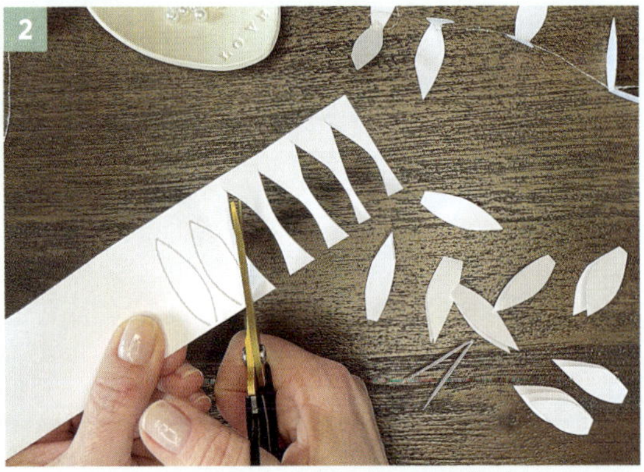

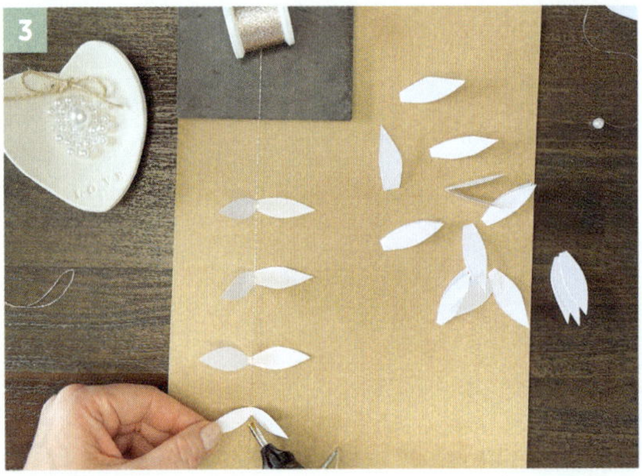

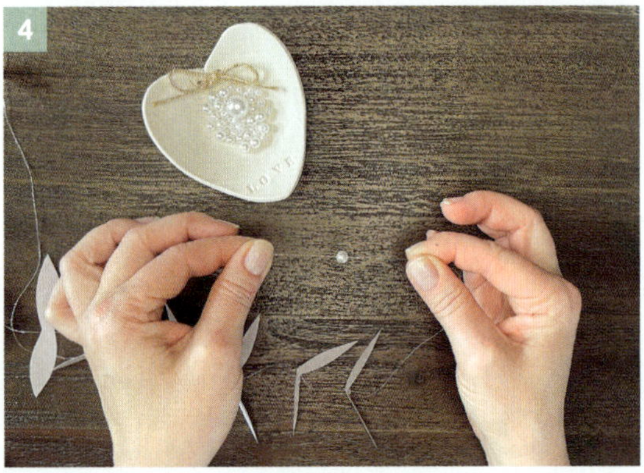

1 Nimm dein Papier doppelt und zeichne dir Blätter auf. Verwende dazu gerne die Vorlage (Seite 135).

2 Anschließend schneidest du die Blätter aus und faltest sie auseinander.

3 Klebe nun die Blätter mit Heißkleber auf den Glitzerfaden auf. Am besten du spannst den Faden etwas, dann klebt es sich leichter.

4 Zum Abschluss die Schlaufen zum Aufhängen und ggf. eine Perle für einen schöneren Abschluss anknoten. Fertig ist die Girlande!

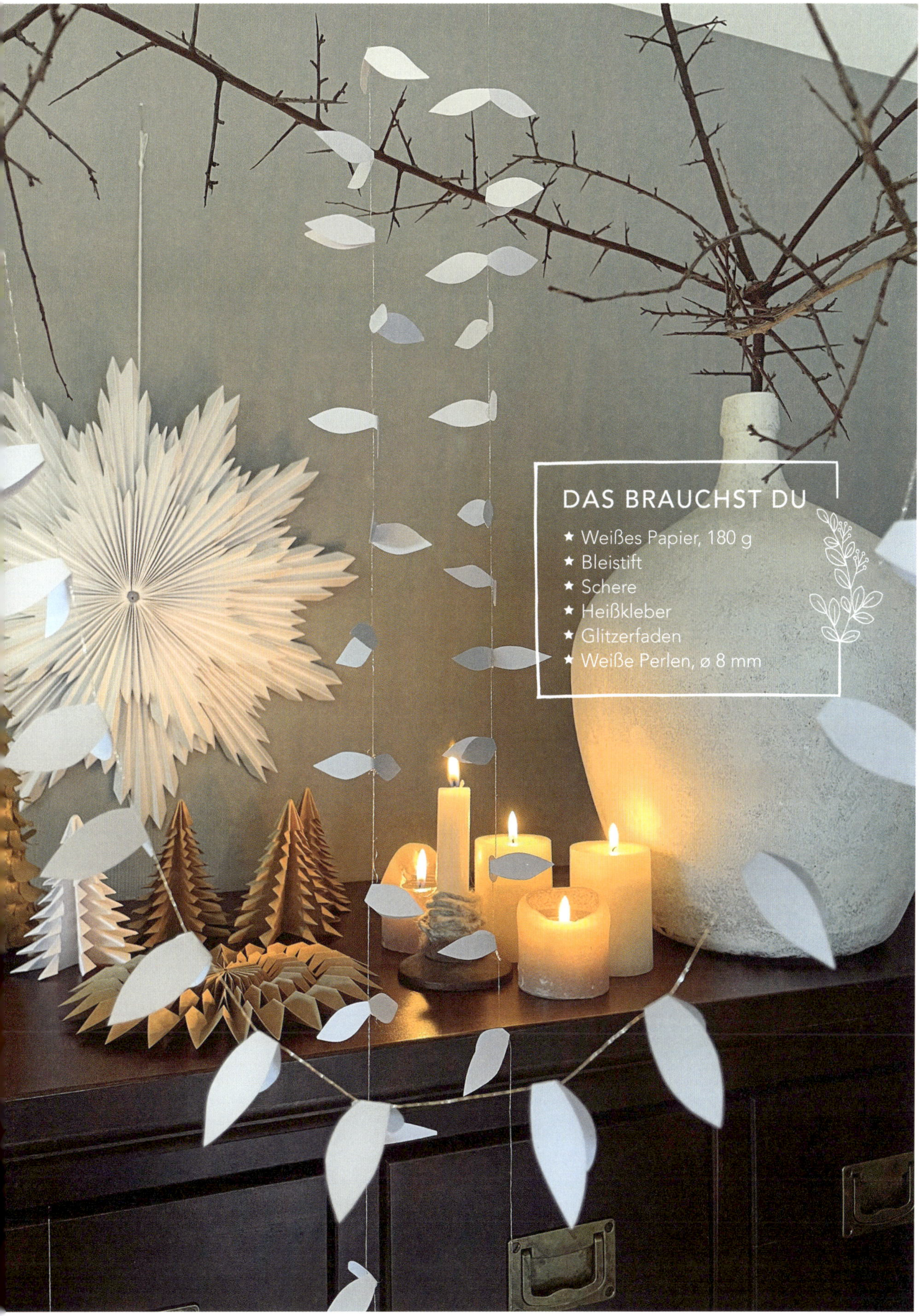

DAS BRAUCHST DU

- Weißes Papier, 180 g
- Bleistift
- Schere
- Heißkleber
- Glitzerfaden
- Weiße Perlen, ø 8 mm

BAUMSCHMUCK AUS PAPIER

Es müssen nicht immer Weihnachtskugeln aus Glas sein. Dieser edle Baumschmuck ist ganz easy aus Papierstreifen gebastelt und sieht mindestens genau so schön an deinem Christbaum aus.

DAS BRAUCHST DU

* Origamipapier, 14 cm x 14 cm
* Schere
* Lochstanzer
* Juteschnur
* Holzperlen, ø 8 mm

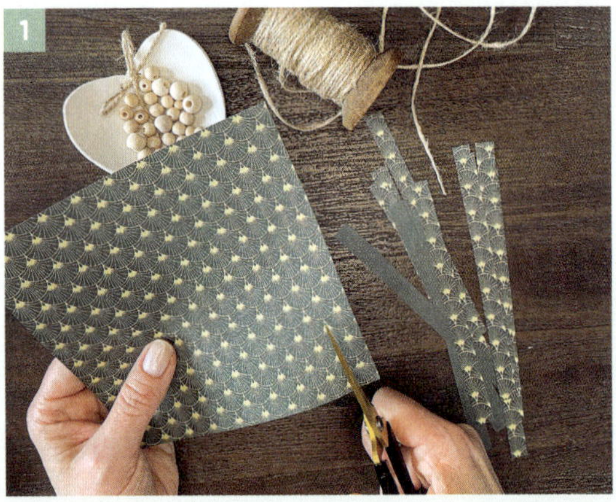

1 Schneide aus einem Blatt Origamipapier fünf 1 cm breite Streifen aus.

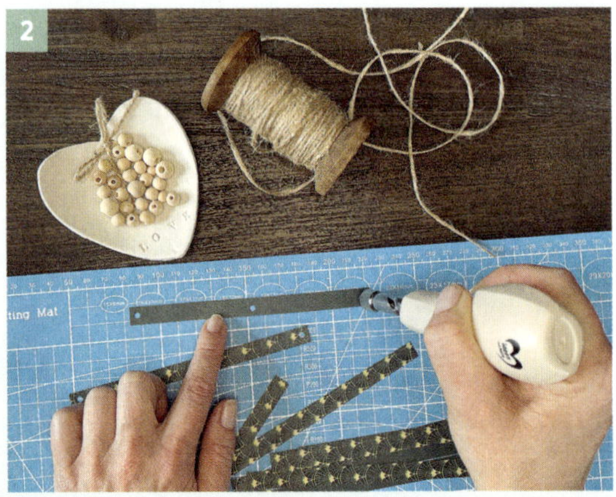

2 Stanze mit dem Lochstanzer oben, mittig und unten ein Loch in einen Streifen. Stanze auf die gleiche Weise auch die restlichen vier Papierstreifen.

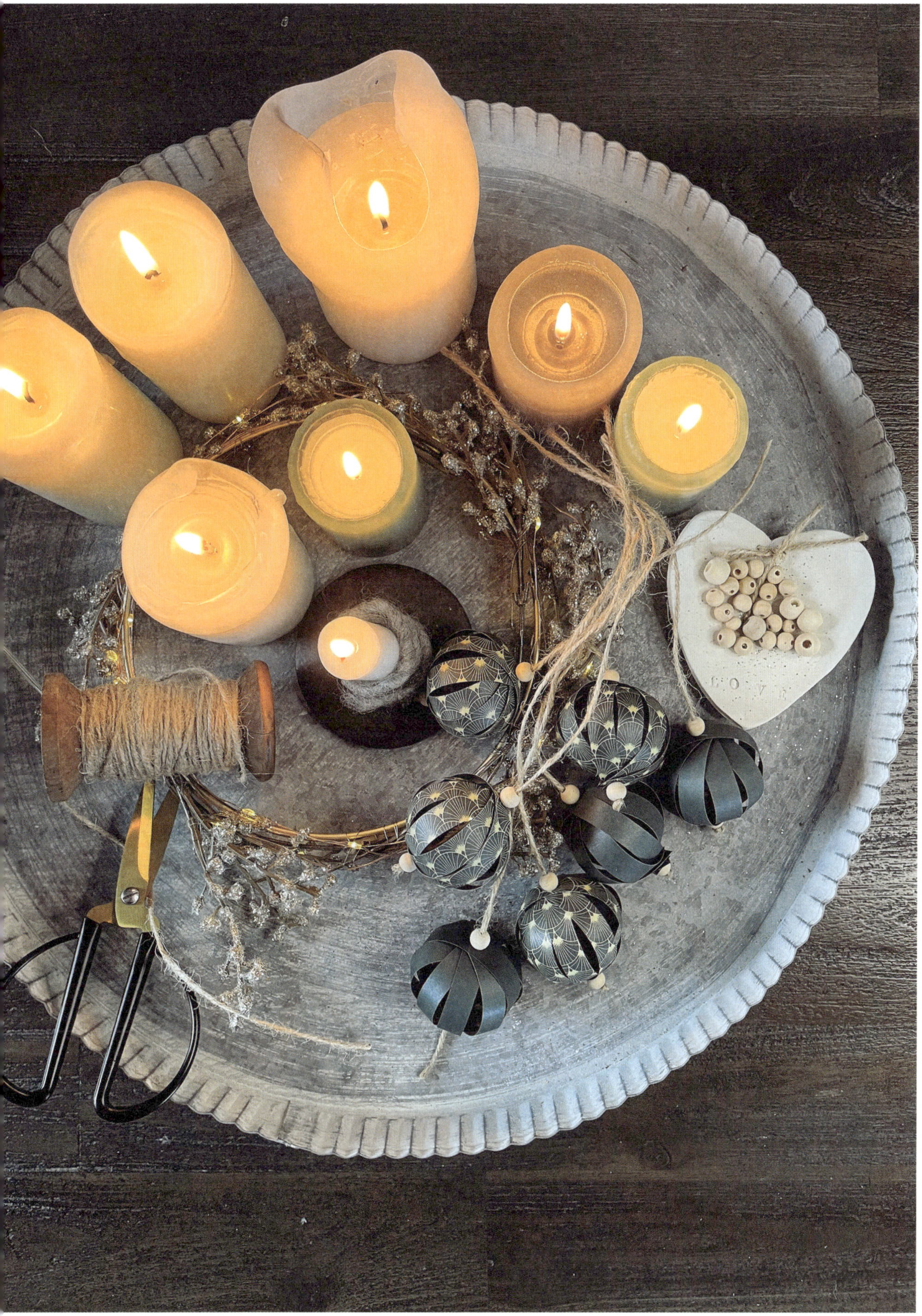

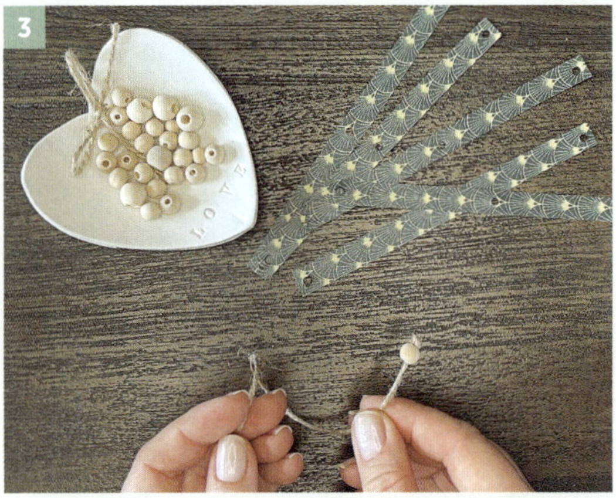

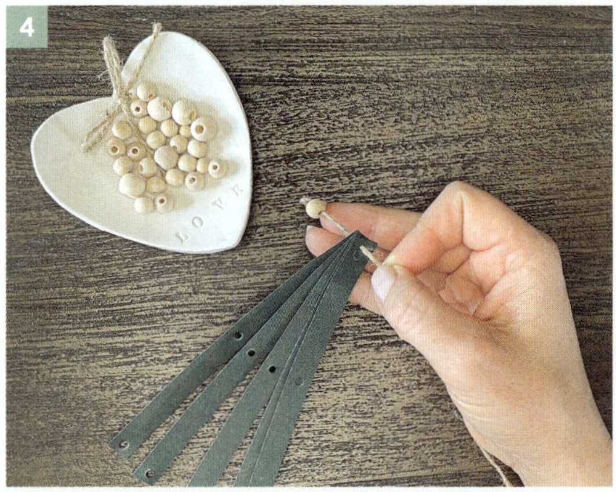

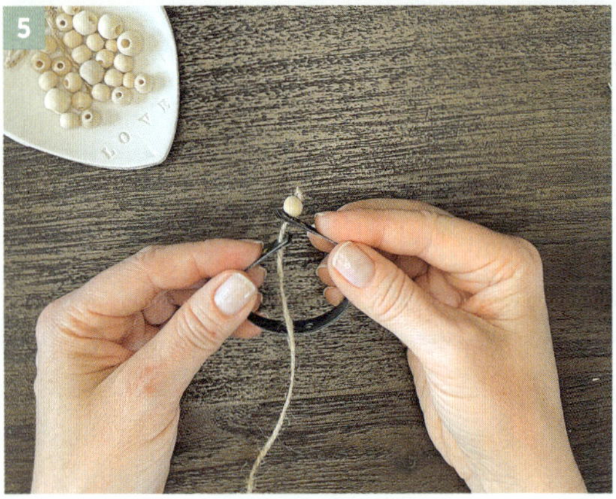

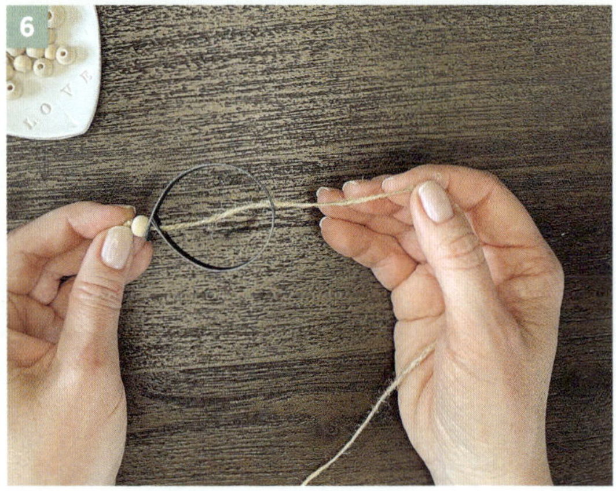

3 Bereite eine ca. 30 cm lange Juteschnur vor. Bringe am Ende einen Knoten an und fädele eine Holzperle auf.

4 Jetzt nimm die fünf vorbereiteten Papierstreifen und fädele sie durch das obere Loch zur Perle auf die Juteschnur.

5 Danach ist das untere Loch deines Papierstreifens dran. Fädele die Juteschnur durch alle fünf unteren Löcher.

6 Zum Schluss nimmst du die Juteschnur und führst sie durch die fünf mittigen Löcher.

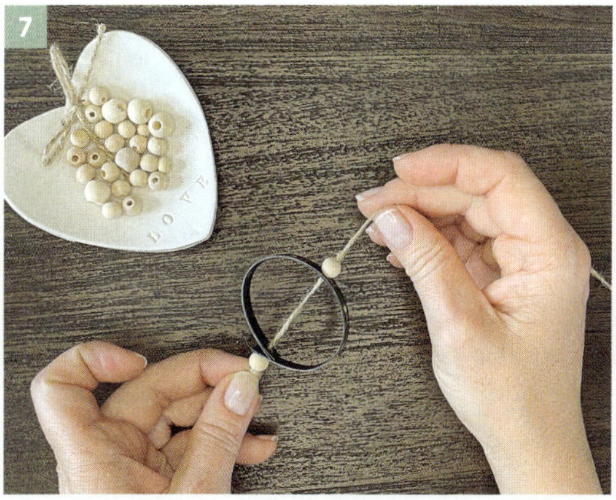

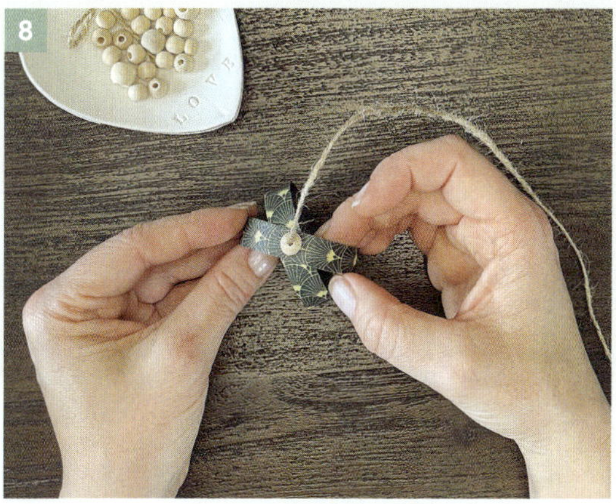

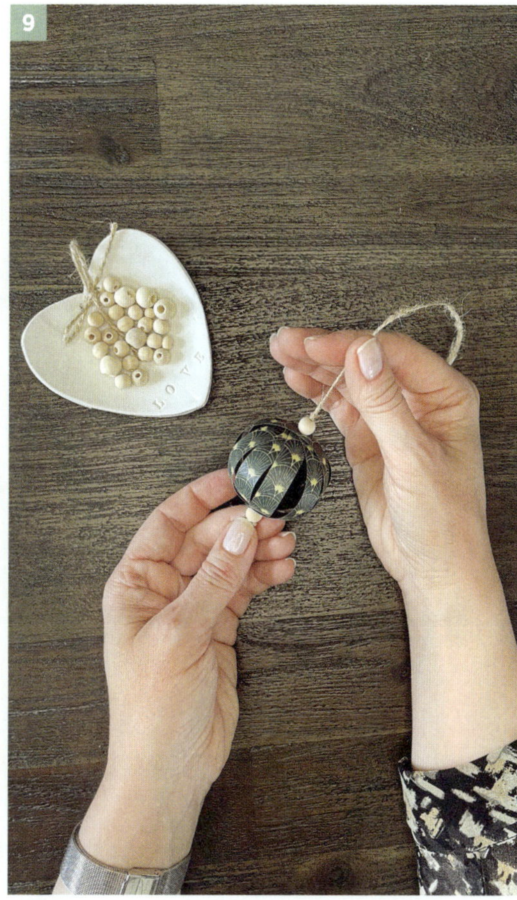

7 Jetzt wird wieder eine Holzperle aufgefädelt.

8 Ziehe die fünf Papierstreifen vorsichtig auseinander ...

9 ... bis eine Kugel entstanden ist. Schön, oder?

GROSSE SCHNEEBLUME

Ich hänge sie sehr gerne zu zweit ins Fenster, dort leuchten und strahlen sie um die Wette. Durch das Butterbrotpapier wirken sie sehr zart, das Licht schimmert durch, fast schon wie echte Eisblumen.

DAS BRAUCHST DU

- Butterbrotpapier von der Rolle:
  - 4x 11 cm x 11 cm
  - 5x 19 cm x 11 cm
  - 6x 28 cm x 11 cm
- Schere
- Klebestift
- Heißkleber
- Weiße Perle, ø 8 mm
- Ggf. Nylonschnur

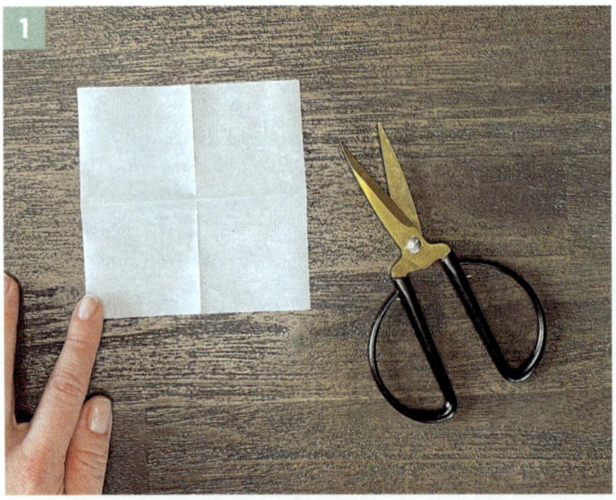

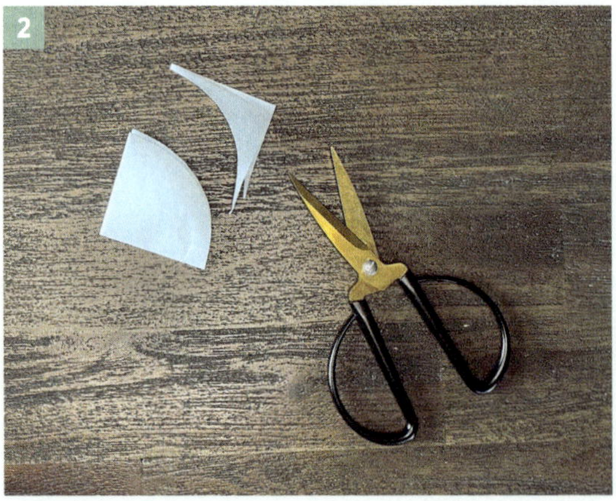

1 Fang am besten mit den kleinsten Blättern (11 cm x 11 cm) an. Falte den Papierbogen jeweils von Seitenkante zu Seitenkante.

2 Schneide die beiden Seiten bzw. die Ecke, die offen ist, kreisrund ab.

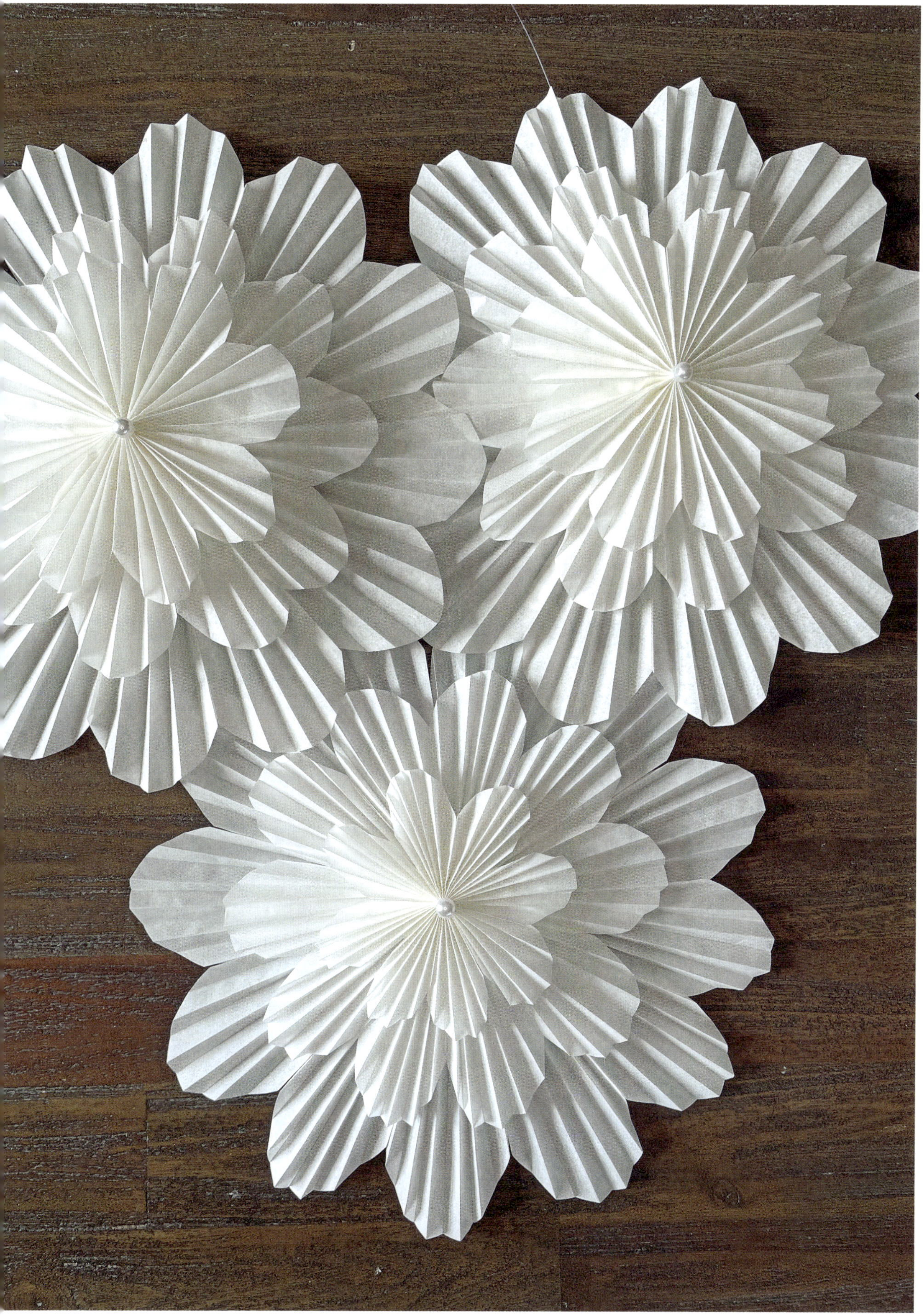

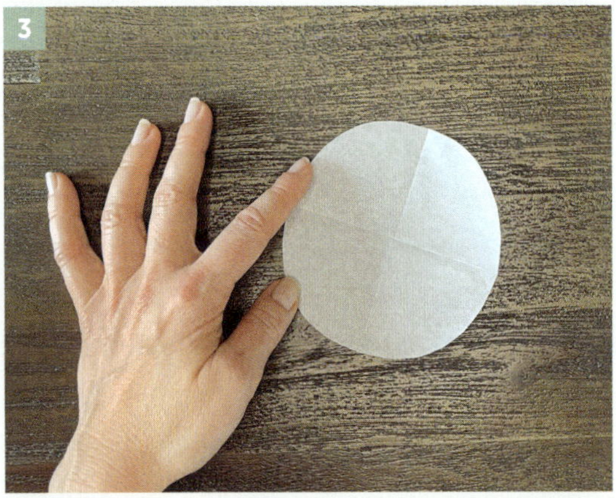

3

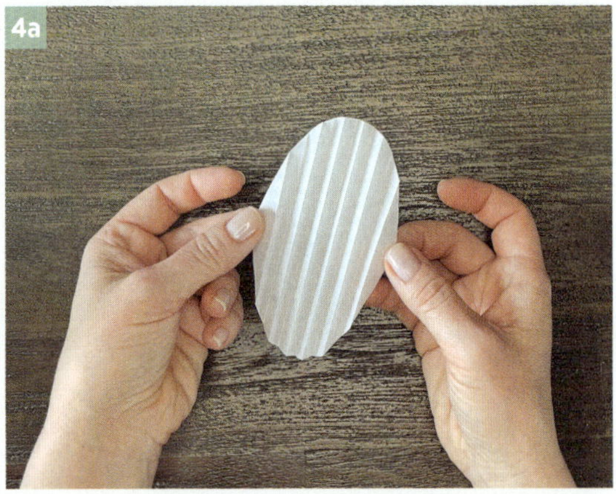

4a

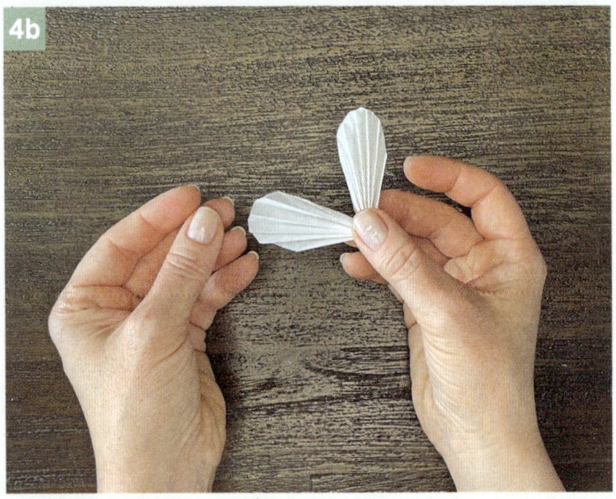

4b

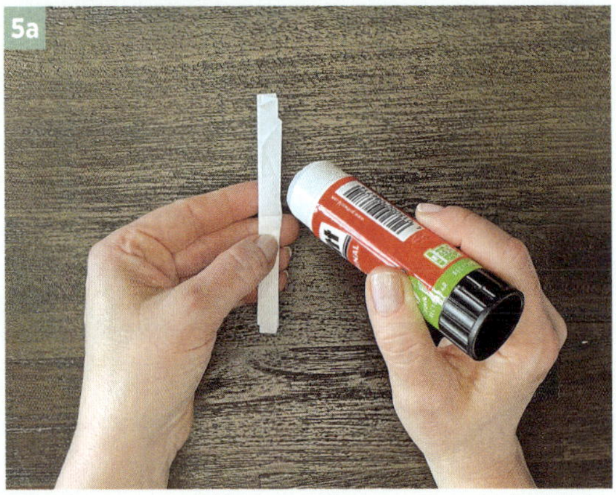

5a

3 Falte das Papier auf. Es ist ein Oval entstanden.

4 Falte das Oval zur Ziehharmonika und knicke es einmal in der Mitte.

5 Trage nun ganz dünn Kleber auf und drücke die Seiten zusammen. Eine Art Herz ist entstanden.

TIPP

Zum Aufhängen am Fenster benutze ich hier sehr gerne Nylonschnur, die ist fast unsichtbar und passt sehr gut zu den zarten Schneeblumen.

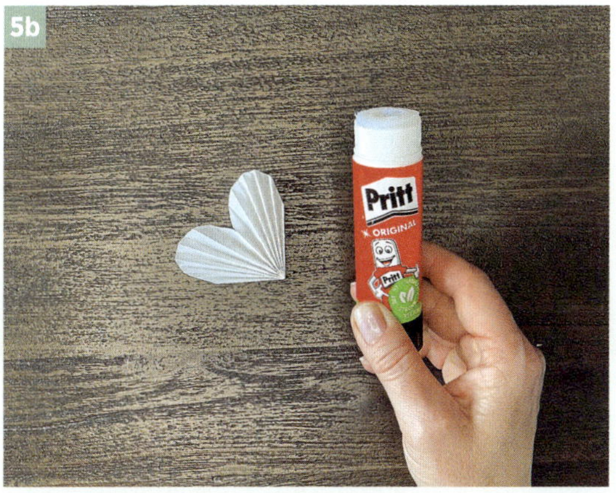

5b

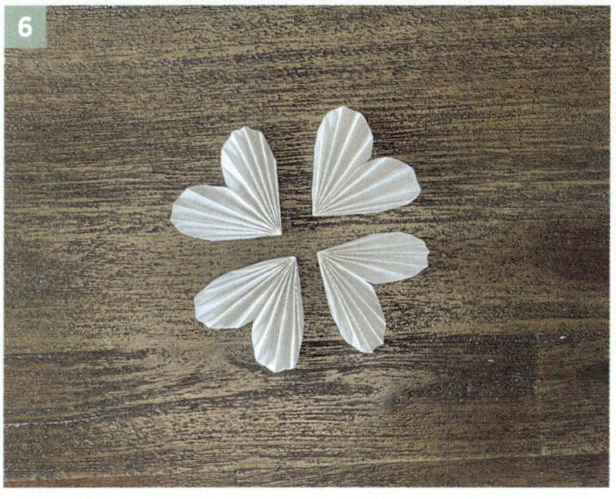
6

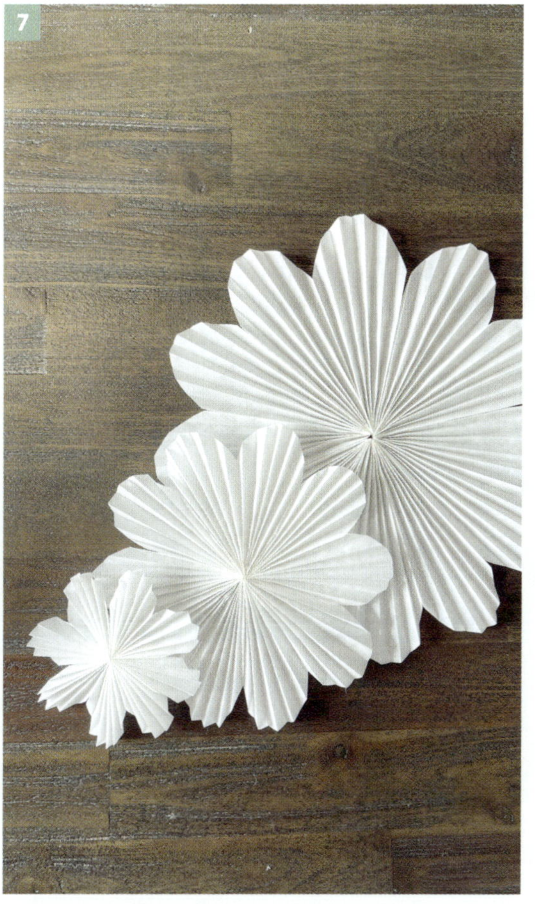
7

6 Verfahre nun mit den restlichen drei Blättern genauso und klebe die vier dann zu einer Blüte zusammen.

7 Für die nächstgrößere Blüte werden die Blätter mit den Maßen 19 cm x 11 cm benötigt. Falte diese auf die gleiche Weise und klebe die fünf Teile zusammen.

Für die große Blüte benötigst du die Blätter mit den Maßen 28 cm x 11 cm. Verfahre auf die gleiche Weise wie bei den anderen beiden Blüten und klebe die sechs Teile zu einer Blüte zusammen.

Die drei verschiedengroßen Blüten klebst du nun mit Heißkleber genau übereinander. Zum Schluss bringst du noch mittig die Perle an. Fertig!

STERNENBOTSCHAFT MIT HERZ

Diese filigranen Sternlein mit Botschaft habe ich schon oft verschenkt, und glaube mir, der oder die Beschenkte wird sich immer an dieses sehr persönliche Geschenk erinnern.

DAS BRAUCHST DU

* 8x Butterbrotpapier von der Rolle, 7 cm x 6 cm
* Schere
* Heißkleber oder Klebestift
* Band deiner Wahl zum Aufhängen
* Kraftpapier
* Herzstempel

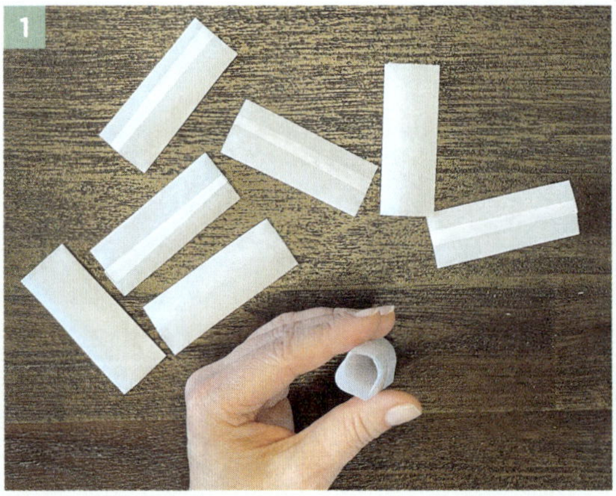

1 Nimm dir zuerst die acht Butterbrotzuschnitte vor. Falte von der längeren Seite her 1 cm nach innen (das ist dein Klebefalz). Von der anderen Seite faltest du über die entstandene Kante, sodass du einen Schlauch erhältst. Zusammengeklebt sollte ein Schlauch ca. 7 cm x 2,5 cm groß sein. Damit deine Teile alle schön gleichmäßig werden, benutze am besten wieder eine Leere (eine Falthilfe) mit 2,4 cm Breite und mindestens 7 cm Länge.

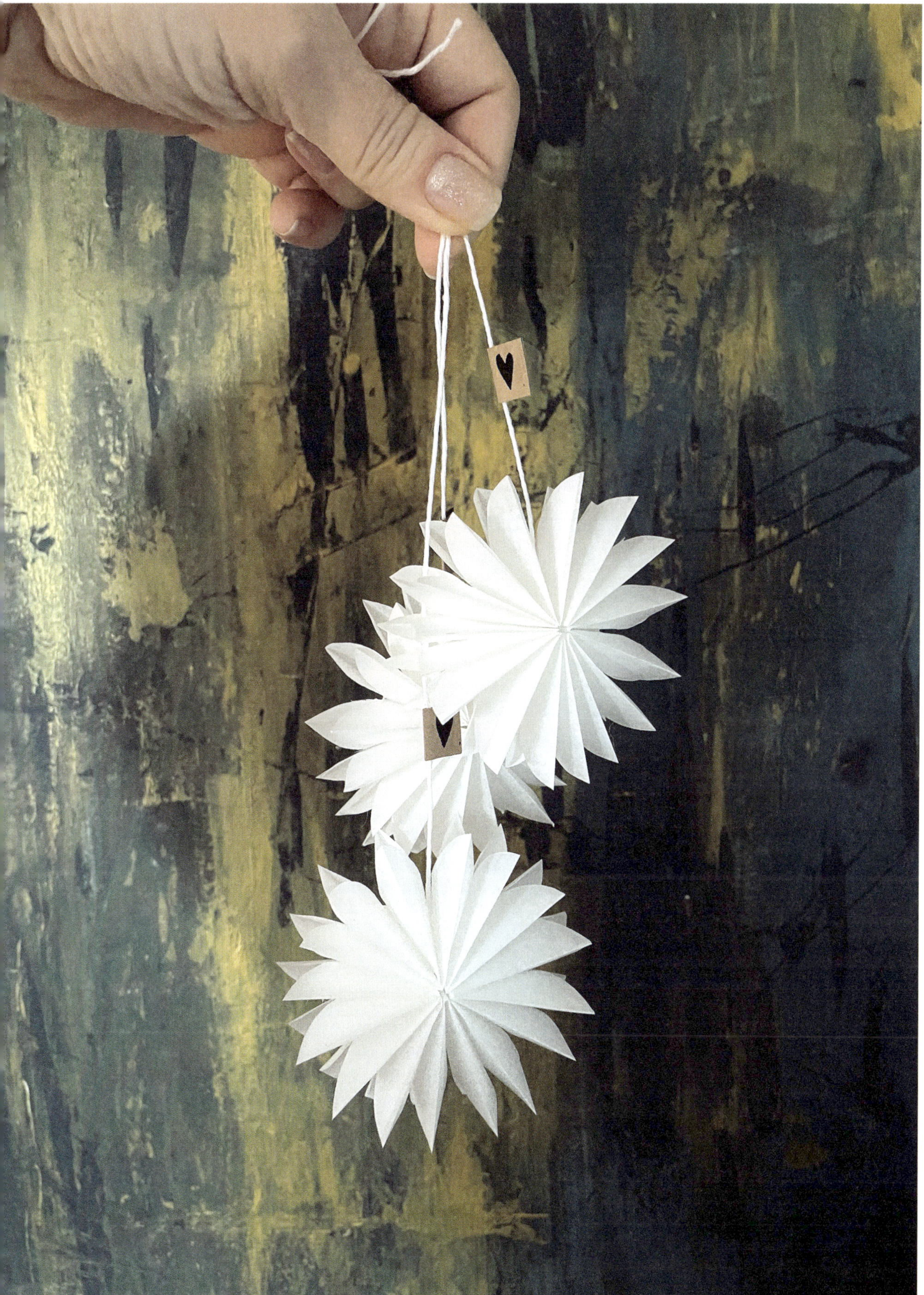

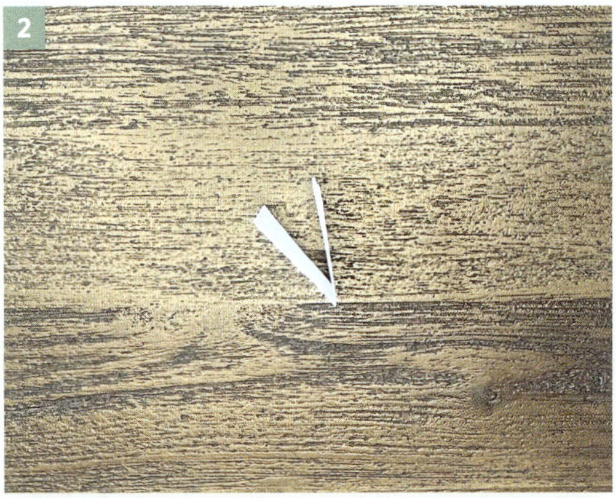

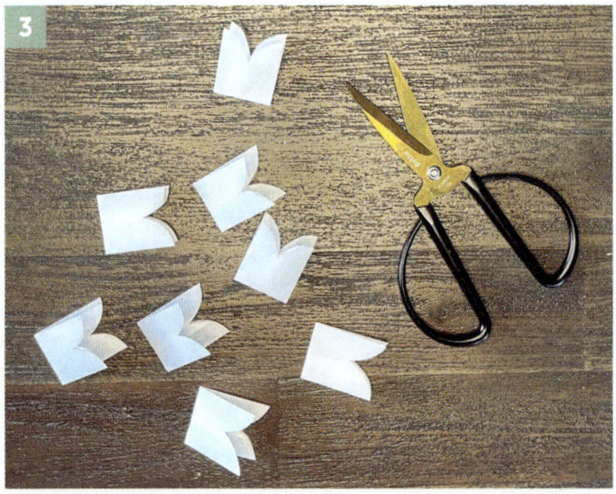

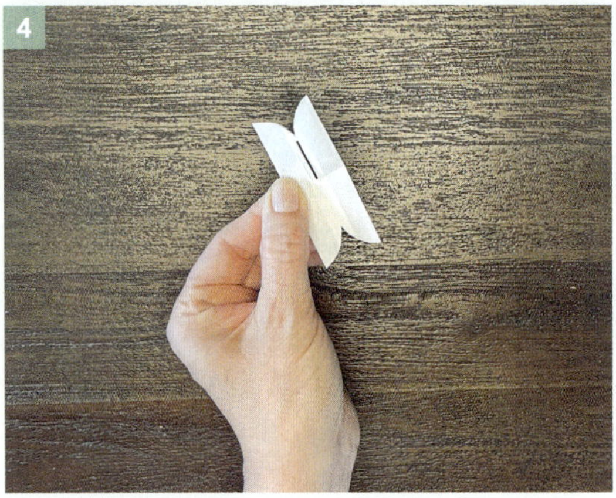

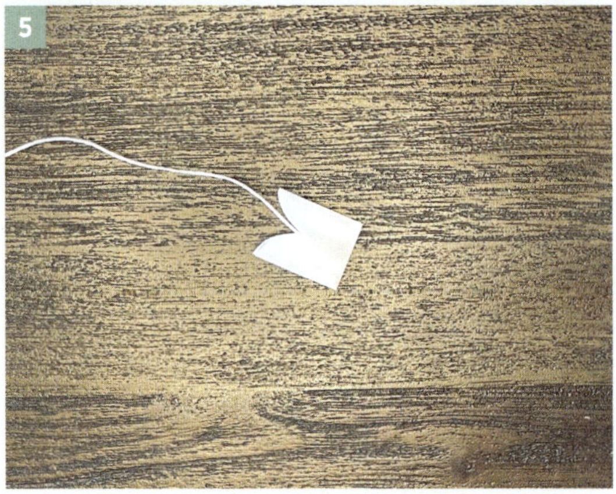

2 Falte deine acht Teile dann einmal in der Mitte.

3 Jetzt brauchst du die Vorlage (Seite 135). Schneide jedes der acht Teile nach der Vorlage aus.

4 Jedes Teil wird nun mit Heißkleber oder Klebestift zusammengeklebt, siehe Markierung. Beachte dabei, dass der Kleber schön schmal aufgetragen wird.

5 Nun kannst du die Aufhängung mit einkleben.

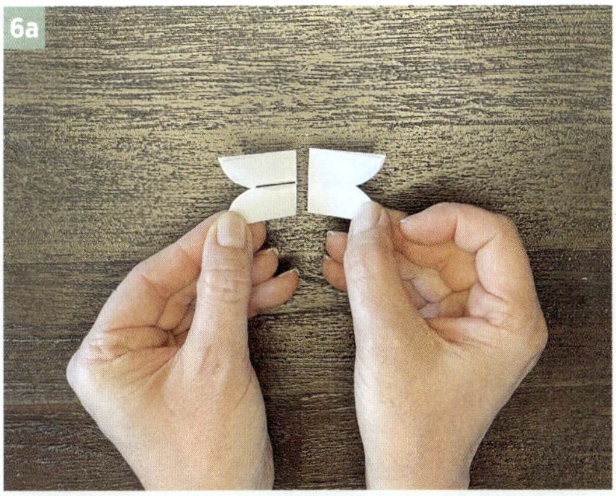

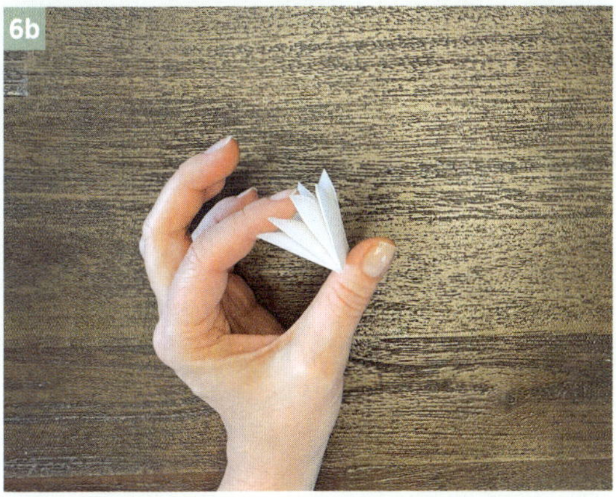

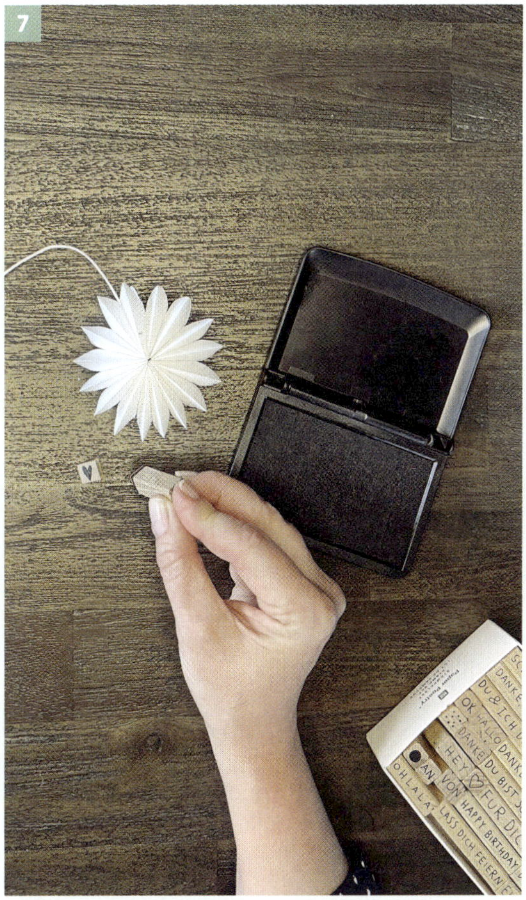

6 Klebe die acht Teile jetzt mit Heißkleber oder Klebestift zusammen (siehe Markierung).

7 Bringe zum Schluss einen kleinen Wimpel aus Kraftpapier an, indem du deinen Papierstreifen einmal zusammenfaltest, auf die gewünschte Länge schneidest, dein Herz aufstempelst oder eine individuelle Botschaft schreibst und um den Faden der Aufhängung klebst. Fertig!

GENÄHTES TANNENBÄUMCHEN

Hier wird nicht geklebt, sondern genäht. Das Besondere am genähten Bäumchen ist, dass er sich wunderbar auffächern lässt. Wenn Nadel und Faden nicht dein Ding sind, darfst du natürlich auch gerne wieder kleben.

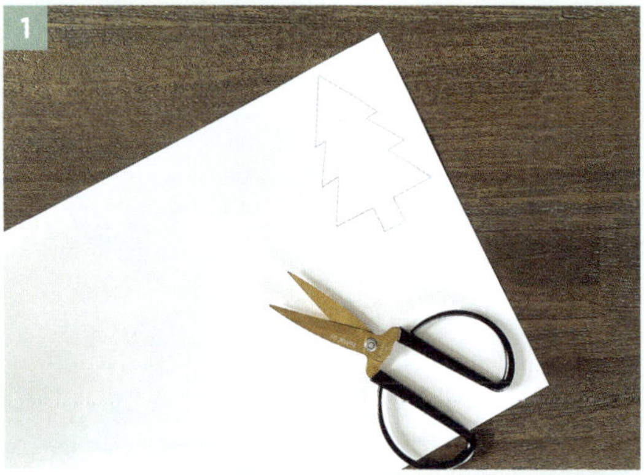

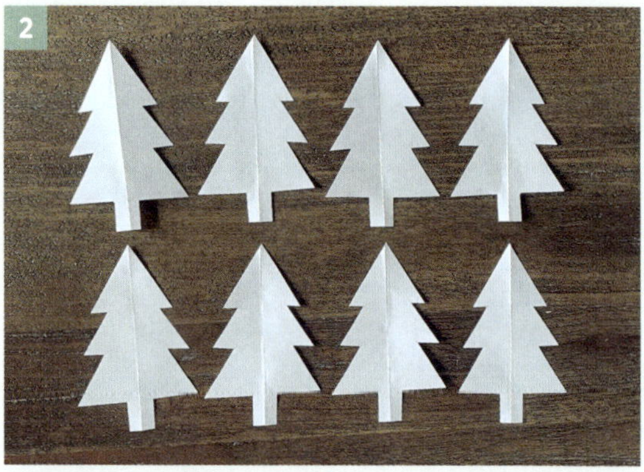

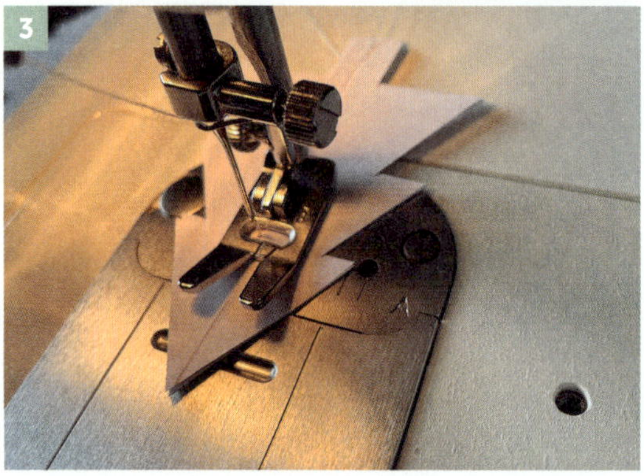

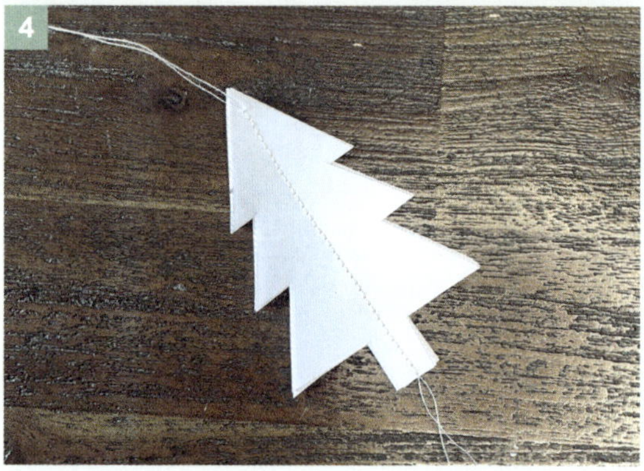

1 Übertrage die Vorlage (Seite 135) auf das Kopierpapier und schneide acht Tannenbäumchen aus.

2 Falte sie einmal senkrecht in der Mitte und lege alle acht gleichmäßig übereinander.

3 Spanne in deine Nähmaschine weißen Zwirn ein und nähe am Falz in der Mitte entlang.

Hast du keine Nähmaschine, klebst du alle acht Bäumchen am Falz mit Heißkleber oder Klebestift zusammen. Gib Acht, dass deine Kleblinie schön schmal bleibt.

4 Gib oben etwas Zwirn dazu, diesen kannst du gleich als Aufhängung verknoten. Zum Schluss fächerst du nur noch die einzelnen Blätter schön vorsichtig und gleichmäßig auseinander. Fertig!

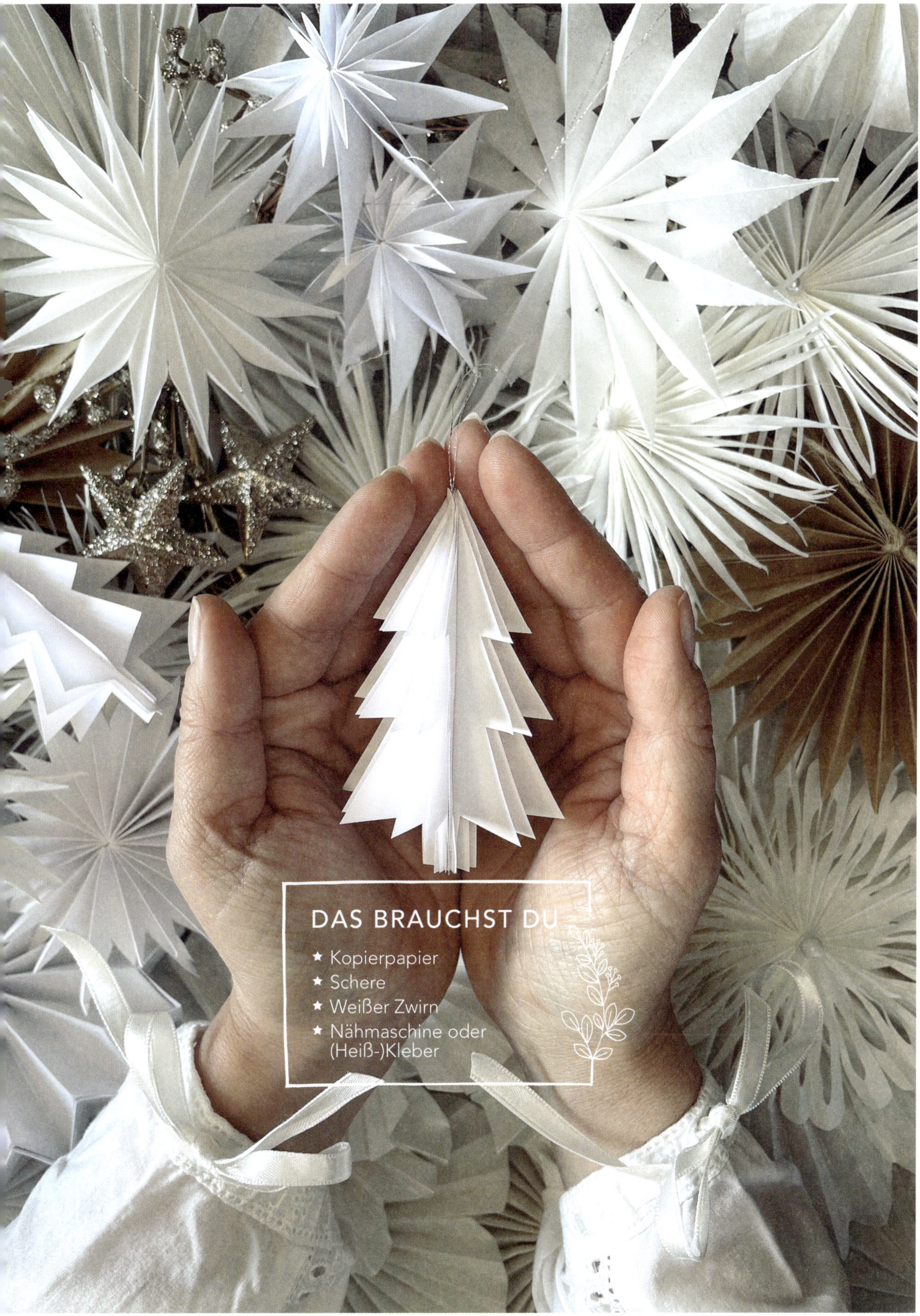

DAS BRAUCHST DU

- Kopierpapier
- Schere
- Weißer Zwirn
- Nähmaschine oder (Heiß-)Kleber

EISDIAMANTEN

Diese wunderschönen, abstrakten Papierdiamanten kannst du mit ein bisschen Übung aus ganz normalen Notizblockzetteln basteln. Sie sind zwar etwas kniffelig, aber es lohnt sich auf jeden Fall.

DAS BRAUCHST DU

- 2 quadratische Papiere (z. B. Notizblockzettel)
- Schere
- Nadel
- Faden
- Perlen
- Zahnstocher
- Kleber
- Bastelklammern als Fixierhilfe

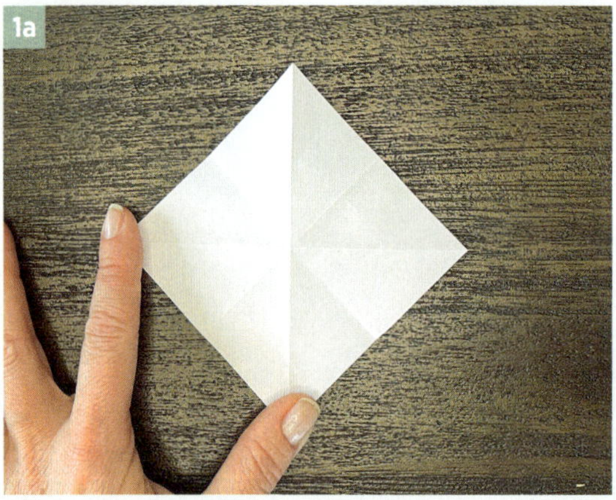

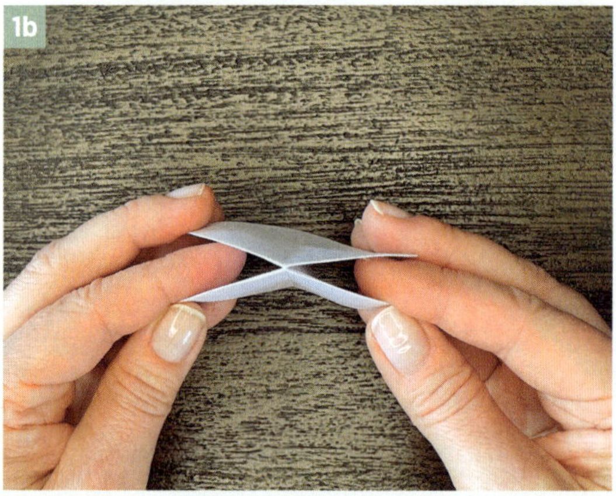

1a Falte das erste von zwei quadratischen Papieren in der Mitte, öffne die Faltung, falte noch einmal quer zum Falz. Wende das Papier. Falte dann Spitze zu Spitze, öffne die Faltung wieder und falte noch einmal quer zum Falz. Es entstehen abwechselnd Berg- und Talfalten.

1b Wähle eine Diagonale aus, falte ein Dreieck. Klappe nun die beiden äußeren Ecken nach innen (benutze die Falzkanten). Du erhältst ein kleineres Quadrat und zwei Flügel. Klappe einen Flügel wieder auf und drücke die untere Kante nach innen, Spitze auf Spitze, und drücke sie platt. Wiederhole diesen Vorgang mit dem anderen Flügel. Es entsteht wieder ein kleines Quadrat, diesmal mit vier Flügeln.

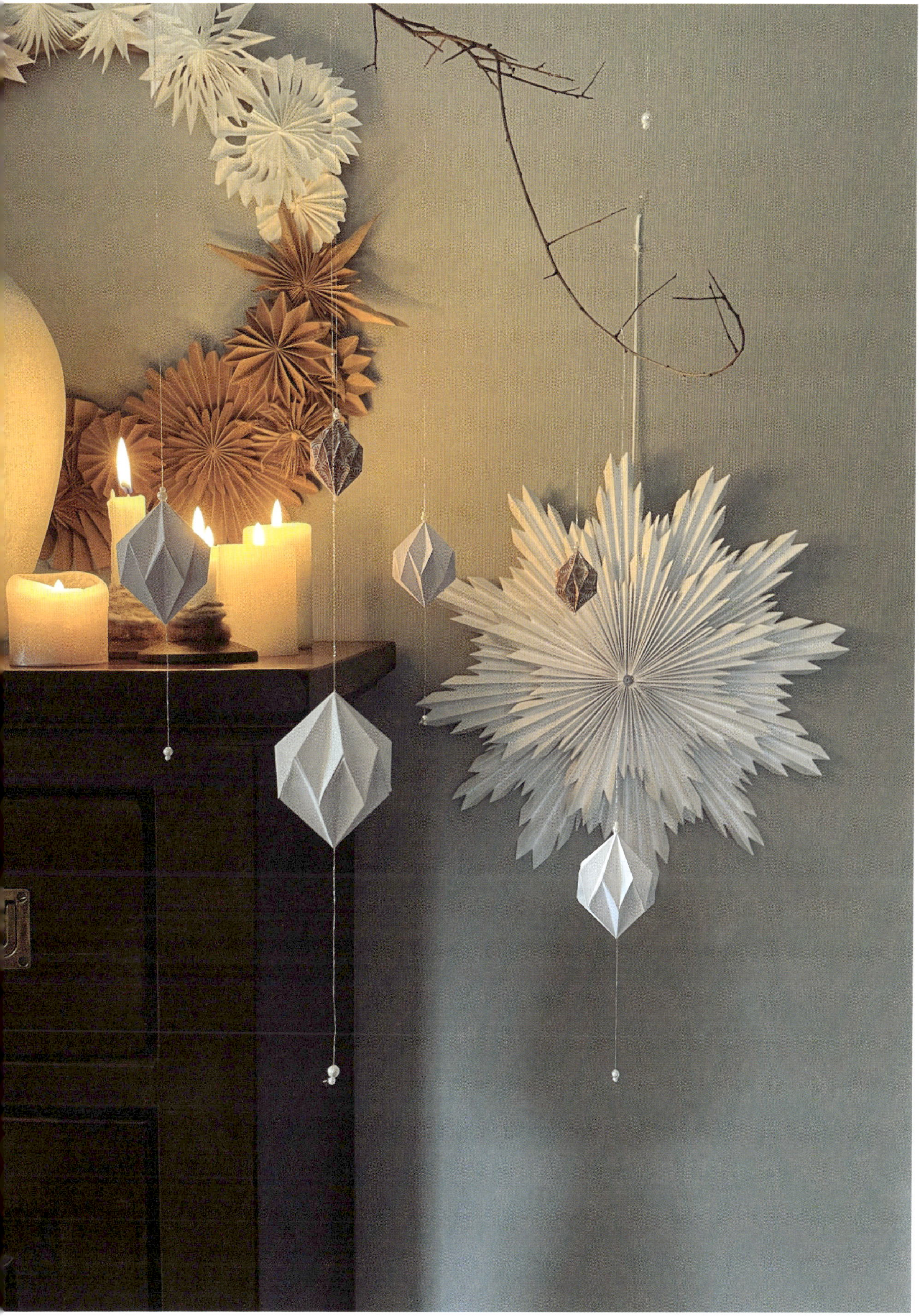

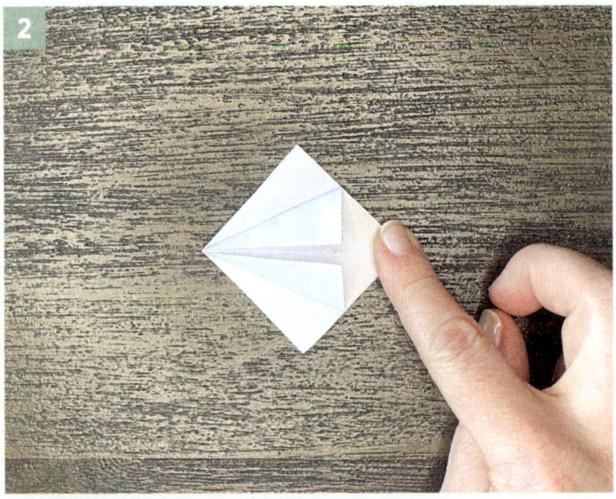

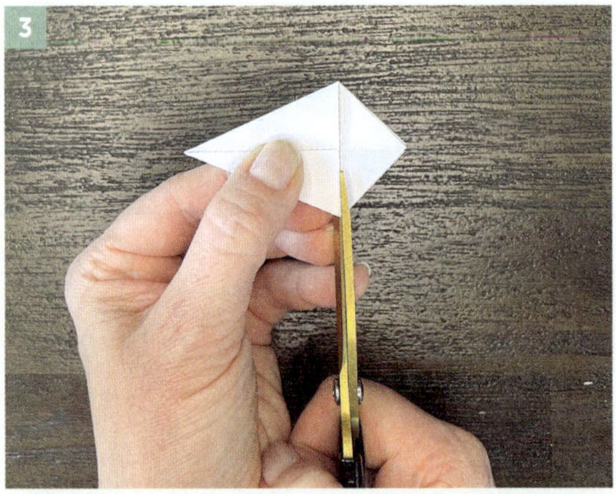

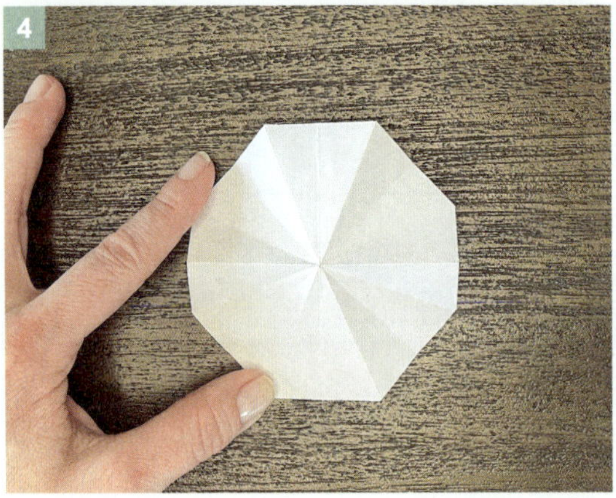

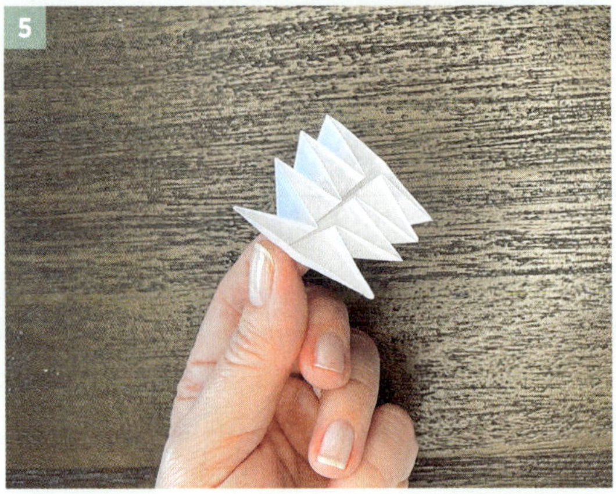

2 Lege nun das kleine Quadrat mit der offenen Seite nach rechts auf den Tisch. Den unteren und oberen Flügel faltest du jeweils zur Mitte. Drehe danach die Figur um und wiederhole den Vorgang.

3 Die Figur sieht nun aus wie ein Drachen. Schneide die überstehenden Dreiecke ab.

4 Ein Achteck ist entstanden.

5 Falte nun das ganze Objekt so zusammen, dass jeweils ein Falz nach innen (Talfalte) und der nächste Falz nach außen (Bergfalte) zeigt.

6 Lege das Objekt so auf den Tisch, dass die offene Seite wieder nach rechts zeigt. Falte jetzt die obere und untere Spitze jeweils bis zur Mittellinie und öffne sie wieder. Die restlichen Spitzen faltest du ebenfalls zur Mitte und öffnest sie wieder. Verfahre mit dem zweiten quadratischen Papier auf die gleiche Weise.

7 Öffne beide so gefalteten Notizblockzettel und knicke die Enden der Bergfalten nach innen, wie auf dem Foto zu sehen. Forme alle Tal- und Bergfalten nochmals gut aus.

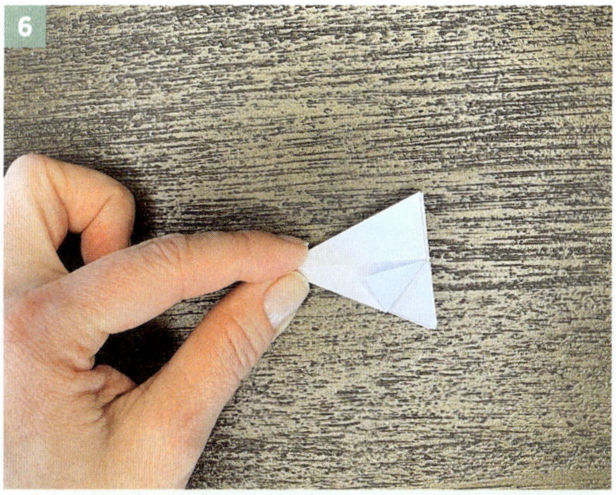

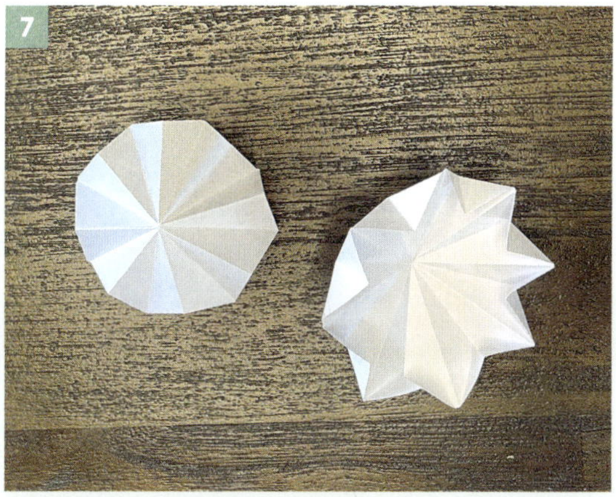

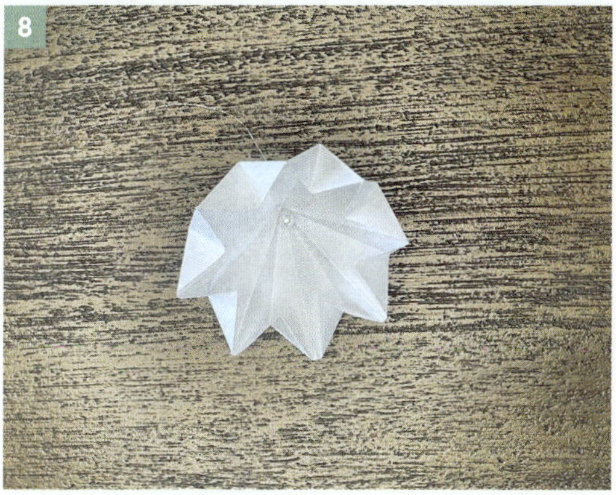

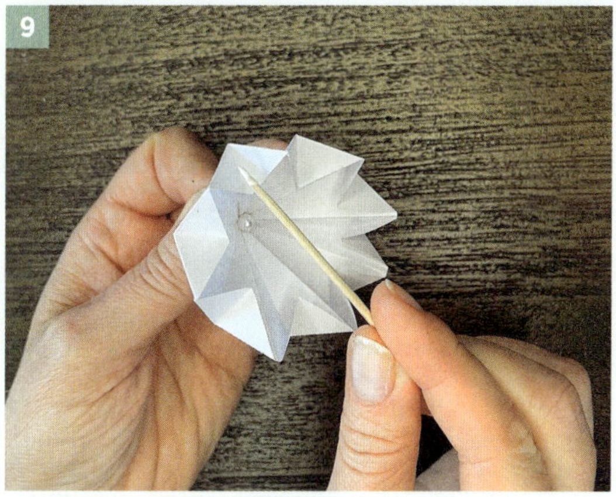

8 Für die Aufhängung kannst du einen Faden auf eine Nadel auffädeln, eine Perle am Ende anknoten und mittig von unten durch dein Objekt fädeln. Bei der anderen Hälfte wiederholen.

9 Trage mithilfe eines Zahnstochers etwas Kleber auf die ersten zwei bis drei Spitzen einer Hälfte auf.

10 Setze nun die mit Kleber versehenen Spitzen passgenau in die Täler der anderen Hälfte und fixiere sie mit Bastelklammern. Trage dann auf die nächsten Spitzen Kleber auf und wiederhole den Vorgang. Gut trocknen lassen. Bringe zum Schluss eine Perle an der Aufhängung und eine Perle am Ende des Fadens an.

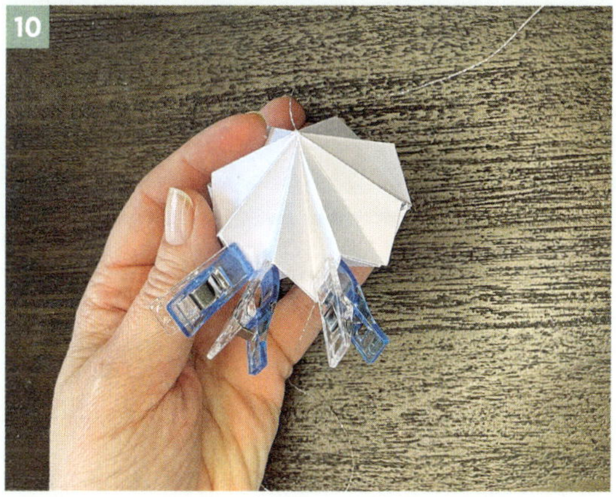

FRÖBELSTERN-KRANZ

Der Fröbelstern ist ein dreidimensionaler Stern, der aus vier Papierstreifen geflochten wird. Er wurde von dem Reformpädagogen Friedrich Fröbel entwickelt. Eine wunderschöne Idee ist es, aus vielen Sternen einen Kranz zu machen. Die Anleitung zum Basteln eines Fröbelsterns findest du im Netz (zum Beispiel bei YouTube).

1

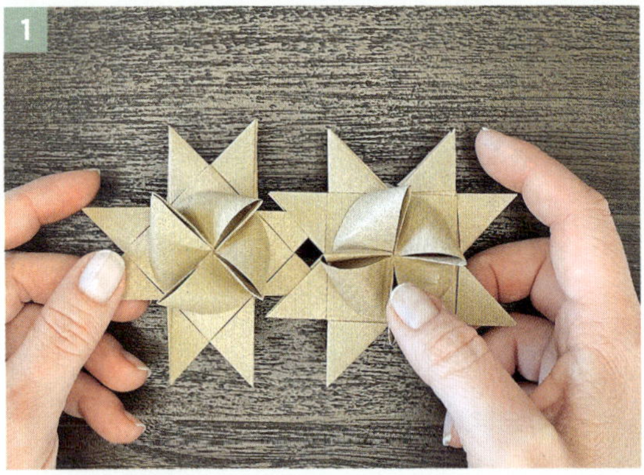

2

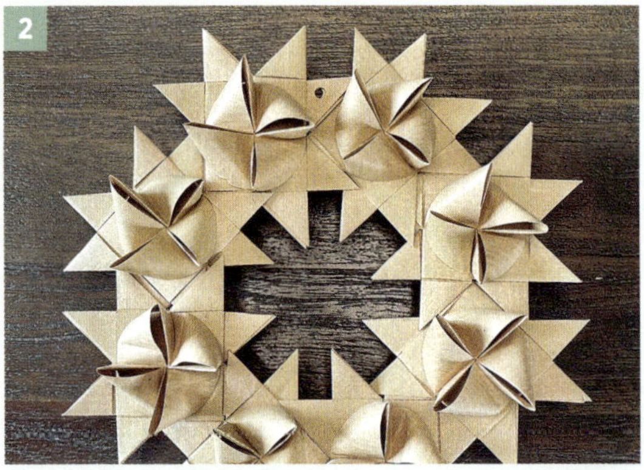

3

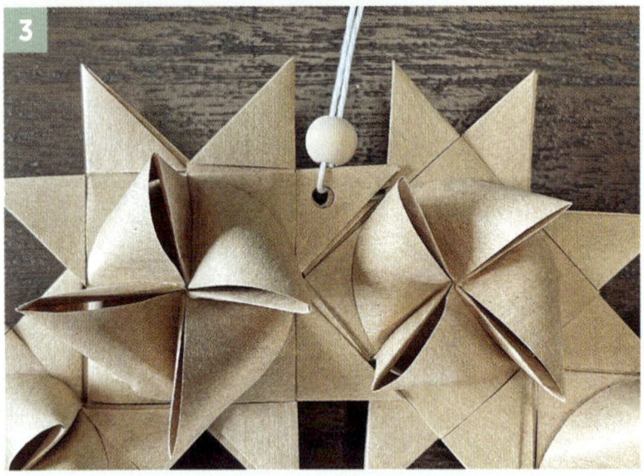

4

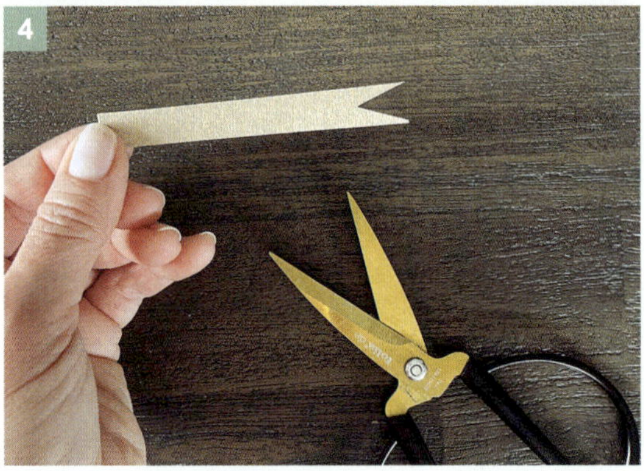

1 Fertige dir acht Fröbelsterne an. Das Zusammenstecken ist ziemlich einfach. Stecke die beiden kleinen Zacken in die beiden großen Zacken.

2 Ordne deine Sterne so an, dass ein Kranz entsteht. Möchtest du den Kranz später aufhängen, solltest du die Sterne untereinander mit etwas Kleber fixieren.

3 Für die Aufhängung habe ich mich für Küchengarn entschieden. Stanze oben mittig mit dem Lochstanzer ein Loch, fädele das Küchengarn durch und bringe eine Holzperle an.

4 Falte den Streifen Kraftpapier einmal zusammen (wichtig für das spätere Zusammenkleben) und schneide einen Wimpel. Bestempele den Wimpel nach deinen Wünschen, lege ihn um die Aufhängung herum und klebe ihn fest.

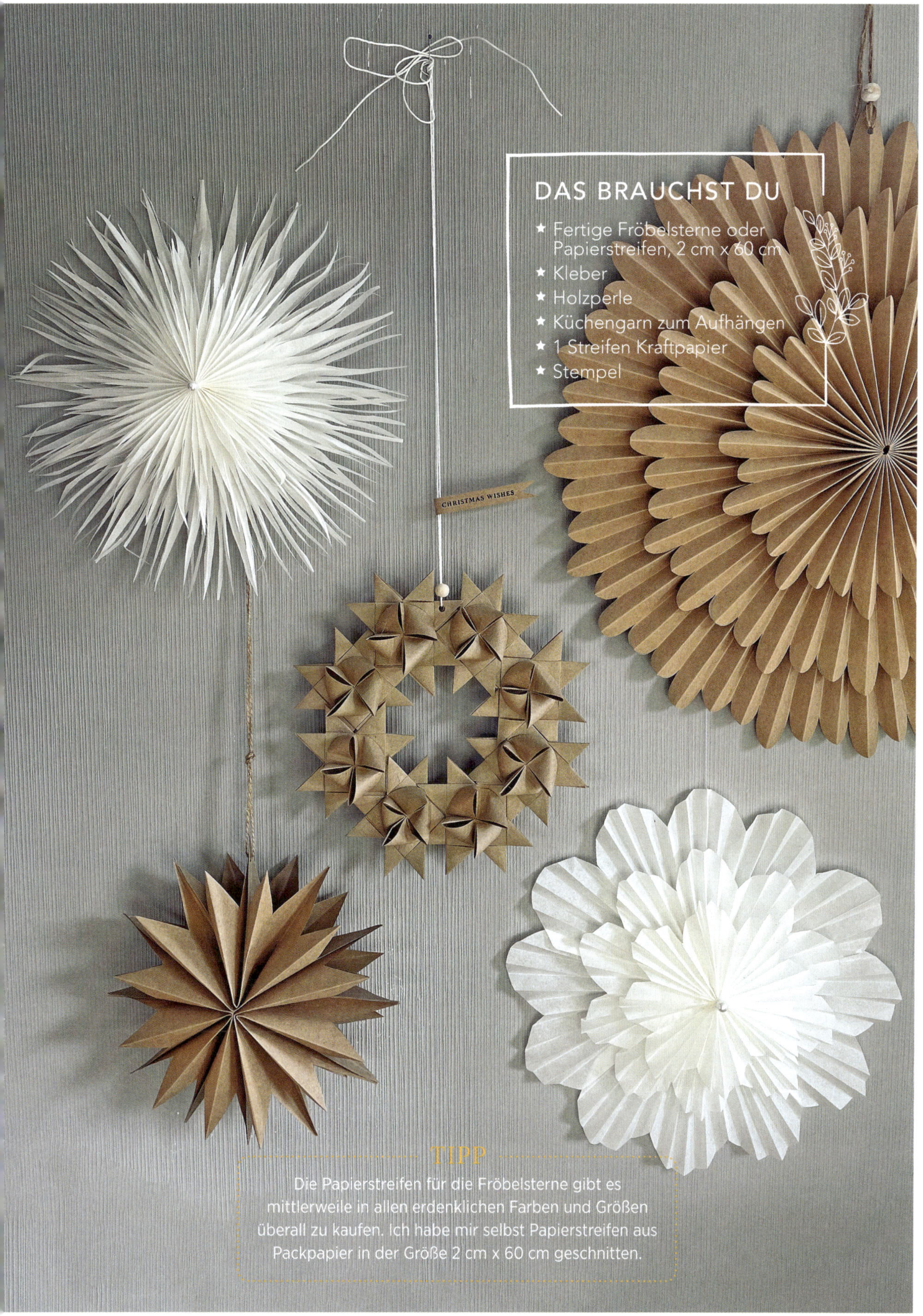

DAS BRAUCHST DU

- Fertige Fröbelsterne oder Papierstreifen, 2 cm x 60 cm
- Kleber
- Holzperle
- Küchengarn zum Aufhängen
- 1 Streifen Kraftpapier
- Stempel

TIPP

Die Papierstreifen für die Fröbelsterne gibt es mittlerweile in allen erdenklichen Farben und Größen überall zu kaufen. Ich habe mir selbst Papierstreifen aus Packpapier in der Größe 2 cm x 60 cm geschnitten.

EINFACHE STERNE UND PAPIERROSETTEN

Du kennst die Situation bestimmt: Du brauchst ganz schnell eine schöne Deko für ein Geschenk, hast aber keine Zeit, einen aufwendigen Stern zu basteln. Hier kommt die Lösung – Basis ist einfaches Geschenkpapier.

DAS BRAUCHST DU

- Geschenkpapier
- Juteschnur
- Schere
- Kleber

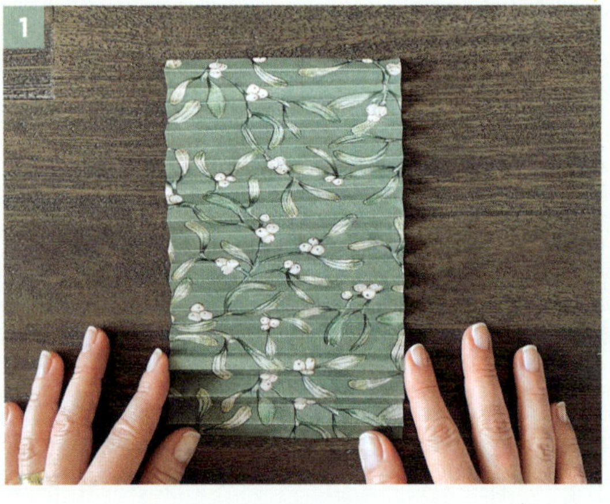

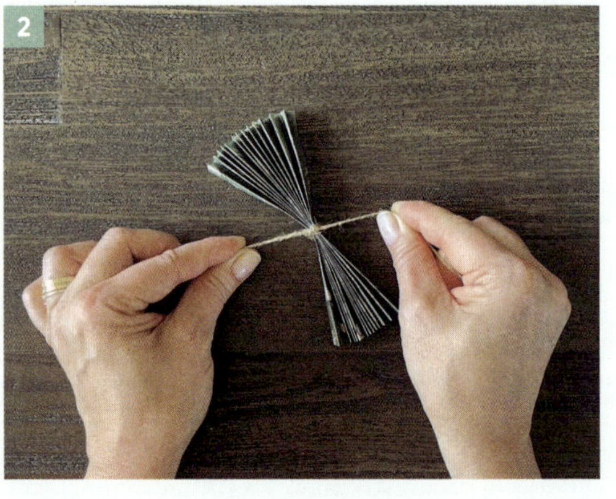

1 Falte ein Stück Geschenkpapier zur Ziehharmonika.

2 Knote die Juteschnur mit einem Doppelknoten mittig fest.

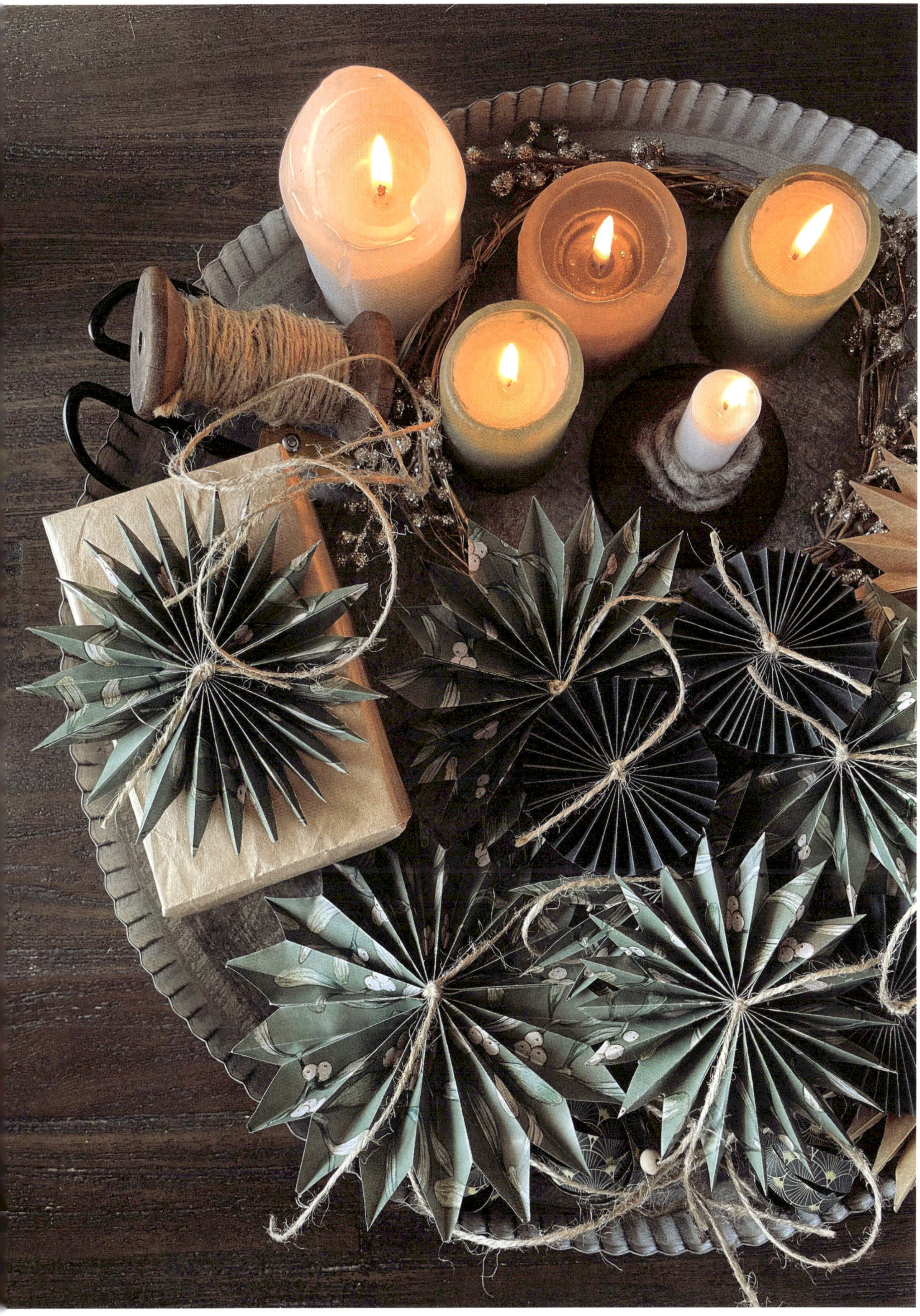

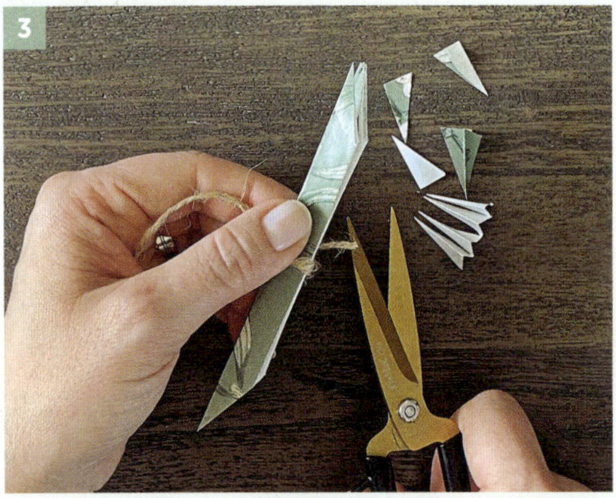

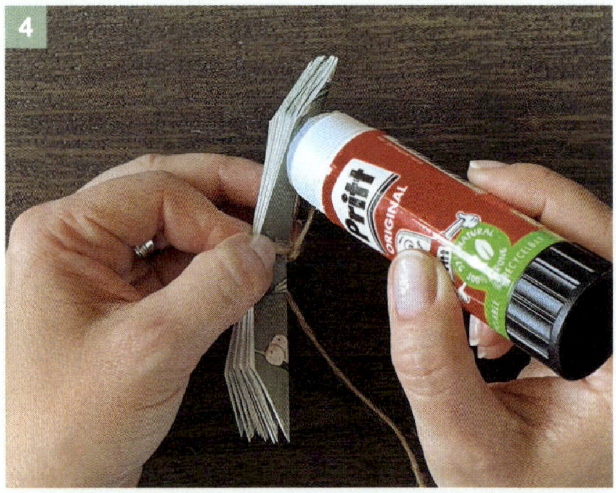

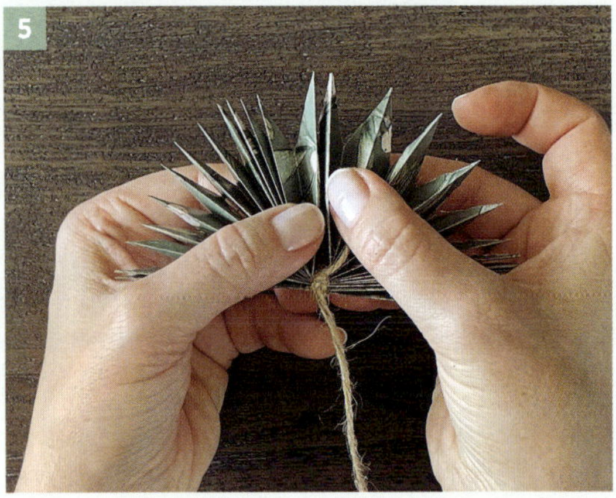

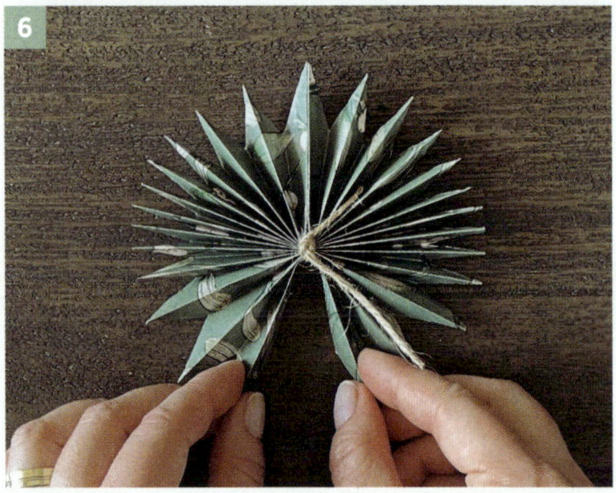

3 Schneide die Enden spitz zu. Möchtest du lieber eine Rosette, dann brauchst du die Enden nicht zuschneiden.

4 Bringe an den Außenkanten den Kleber auf.

5 Nun geht es schon an das Zusammenkleben. Einmal oben …

6 … und einmal unten. Fertig!

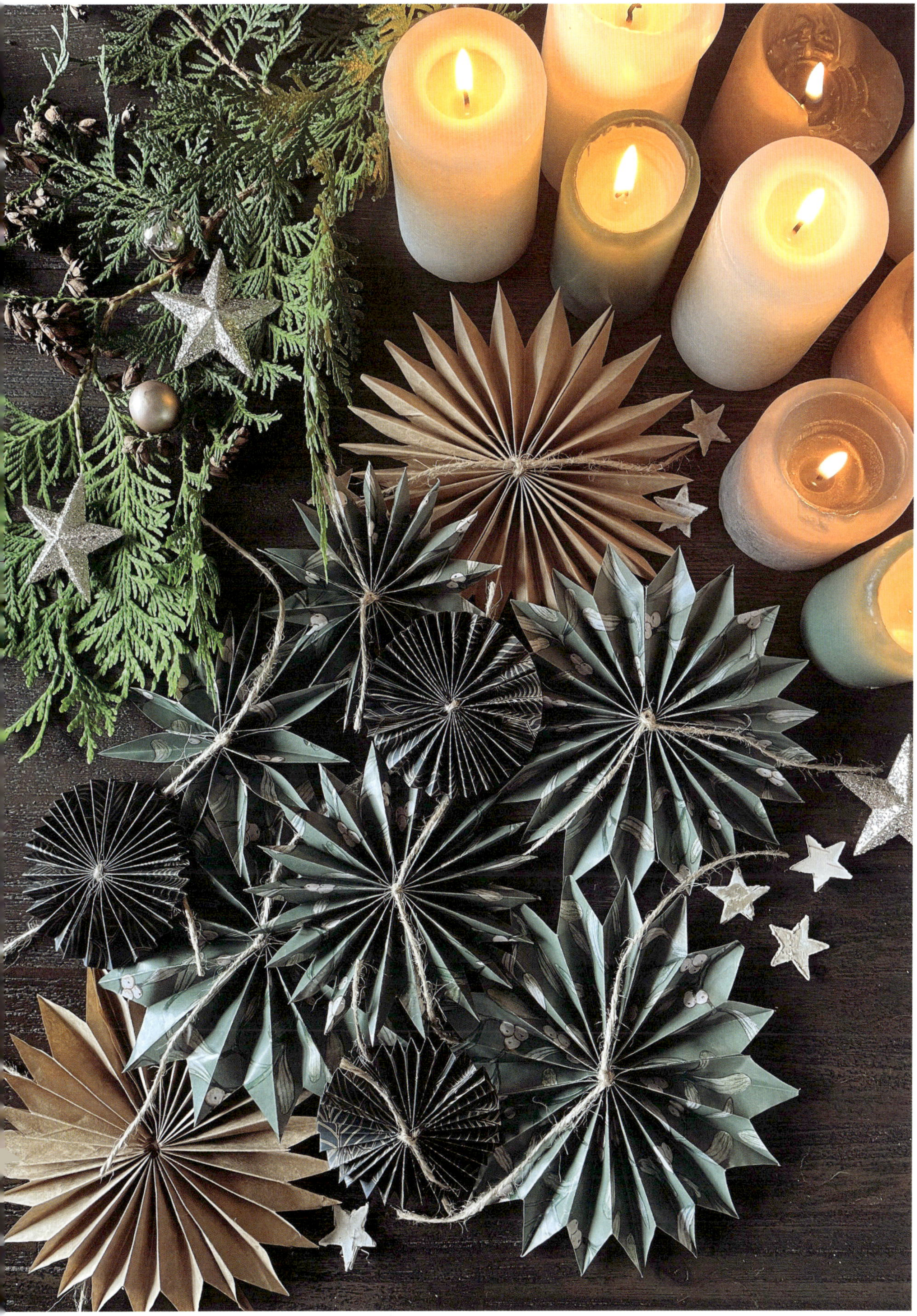

SCHNEEGLÖCKCHEN

Das Schneeglöckchen ist mein Lieblingswinterblümchen. Diese hier werden aus Eierpappen gebastelt. Gemeinsam mit den Schneeblümchen und Schneesternen gesellen sie sich hier an einen Kranz, aus bemoosten Ästen und etwas Lärche. Diese Deko kann man getrost bis in den März hängen lassen.

DAS BRAUCHST DU

* Eierkarton
* Weiße Acrylfarbe
* Pinsel
* Schere
* Juteschnur
* Holzstab (z.B. Schaschlikspieß)
* Heißkleber

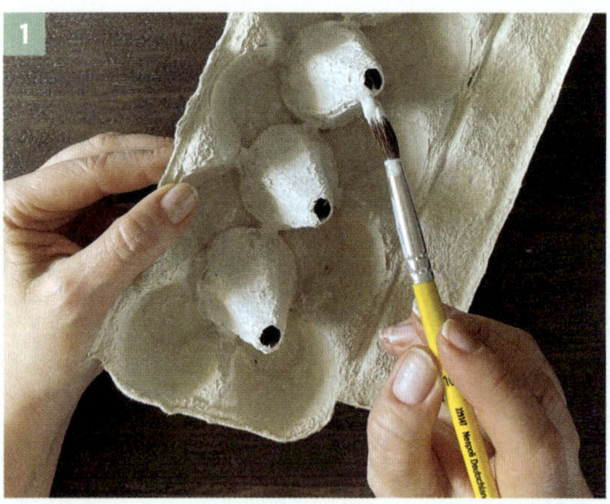

1 Male die innen liegenden Spitzen des Eierkartons weiß an. Den Rest des Kartons musst du nicht anmalen. Lasse alles gut trocknen.

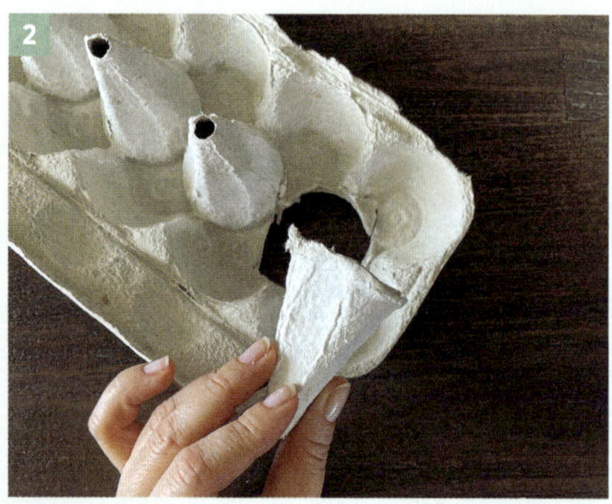

2 Dann kannst du den Eierkarton auseinanderschneiden, denn wir benötigen nur die Spitzen. Schneide jede Spitze einzeln aus.

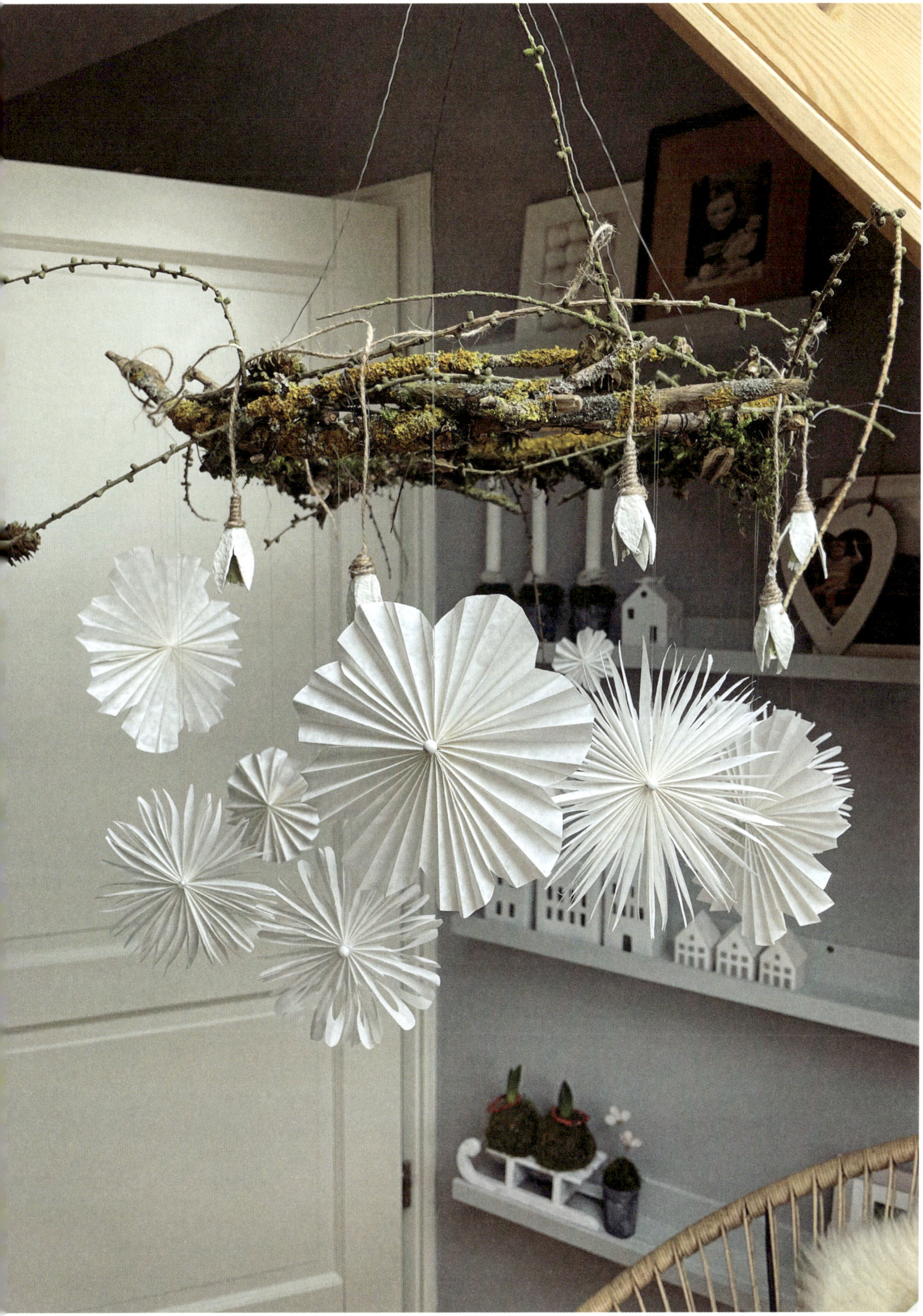

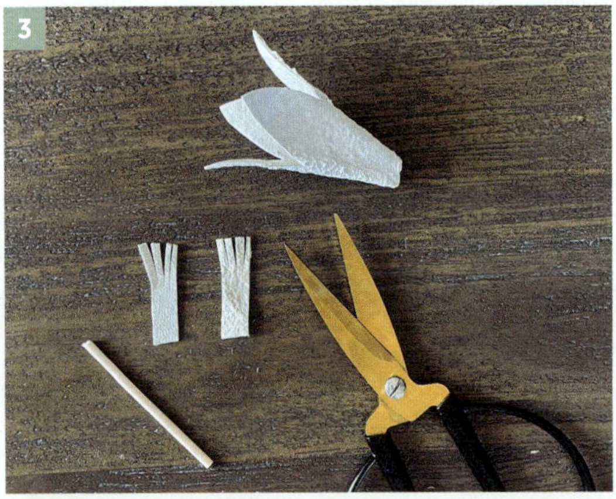

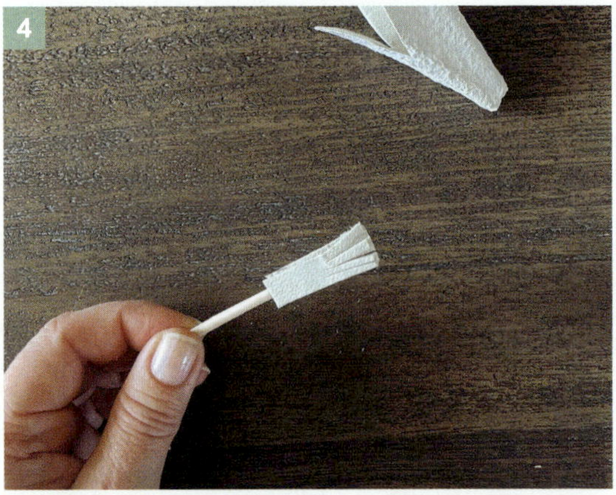

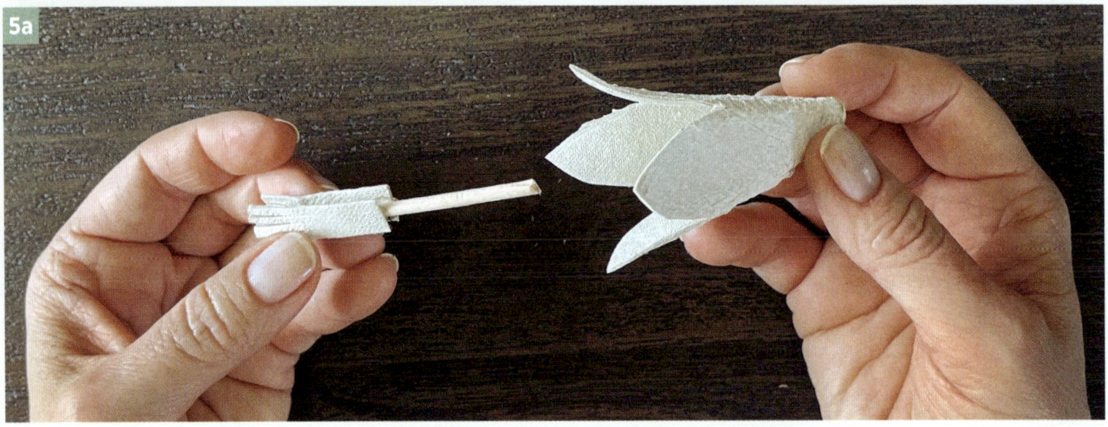

3 Schneide die herausgetrennte Spitze so ein, dass eine Blüte entsteht. Kürze den Schaschlikspieß auf ca. 5 cm. Schneide nun vom Rest des Eierkartons zwei Pappstücke von etwa der Größe 3 cm x 1 cm aus und schneide an einer Seite Streifen ein.

4 Bringe die beiden Pappstreifen mit Heißkleber von vorn und von hinten auf deinen Holzstab an. Wichtig ist, dass dein Pappstreifen etwas über das Ende des Holzstabes herausragt. Das ist dein Blütenstempel.

5 Stecke den Blütenstempel mit dem Holz in die Blüte und klebe ihn dann mit Heißkleber fest.

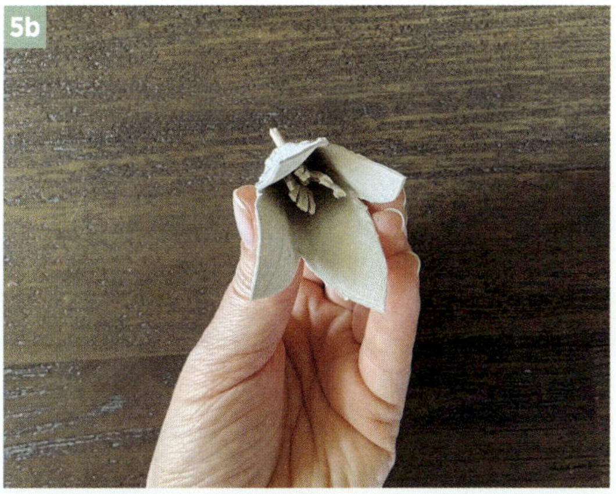

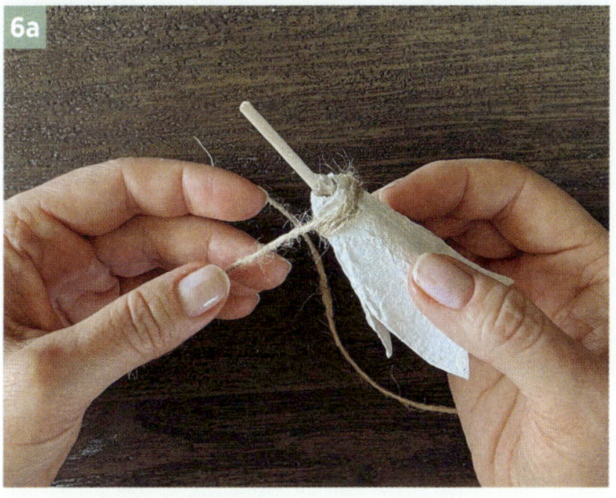

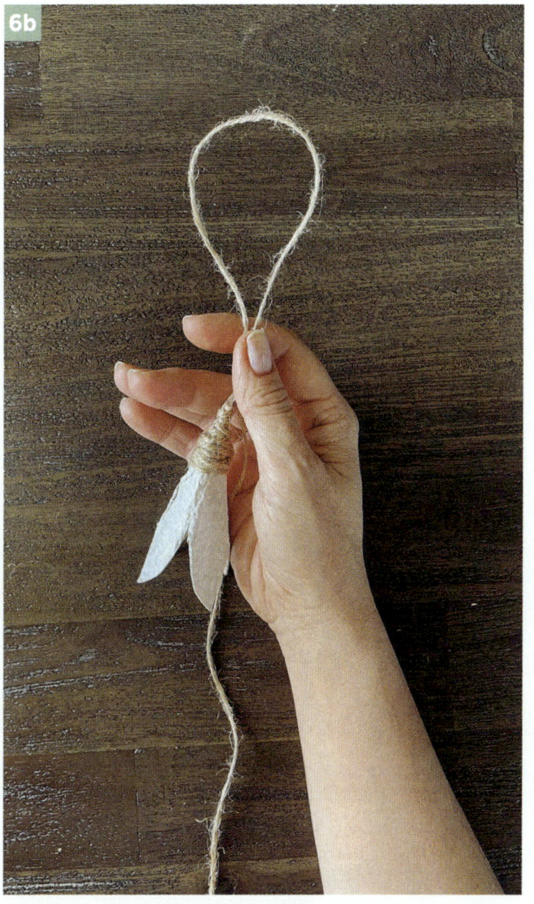

6 Wickele zum Schluss die Juteschnur mit Heißkleber um die Blüte und den Holzstab (Vorsicht heiß!) und klebe sie so an. Bei Bedarf kannst du den Holzstab etwas kürzen. An der Schnur kann die Blüte nun aufgehängt werden.

GESCHENKANHÄNGER

Geschenke zu verpacken ist für mich so entspannend wie Yoga. Ich liebe es und nehme mir gerne viel Zeit dafür. Ganz liebevoll wird jedes einzelne Geschenk dekoriert, passendes Band und kleine Accessoires wie Sterne, Zapfen oder Zweige ausgewählt. An jedes Geschenk gehört natürlich auch ein Geschenkanhänger, damit sie nicht aus Versehen vertauscht werden. Diese verleihen jedem Geschenk seine Einzigartigkeit.

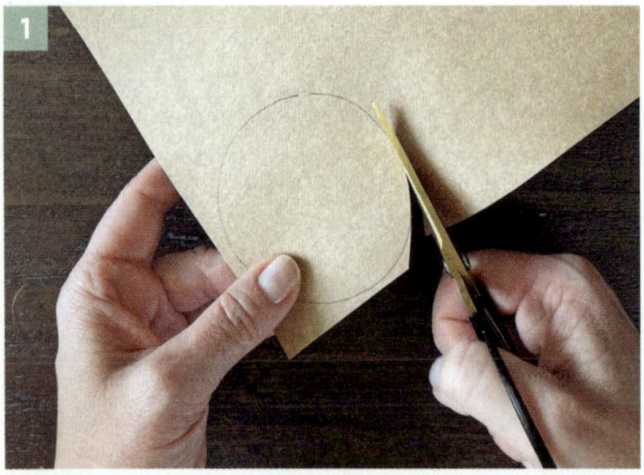

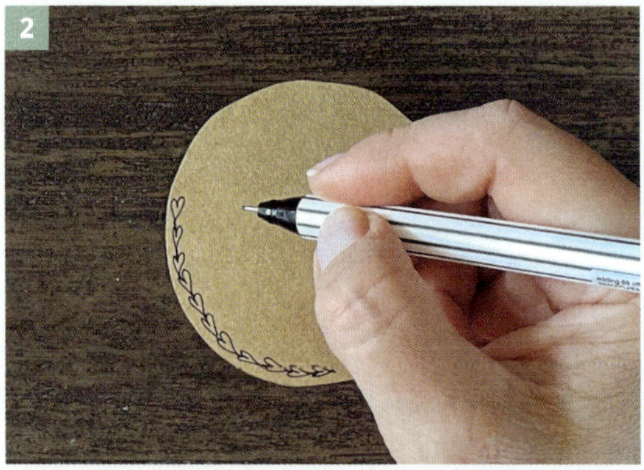

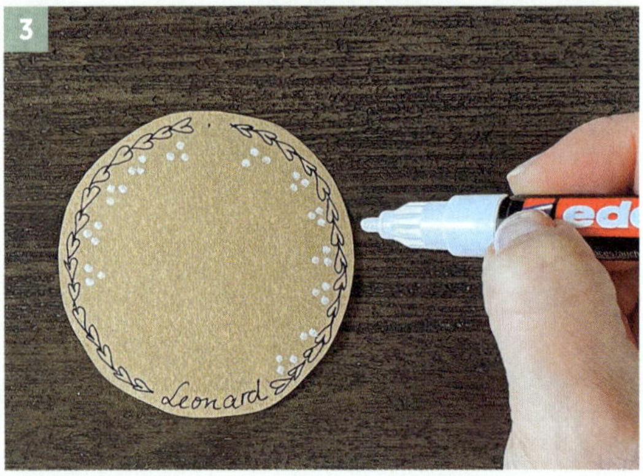

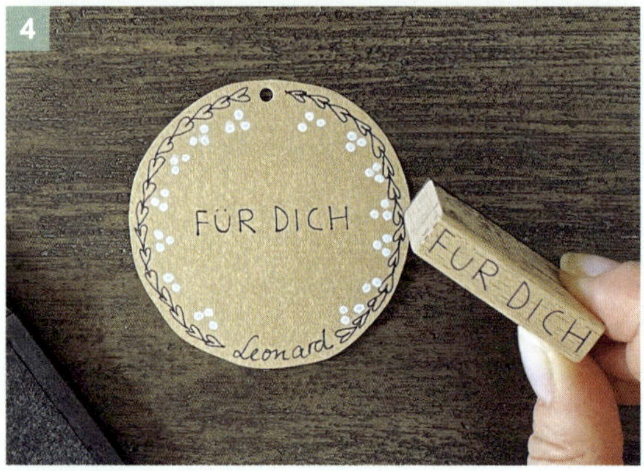

1 Nimm eine Tasse oder ein Glas, verwende diese als Schablone (ø ca. 7 cm). Zeichne mit Bleistift einen Kreis und schneide ihn vorsichtig aus.

2 Nun male mit schwarzem Fineliner rings um deinen Kreis kleine Herzen, die ineinanderlaufen. Binde den Namen der oder des Beschenkten in die Bordüre ein.

3 Verziere die Bordüre nun noch mit dem Kreidestift.

4 Zum Schluss kannst du noch eine Botschaft aufstempeln und mit dem Lochstanzer ein Loch (ø 3 mm) stanzen. Fertig!

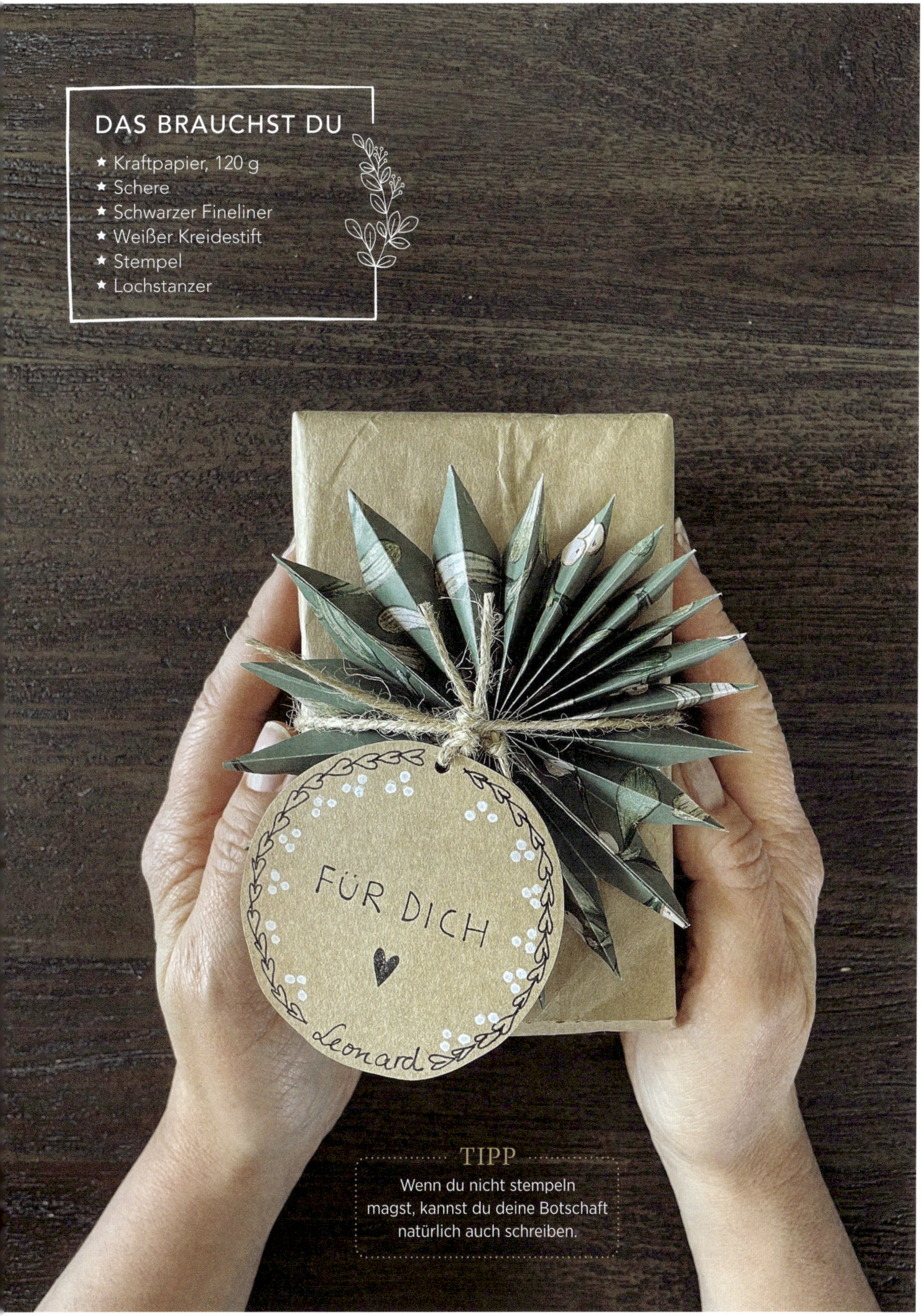

DAS BRAUCHST DU

* Kraftpapier, 120 g
* Schere
* Schwarzer Fineliner
* Weißer Kreidestift
* Stempel
* Lochstanzer

TIPP

Wenn du nicht stempeln magst, kannst du deine Botschaft natürlich auch schreiben.

WEIHNACHTLICHER KRANZ AUS EIERKARTONS

Das ganze Jahr über sammele ich Eierkartons. Man kann unheimlich viele schöne Dinge damit basteln. Ineinandergesteckt sehen sie fast wie ein Lorbeerkranz aus. Salonfähig wird er mit Goldspray und ein paar kleinen Weihnachtskugeln und Sternen.

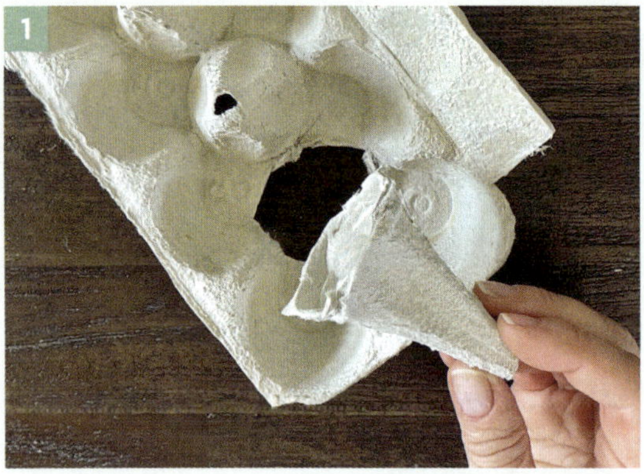

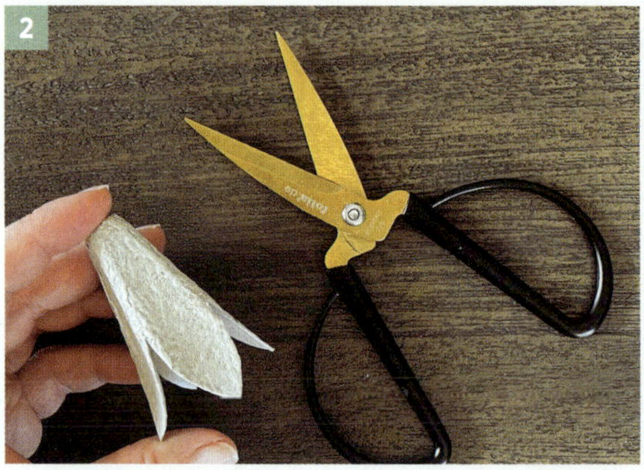

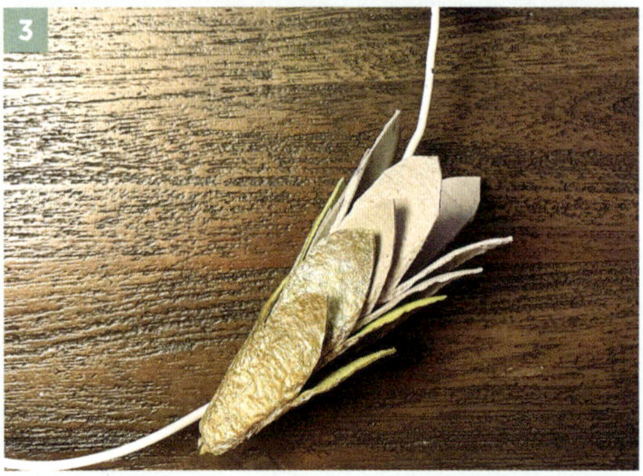

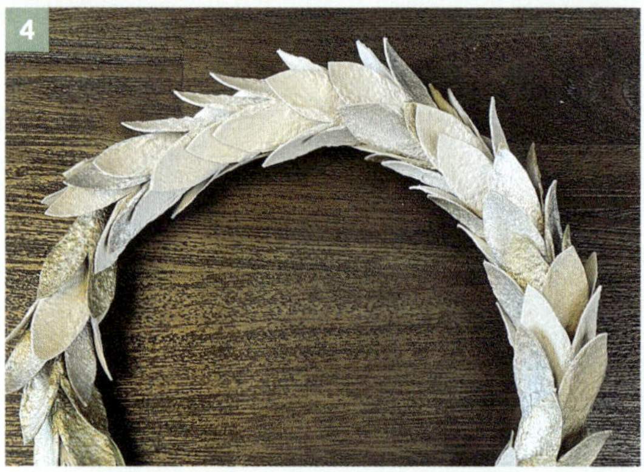

1 Trenne aus den Eierkartons die Spitzen in der Mitte heraus. Besprühe einige davon (nicht alle) mit Goldspray.

2 Schneide die Eierkartonspitzen zu Blüten. Hier benutze ich gerne eine kleine, abgerundete Nagelschere.

3 Schneide den Drahtring mit dem Seitenschneider ein und fädele unregelmäßig goldene und naturbelassene Teile auf. Je nachdem, welchen Durchmesser dein Drahtring hat, benötigst du ca. 40 bis 45 Blüten. Fixiere deine Blüten mit Heißkleber, damit sie dir später nicht verrutschen.

4 Klebe die Sterne und Weihnachtskugeln mit Heißkleber an. Wenn du magst, kannst du auch noch ein paar kleine Tannenzweige dazwischenstecken.

DAS BRAUCHST DU

* Eierkartons
* Goldspray
* Nagelschere
* Drahtring, ø ca. 20 cm
* Seitenschneider
* Mini-Weihnachtskugeln
* Deko-Sterne
* Tannenzweige
* Heißkleber

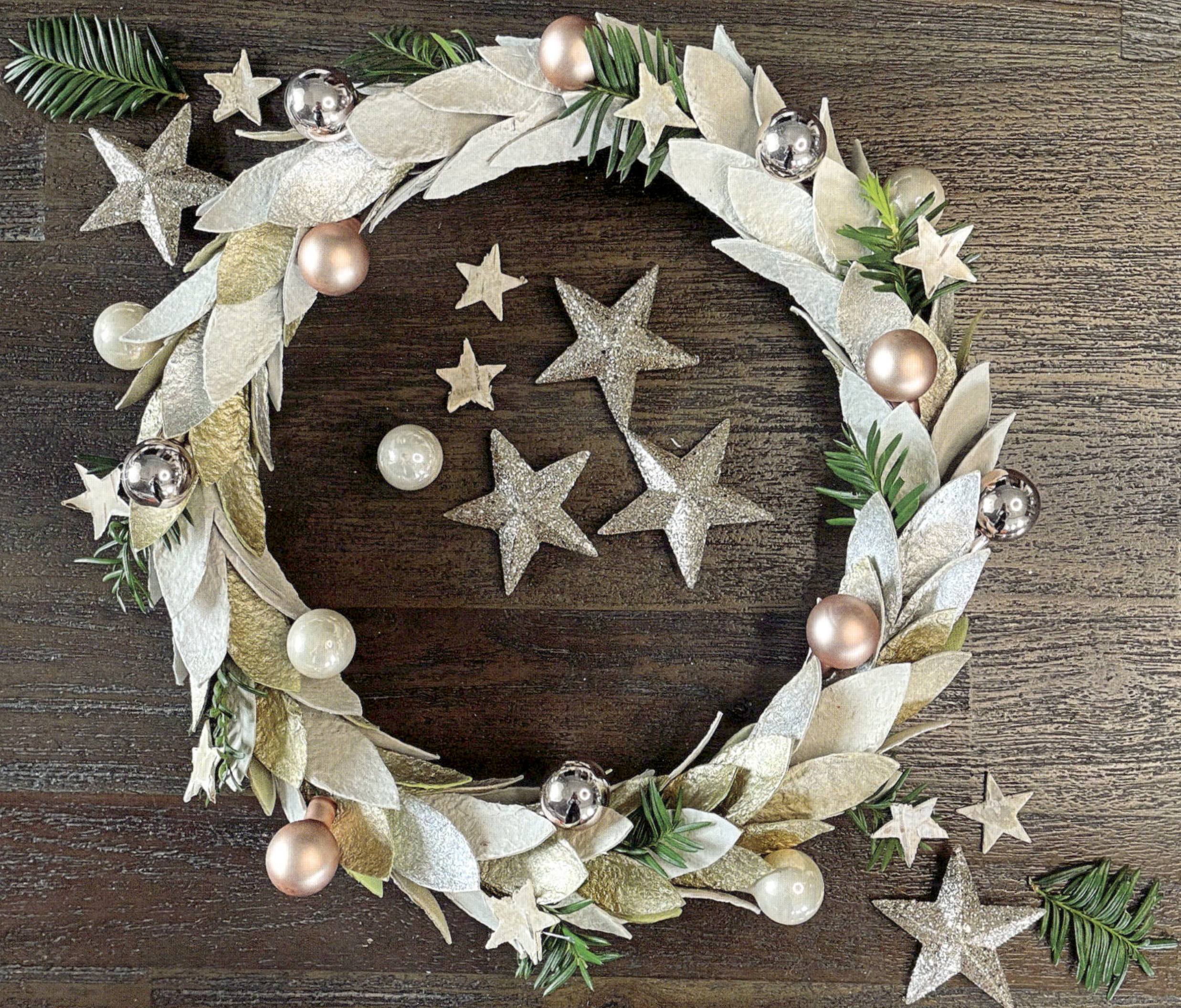

TIPP

Besprühe den ganzen Eierkarton mit Goldspray, lasse alles gut durchtrocknen und schneide erst dann die Spitzen aus.

HÄUSCHENLIEBE

Ich liebe Häuschen in allen erdenklichen Varianten. Diese hier kannst du mit etwas Übung und wenig Materialaufwand nachbasteln. Sie passen sehr gut in die Weihnachtszeit. Bei mir dürfen sie sogar das ganze Jahr am Zweig verweilen.

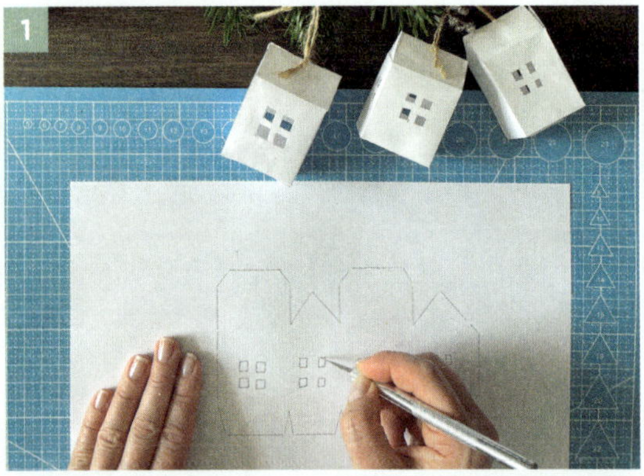

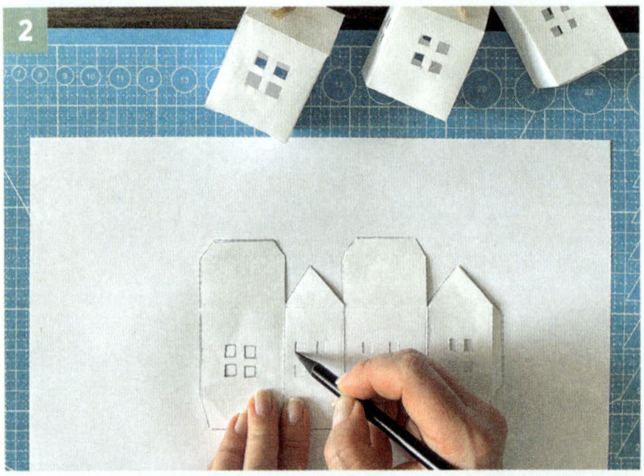

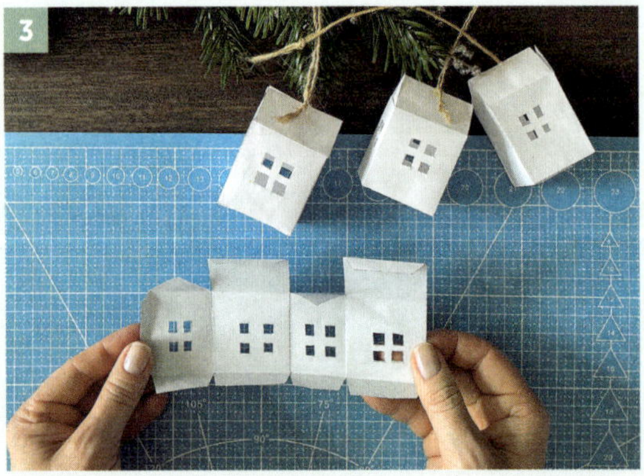

DAS BRAUCHST DU

- Kopierpapier
- Bleistift
- Schere
- Skalpell
- Klebestift
- Juteschnur

1 Übertrage die Vorlage (Seite 136) auf ein Blatt Kopierpapier.

2 Schneide mithilfe von Schere und Skalpell die Vorlage aus.

3 Knicke die Falzkanten (gestrichelt dargestellt) schön ordentlich. Trage auf den Klebefalz vorsichtig Kleber auf und klebe das Häuschen zusammen. Zum Schluss kannst du ein Stückchen Juteschnur für die Aufhängung anbringen.

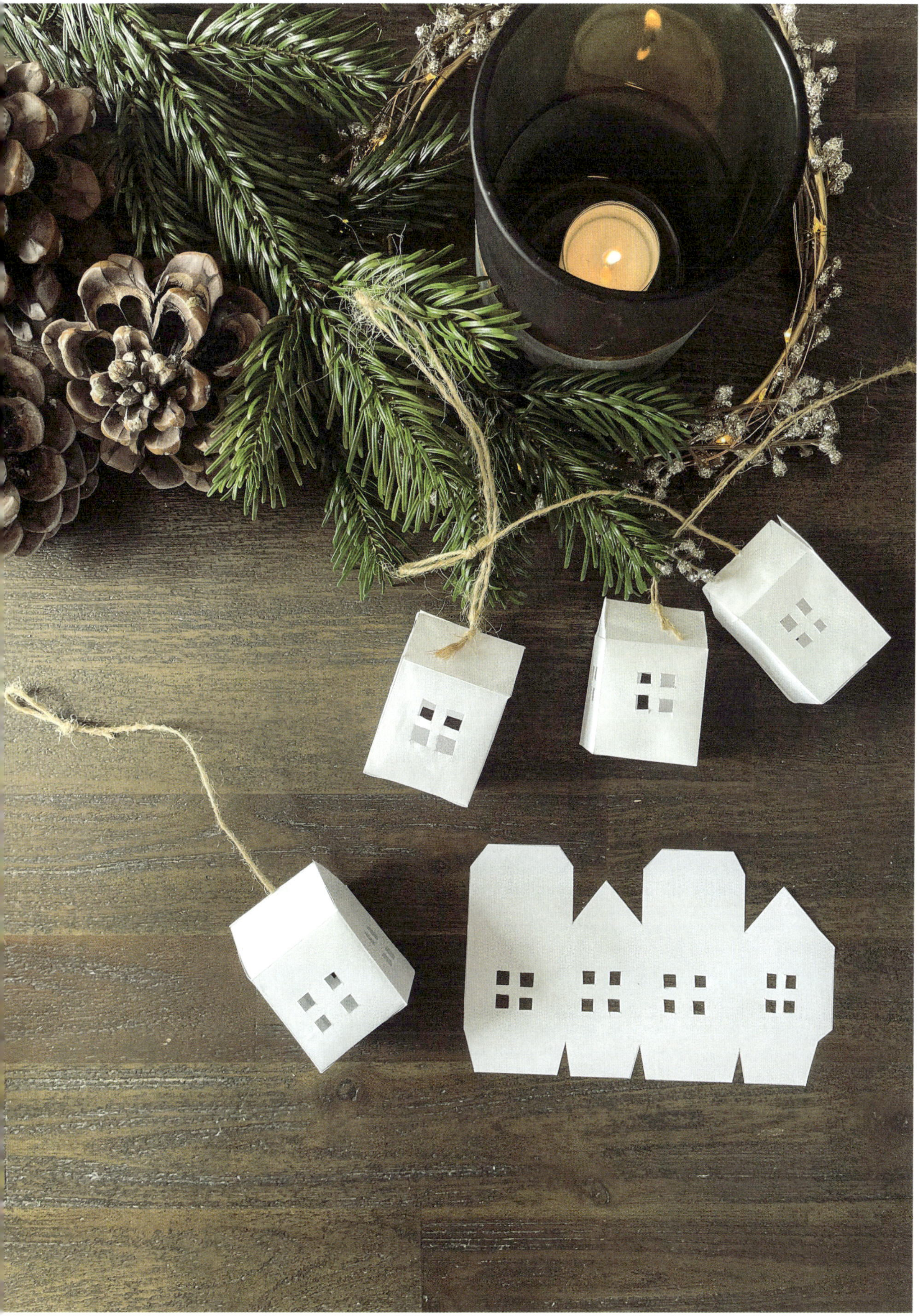

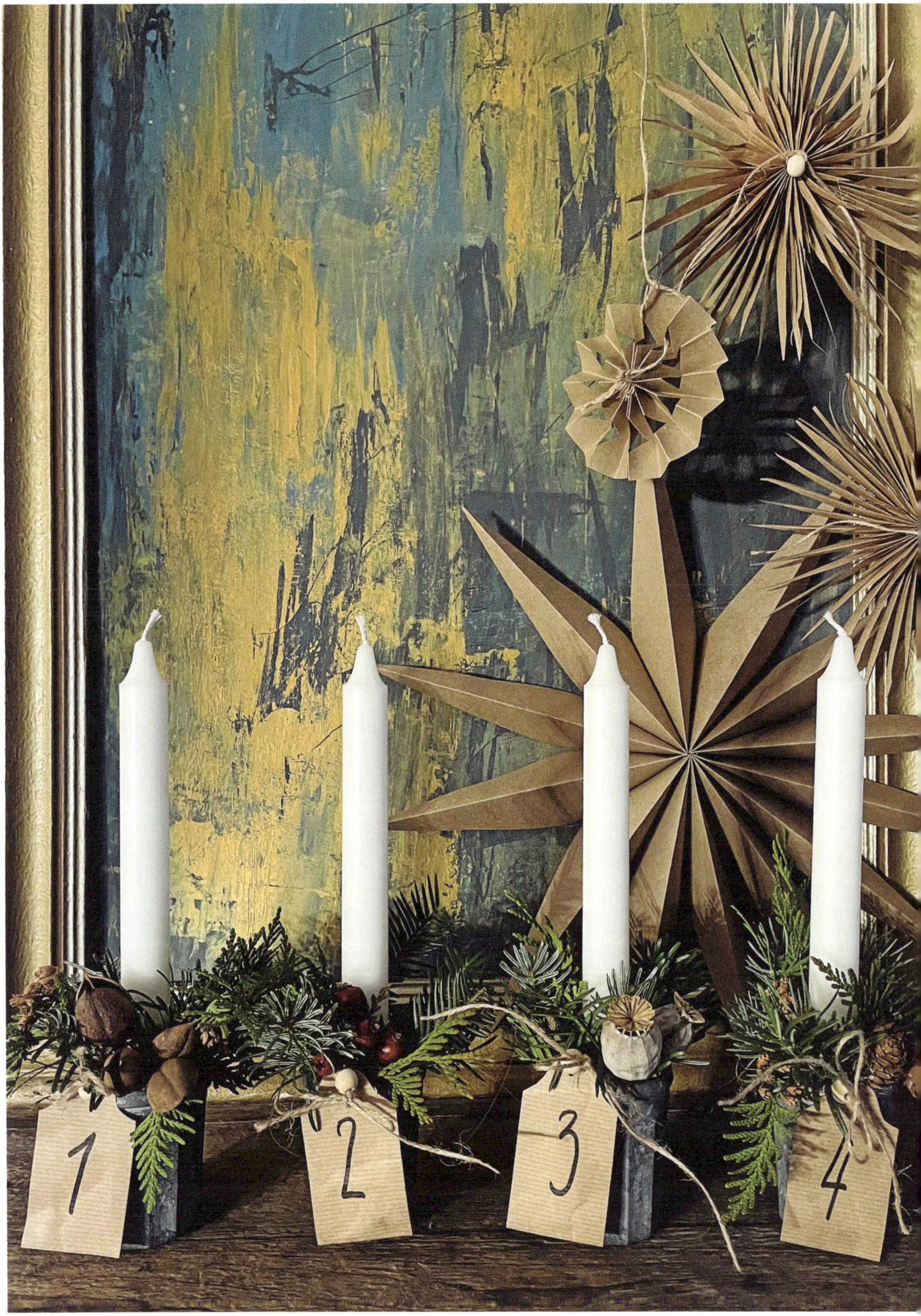
1
2
3
4

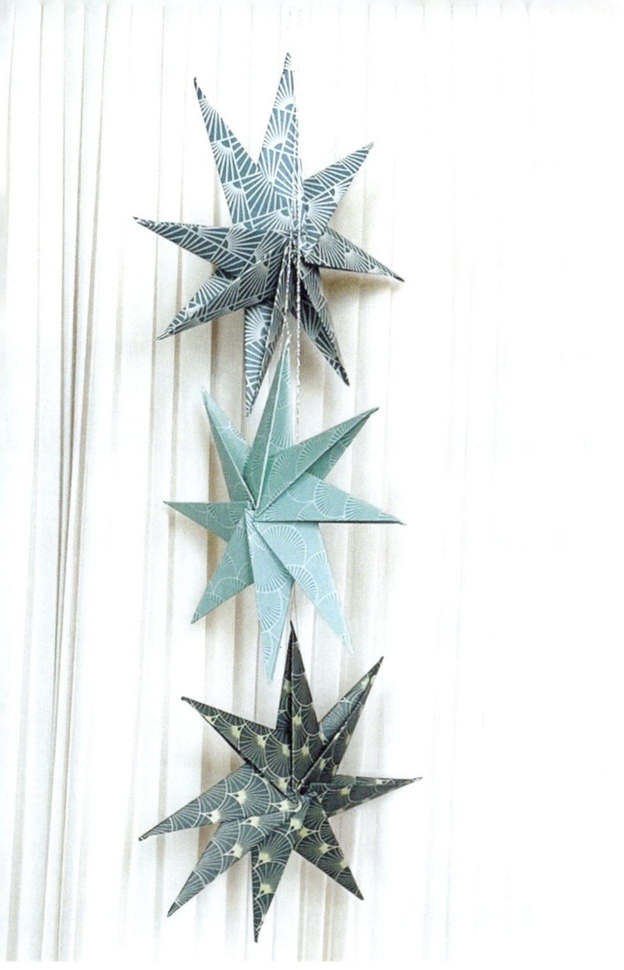

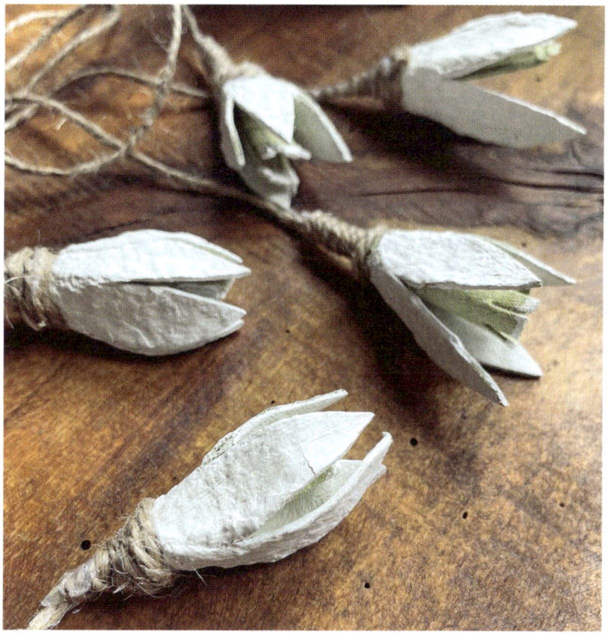

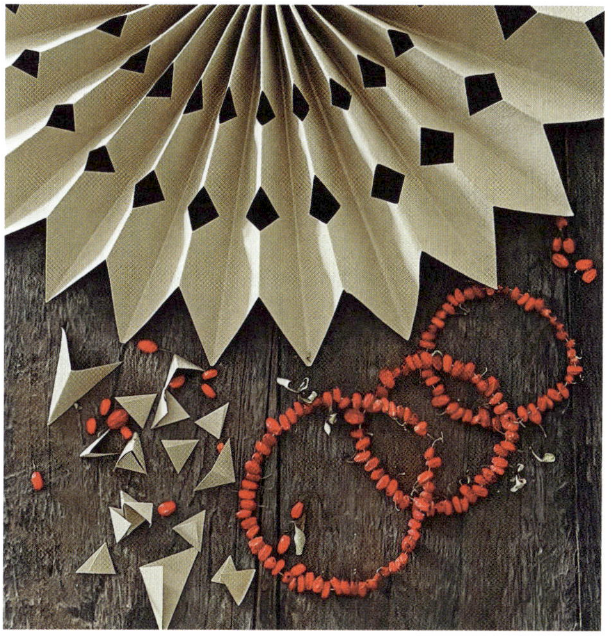

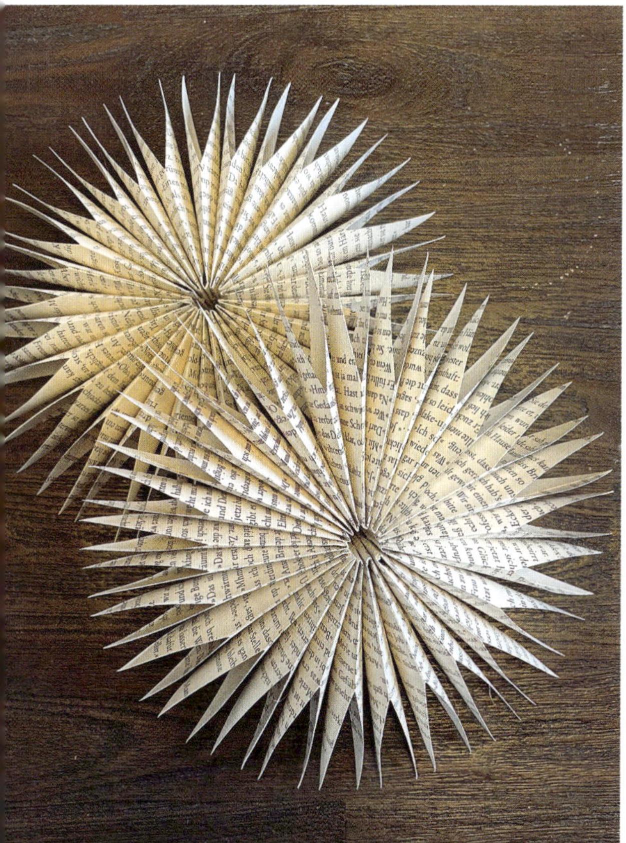

Vorlage – Seite 22

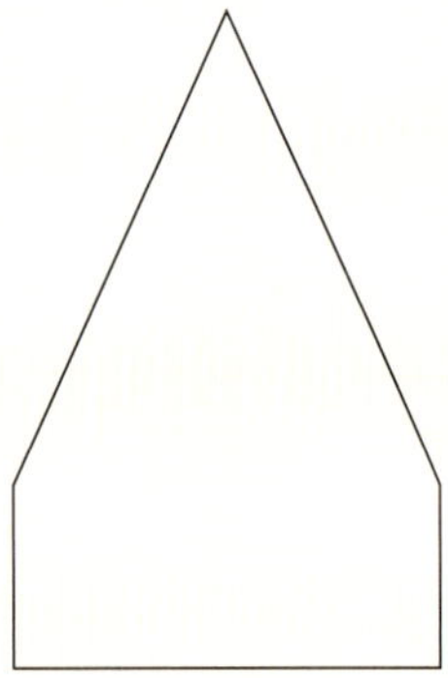

Vorlagen – Seite 30

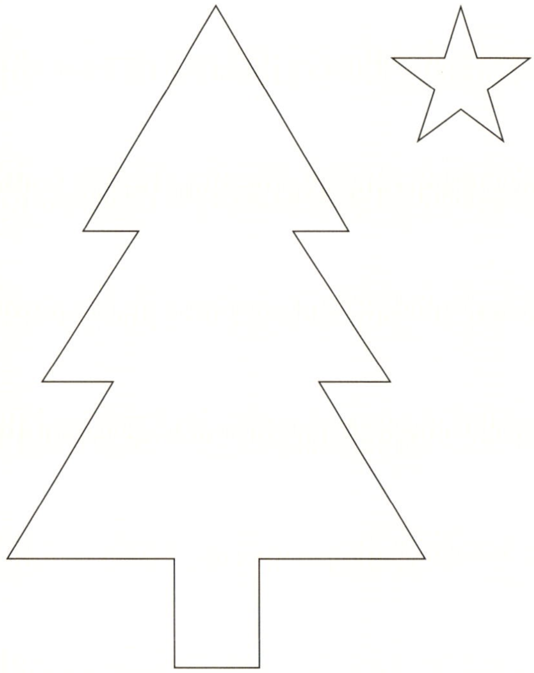

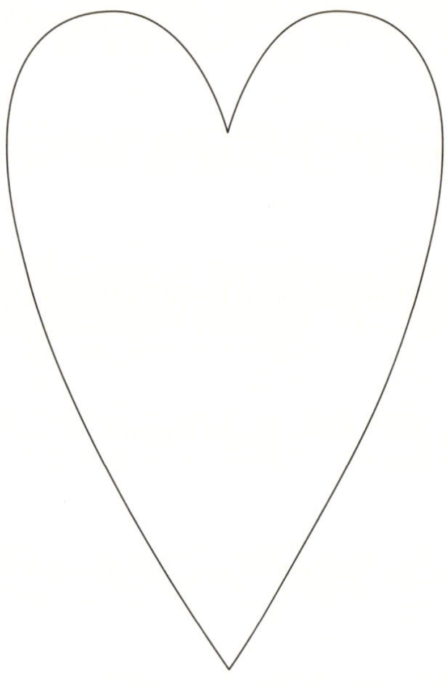

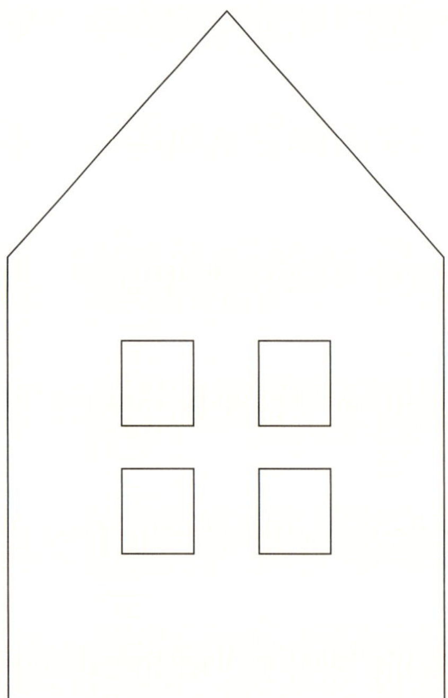

Vorlage – Seite 44

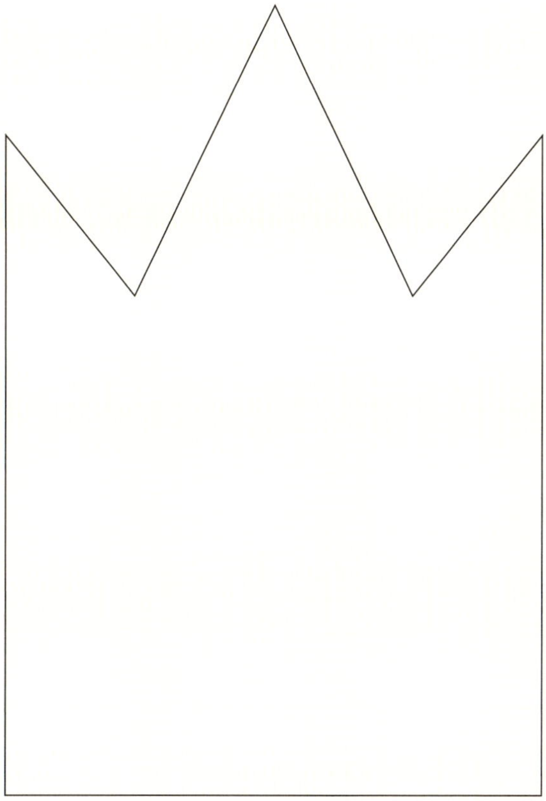

Vorlage – Seite 58

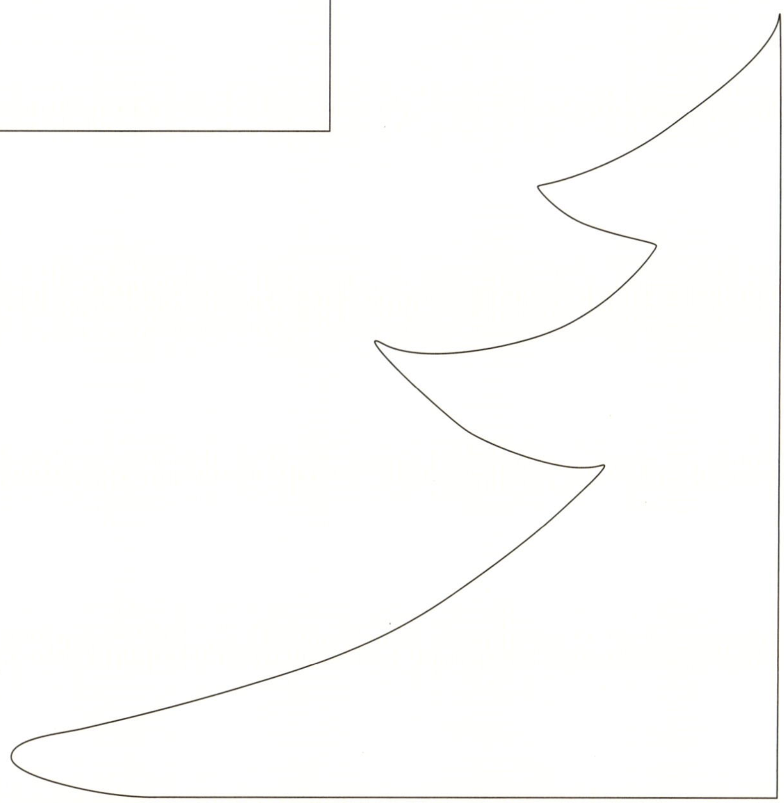

Vorlage – Seite 78

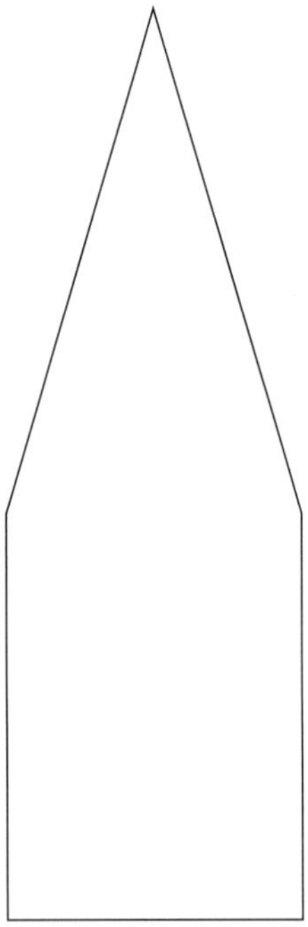

Vorlage – Seite 86

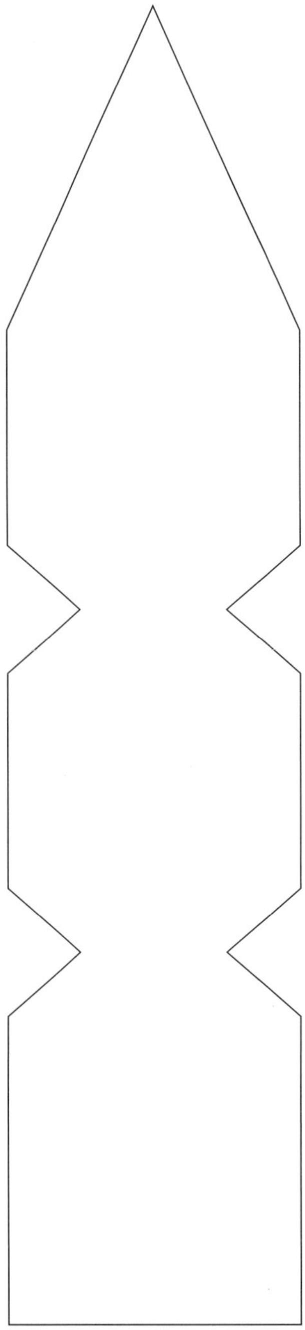

Vorlage – Seite 90

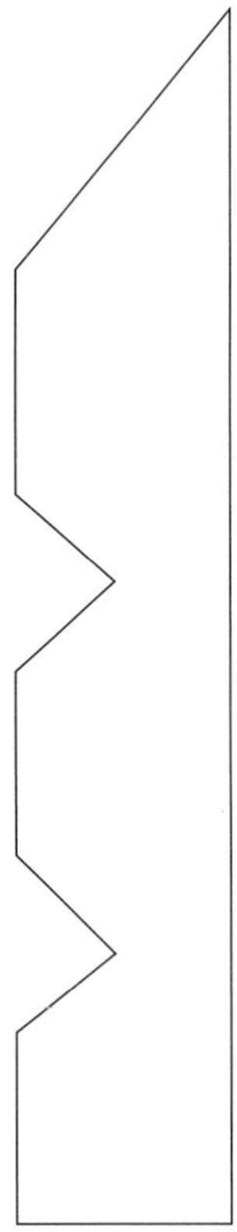

Vorlage – Seite 94

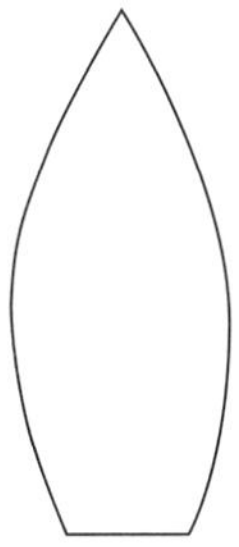

Vorlage – Seite 104

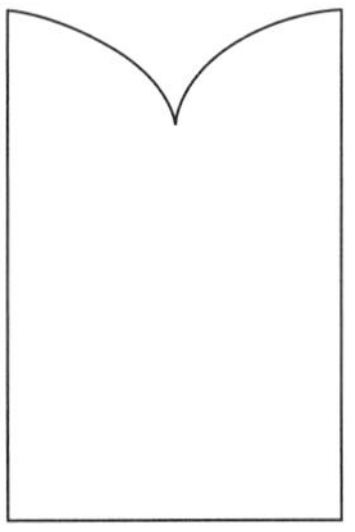

Vorlage – Seite 108

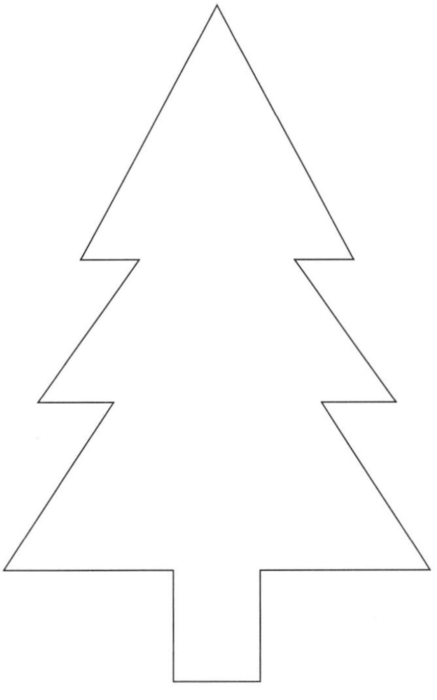

Vorlage – Seite 128

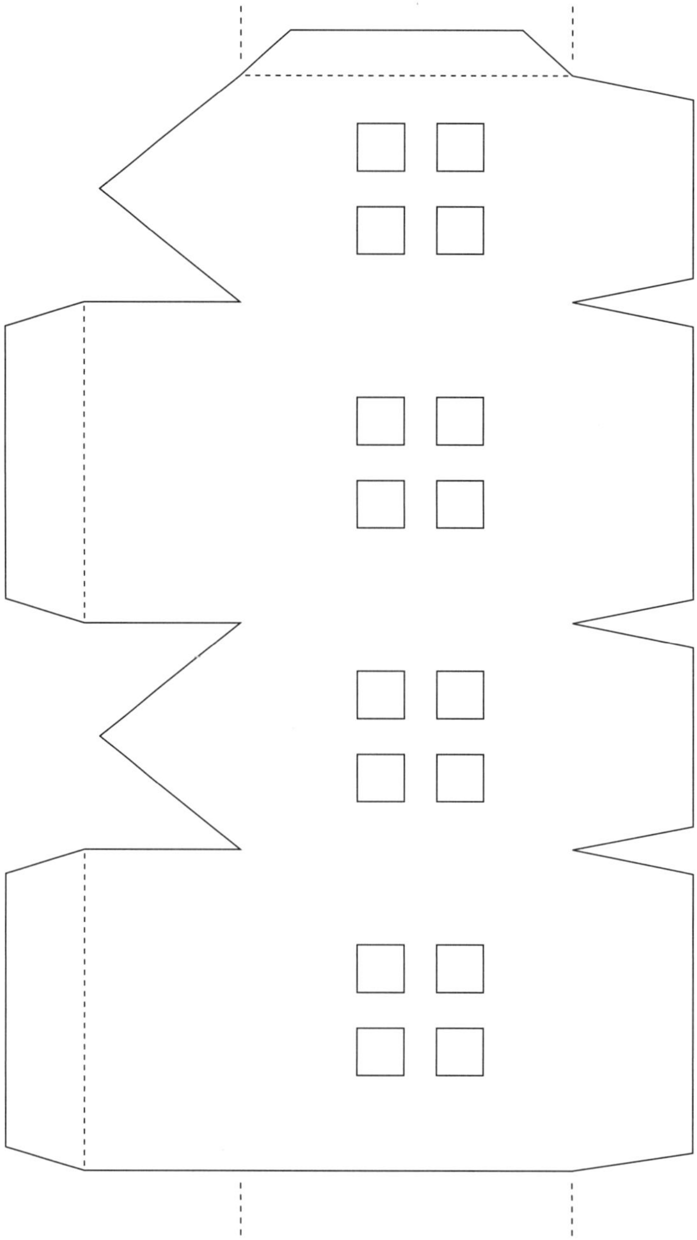

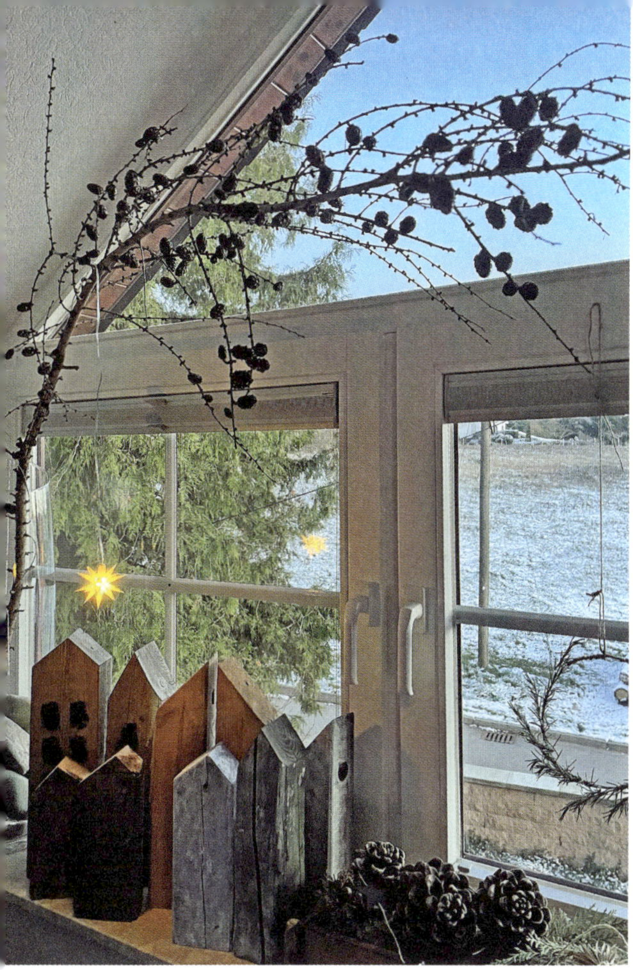

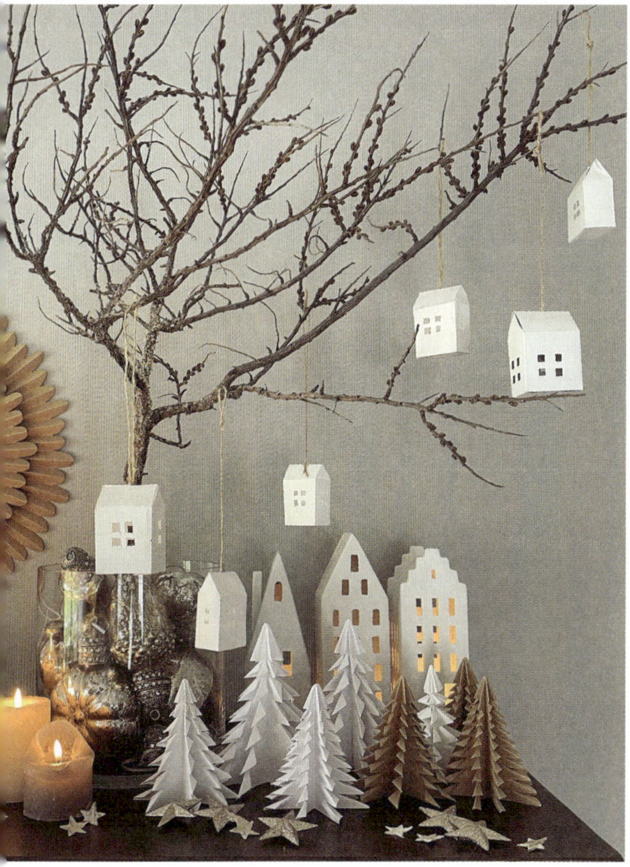

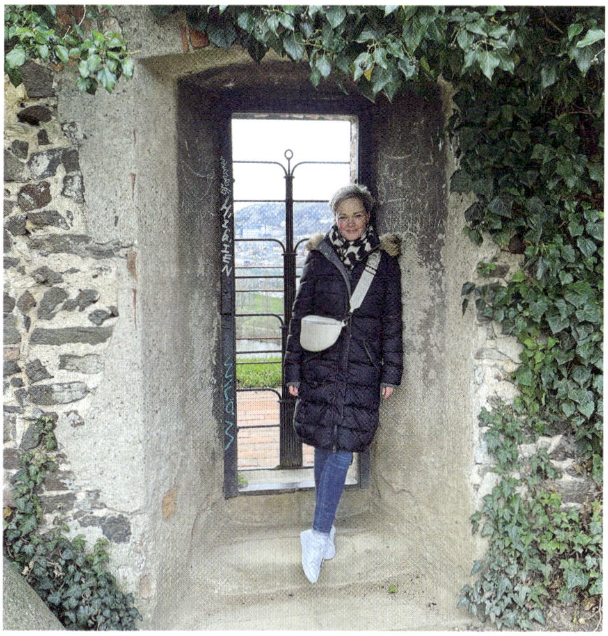

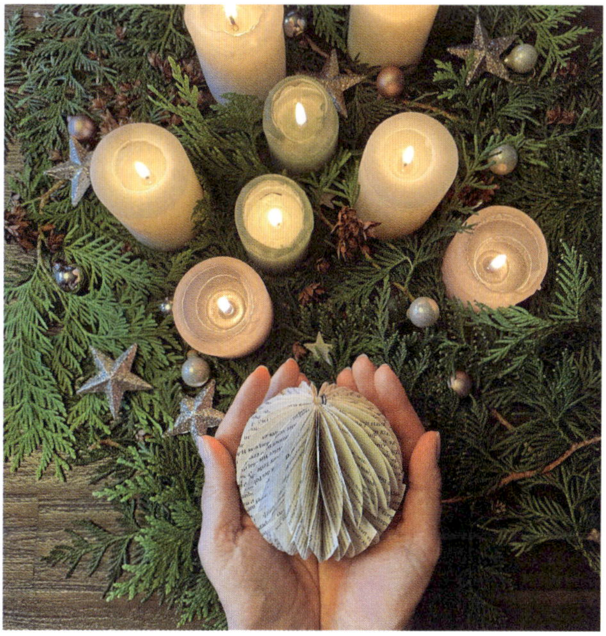

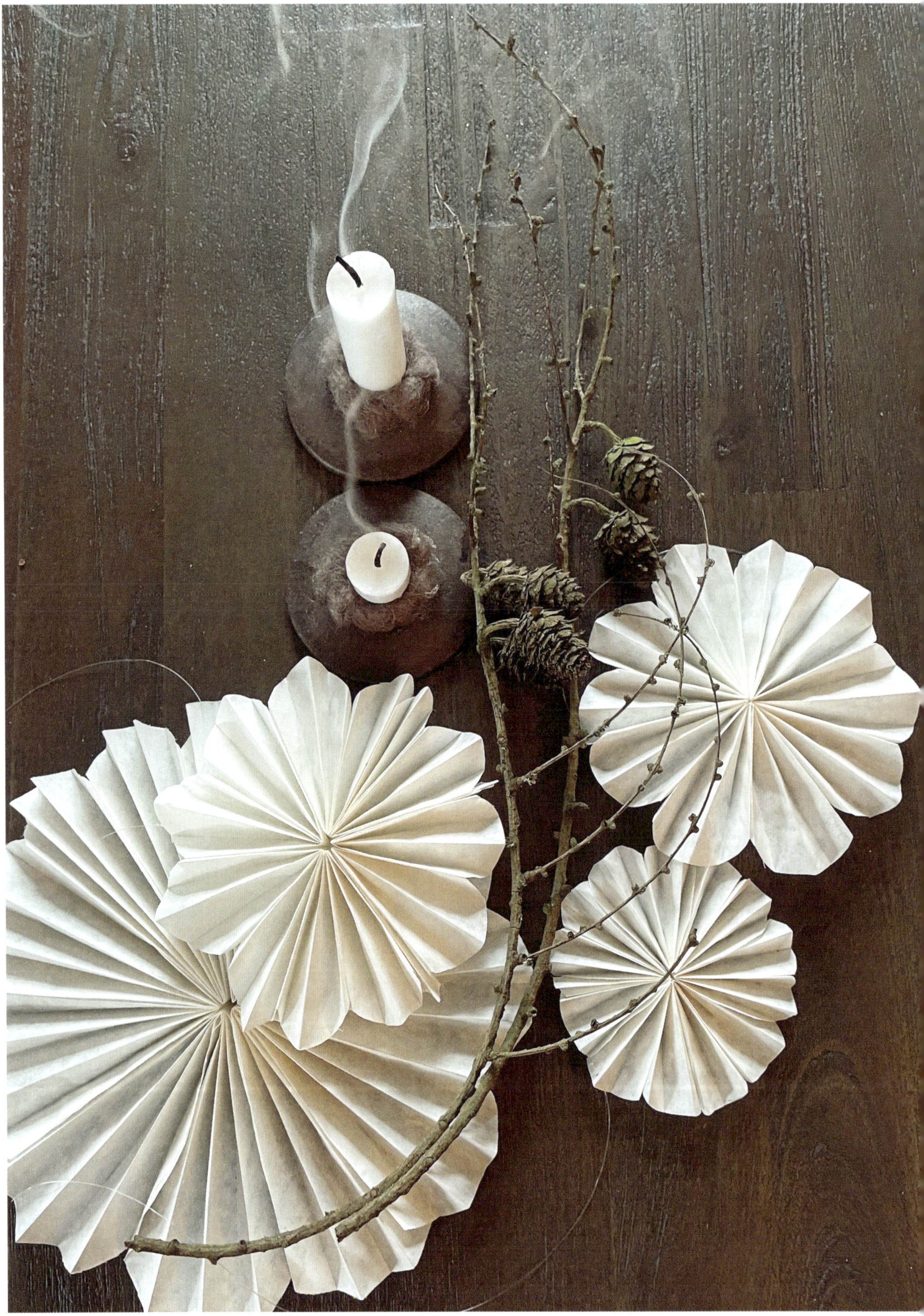

Ebenfalls erhältlich ...

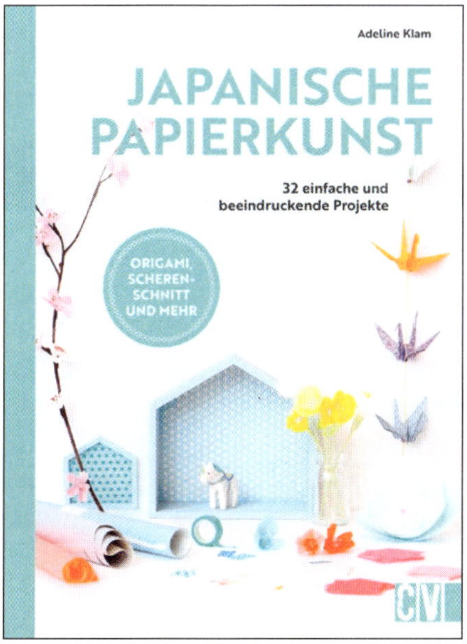

ISBN 978-3-8388-3908-0

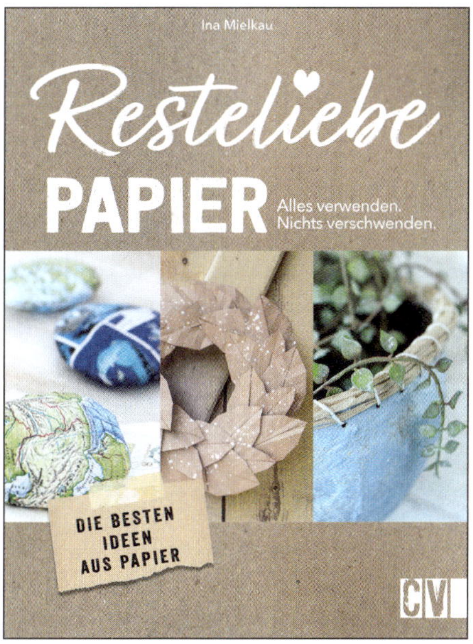

ISBN 978-3-8388-3786-4

IMPRESSUM

Autorin: Jacqueline Schulze
Projektmanagement: Raphaela Lechner, Xenia Kuczera
Lektorat: Lena-Maria Denu
Korrektorat: Christiane Gsänger
Umschlaggestaltung: Dominik Günzinger
Layout: Elke Mader
Herstellung: Anna Katavic
Printed in Poland by CGS Printing

★★★★★

Sind Sie mit diesem Titel zufrieden? Dann würden wir uns über Ihre Weiterempfehlung freuen. Erzählen Sie es im Freundeskreis, berichten Sie Ihrem Buchhändler oder bewerten Sie bei Onlinekauf. Und wenn Sie Kritik, Korrekturen, Aktualisierungen haben, freuen wir uns über Ihre Nachricht an: Christian Verlag, Postfach 40 02 09, 80702 München oder per E-Mail an lektorat@verlagshaus.de.

Unser komplettes Programm finden Sie unter

www.christophorus-verlag.de

Bildnachweis Illustrationen:
Sterne – Shutterstock/Only_up;
Blätter – Adobe Stock/Ymz_Design

Die Deutsche Nationalbibliothek verzeichnet diese Publikation in der Deutschen Nationalbibliografie; detaillierte bibliografische Daten sind im Internet über http://dnb.d-nb.de abrufbar.

3. Auflage 2025

Infanteriestraße 11a, 80797 München

ISBN 978-3-8388-3943-1

Kreativ-Service

Sie haben Fragen zu unseren Büchern und Materialien? Wir beraten Sie gern rund um alle Kreativthemen. Rufen Sie uns einfach an. Wir interessieren uns auch für Ihre eigenen Ideen und Anregungen. Sie erreichen uns per E-Mail **kreativ-service@c-verlag.de** oder unter der Telefonnummer **0049-89-1306 99 577**.

Besuchen Sie uns im Internet: www.christophorus-verlag.de & www.selbstgemacht.de